*Medhananda*

# Deine vielen Seelenkräfte

# im Spiegel der Märchen erkennen

Band 1

Liberating Symbols Publishing

Die Märcheninterpretationen von Medhananda, die bisher nur in Tonbandauf-
nahmen, Notizen oder in Aufzeichnungen von Gesprächen vorlagen, haben
Rosemarie und Christoph Graf-Wettengel für dieses Buch zusammengestellt
und bearbeitet, sowie Vorworte, Anhänge und Anmerkungen beigefügt.

Titelbild: Fausto Fernandez

Die altägyptischen Bilder in diesem Buch stammen aus den fünf Büchern von
Medhananda: *Der Weg des Horus, Archetypen der Befreiung, Die Pyramiden
und die Sphinx, Die Königliche Elle* und *Das altägyptische Senet-Spiel.* Es sind
Zeichnungen von Fausto Fernandez und anderen Freunden von Medhananda,
welche nach Abbildungen ägyptischer Originale für seine Bücher angefertigt
wurden.
Alle anderen Illustrationen hat Fausto Fernandez gezeichnet.

Verlag: BoD · Books on Demand GmbH, Überseering 33, 22297 Hamburg,
bod@bod.de
Druck: Libri Plureos GmbH, Friedensallee 273, 22763 Hamburg

ISBN 978-3-8192-9678-9

www.liberating-symbols-publishing.com
www.medhananda.com

# Inhalt

Band 2 enthält elf weitere Märcheninterpretationen:

Die wahre Braut

Der Trommler

Hänsel und Gretel

Schneewittchen

Der treue Johannes

Rumpelstilzchen

Der Geist im Glas

Der Rattenfänger

Der Herr Gevatter

Der Teufel und seine Großmutter

Die drei Federn

Zur besseren Unterscheidung erscheinen im Layout drei verschiedene Schriftbilder:

Große Schrift: Medhanandas Interpretationen

Kleine Schrift: der originale Grimms Märchentext

*Kursive Schrift: Fragen von Freunden, Schülern und Besuchern*

[1] Zahlen in eckigen Klammern verweisen auf **Anmerkungen** (jeweils am Ende der entsprechenden Märcheninterpretation).
In den **Allgemeinen Anmerkungen** (ganz hinten im Buch) findet der Leser weitere Erläuterungen zu häufig vorkommenden, ihm vielleicht unbekannten Namen oder Begriffen.

**Der Baum** ist ein Bild für uns selbst:
Sein Stamm – ein Symbol für unser Ich,
seine vielen Wurzeln und seine verschiedenen Kronenäste –
ein Bild für unsere unter- und überbewussten Wesensteile.
Im Stamm fühlen wir uns als von allen anderen Bäumen getrennt,
in Wurzeln und Kronen jedoch sind wir mit allen anderen verbunden.
Deshalb wirkt sich das ‚Arbeiten‘ in unseren Bewusstseinstiefen
und Bewusstseinshöhen auf das Bewusstsein aller anderen Wesen aus,
ja, es hat Einfluss auf die ganze Erde.
Dazu wollen die Märcheninterpretationen von Medhananda beitragen.

# Wie es zu diesem Buch kam

Angeregt durch Fragen von Freunden und Suchenden hat Medhananda verschiedene Mythen, Legenden, Symbolbilder und Märchen – so auch die Märchen der Brüder Grimm – interpretiert (manchmal in englischer, deutscher oder auch französischer Sprache). Seine spontanen Äußerungen im kleinen oder größeren Gesprächskreis im Garten der Sri Aurobindo Bibliothek in Pondicherry (Südindien), später im Mangogarten des von ihm und Yvonne Artaud gegründeten Identity Research Instituts in Reddiarpalayam (bei Pondicherry) wurden zwischen 1971 und 1990 von Freunden zum Teil als Notizen festgehalten oder auf Tonbandkassetten aufgenommen.

Das aus dieser Zeit noch erhaltene Material von Interpretationen der Grimms Märchen konnte nun für eine erste, deutsche Herausgabe gesammelt, zusammengestellt und bearbeitet werden.

Oftmals interpretierte Medhananda ein Märchen im Zusammenhang mit anderen Themen; es handelte sich z.B. um: Symbole des alten Ägypten, germanische oder indische Mythologie, Symbole aus der Steinzeit, keltische Tiersymbole, das Thomasevangelium, den integralen Yoga Sri Aurobindos, Gnosis (im Sinne von innerem Wissen, von Weisheit)...

Medhananda stellte immer wieder Bezüge und Verbindungen zwischen diesen scheinbar so verschiedenen Gebieten her, die überraschten und bereicherten.

Der Leser erhält in diesem Buch vor allem viele Hinweise zur ägyptischen Symbolwelt, denn – so Medhananda – viele Märchenmotive haben ihre Wurzeln in dieser alten Hochkultur. Die ägyptischen Bilder wurden bisher meist nur mythologisch, historisch, religiös, kaum aber psychologisch – als Ausdruck von Selbsterfahrung, von innerem Wissen, von Gnosis – betrachtet. Diesen Bereich versucht Medhananda in den alten Überlieferungen, den Märchen, Mythen, Sagen und Bildern zu erhellen, – und seine Interpretationen führen uns zu ganz neuen Einsichten.

Aus dem Wunsch heraus, Medhanandas Märchen-Erläuterungen einem größeren Kreis von Interessierten und Suchenden zugänglich zu machen, entstand dieses Buch.

Die Herausgeber Rosemarie und Christoph Graf

# Gnosis im Märchen

Was wir für Materie halten,
ist in Wirklichkeit Bewusstsein
*Peter Russell*

„Und wenn sie nicht gestorben sind, so leben sie noch heute", lautet ein im Volksmund gut bekannter Satz, der oft an eine Märchenerzählung angehängt wird. Will uns dieser kleine Nachsatz sagen, dass die Märchenfiguren nicht sterben können, weil sie als Seelenkräfte in jedem von uns leben?

Märchen, so Medhananda, sind viel älter als wir annehmen. Sie sind nicht einfach Fantasiegeschichten zur Unterhaltung der Zuhörer. In ihnen birgt sich ein tieferes Wissen über die Geheimnisse des Lebens, über die großen Zusammenhänge von Geburt und Tod und den Sinn des Daseins, ein Wissen vom Wirken der Seelenkräfte und von der Möglichkeit, sein eigenes inneres Königreich zu erobern. Unsere Vorfahren wollten darin Botschaften, die ihnen wichtig waren, an spätere Generationen übergeben. Weil dieses innere Wissen aber – ähnlich den Botschaften unserer Träume – verhüllt in Bildern und Symbolen mitgeteilt wurde, ist es für den modernen Menschen nicht leicht zugänglich; das analytische Denken kann damit nicht viel anfangen. Es klammert sich an Erkenntnisse und Tatsachen der äußeren, materiellen Welt. Märchen jedoch sind zeitlose Botschaften der inneren, seelischen Welt.

Wenn wir die Märchenmotive lange genug in uns ‚hineinsinken' lassen, erscheinen hinter den Figuren die seelischen Kräfte, hinter den Formen die Energien, hinter den Handlungen die Bewusstseinsbewegungen und Transformationsprozesse, die in uns und in der Welt geschehen.

Meist identifiziert unser ‚Ich' sich mit nur einer Märchenfigur und projiziert die übrigen Figuren als unserem ‚Ich' (unserer Person) gegenübergestellte andere Wesen in der Welt der Erscheinungen. Bei tieferer Selbsterforschung erkennen wir aber, dass diese Anderen auch in uns sind – als Seelenkräfte, Archetypen, Bewusstseinsvorgänge, Möglichkeiten…
„Zwei Seelen wohnen, ach, in meiner Brust", sagt Goethe. Auf dem Weg der Selbsterforschung entdecken wir, dass noch viel mehr als nur zwei in uns wohnen, und dass die einen mit den anderen oft im Widerstreit sind. Die alten Ägypter kannten unzählige Seelenkräfte, die sie Neteru nannten. War ihre Selbst-Kenntnis reicher als die unsrige? Die alten Völker waren nicht intellektuell geschult, sie waren aber mit ihrem inneren, seelischen Geschehen – auch mit ihren Träumen – viel enger verbunden als wir, die wir uns vor allem mit dem analytischen Denken identifizieren.

Es gab wohl schon sehr früh nebst der Spezies des ‚homo faber' oder ‚homo habilis' (des Benutzers von Werkzeugen) auch den ‚homo rishi', den ‚Seher', den Sucher – den Menschen, der nach Einsicht strebt. Wir haben das Gefühl, dass wir viel gescheiter und wissender sind als unsere Vorfahren vor ca. zehntausend Jahren und vergessen, dass es ein Wissen gibt, das nicht vom logischen Denken kommt, sondern von tieferen ‚Quellen' in uns. Schon in ganz frühen Epochen haben wohl große Lehrer der Menschheit Botschaften davon gebracht. Sicher waren das immer nur Einzelne, aber das Wissen war immer schon im Menschen, es ist in ihm angelegt. Und nicht nur in ihm, es ist in allem ‚Seienden' zu finden. Wie weiß ein Samenkorn, in welche Form es hineinwachsen soll; wie weiß eine Spinne, wie sie ihr Netz bauen muss; wie ist es möglich, dass die Vögel im Herbst so lange Flüge übers Meer zurücklegen und im Frühling zum alten Ort zurückfinden? Erklären können wir dieses innewohnende Wissen nicht, wir nennen es bei den Tieren Instinkte, genetische Programme. Und so gibt es auch im Menschen ein tiefer liegendes Wissen, eine Kybernetik, eine Gnosis.

Die alten Ägypter haben ‚Wissen' – im Sinne von Gnosis – mit zwei Hieroglyphen geschrieben:

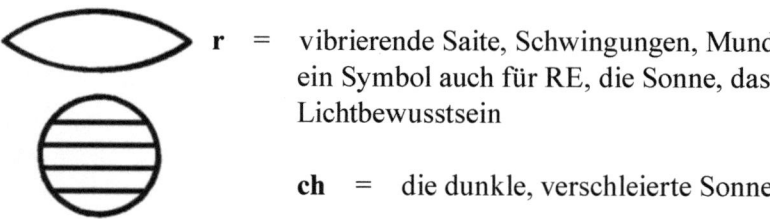

**r** = vibrierende Saite, Schwingungen, Mund, ein Symbol auch für RE, die Sonne, das Lichtbewusstsein

**ch** = die dunkle, verschleierte Sonne

*rch* ⌣ ⊜ (Gnosis, Wissen) bedeutet ein Erkennen, ein Wahrnehmen der verborgenen, vibratorischen Realität (der Schwingungen) ⌣ hinter den Schleiern der Erscheinungen ⊜ (den Schleiern deiner selbst).

Diese Hinweise machen deutlich, dass Gnosis nichts mit gelerntem Buchwissen zu tun hat, auch nichts mit Gnostizismus, sondern dass damit ein inneres Wissen – ein ‚Erkenne dich selbst' durch Identifikation mit all den Energien und Seelenkräften – gemeint ist.
Gnosis gründet – so Medhananda – im Einssein von allem mit allem, ist uralt, so alt wie die Menschheit, ist älter als Religion. Der in Ägypten lebende St. Augustinus soll gesagt haben: „Das, was wir Christus nennen, war zu allen Zeiten und in allen Menschen schon immer zu finden."

Medhananda hatte die große Fähigkeit, in Mythen und Märchen Gnosis zu entdecken und uns die verborgene Symbolsprache unserer frühen Vorfahren verständlich zu machen. Es eröffnen sich uns kostbare psychologische Lehrbotschaften, die – als solche erkannt – helfen, uns und die Welt tiefer, umfassender, transparenter wahrzunehmen und zu einer größeren Fülle des Seins, Bewusstseins und der Freude zu finden.

# Tiersymbole im Märchen

„Da, wo Tiere sind, ist der Himmel,
da, wo Menschen und Tiere sind, ist die Erde,
und da, wo nur noch Menschen sind, ist die Hölle."
*Medhananda*

Wir können uns fragen, warum in den alten Überlieferungen der Menschheit, den Märchen, Mythen und auch Religionen so viele Tiere erscheinen.

Um das zu verstehen, müssen wir uns zuerst einmal in die Lebensweise und das Bewusstsein der vorgeschichtlichen Menschheit zurückversetzen. Der Steinzeitjäger lebte in engem Kontakt mit den Tieren, er musste ja wissen, wie er sich dem zu jagenden Wesen unbemerkt nähern konnte, welche Stärken und welche Schwächen es hatte. Er beobachtete und kannte also die um ihn lebenden Tiere genau. Bei einem Straußenvogel musste er anders vorgehen als bei einer Giraffe oder einer Gazelle. Da gab es Tiere, die konnten schneller laufen, höher klettern, besser hören und riechen als er, fliegen, in der Nacht sehen, usw. Mit diesen besonderen Fähigkeiten war ein guter Jäger vertraut und wusste, wo ein Tier ihn übertreffen konnte.

Wenn nun in der Sippe von einem Stammesmitglied, z.B. dem Onkel oder dem Großvater die Rede war, wurde dieser mit den herausragenden (dem Menschen oft überlegenen) Fähigkeiten und Seelenkräften der Tiere beschrieben: er war mutig wie ein Löwe, flink wie eine Gazelle, schlau wie ein Fuchs, geschwind wie ein Gepard, er konnte alles überblicken wie ein Adler. Solche Wesenszüge wurden bewundert, verehrt, ja man identifizierte sich mit ihnen, und so entstanden Namen wie Adlerauge, flinker Hirsch, starker Bär. Noch heute kennen wir Vornamen, die ein Tier bezeichnen, z.B. Urs, Ursina, Ursula (Bär, Bärin), Ralf (ursprünglich

Readwulf, der rote Wolf), Wolfgang (der mit dem Wolf geht), Jonas (Taube), Leonhard (der entschlossene Löwe), Philipp (der Pferdefreund), Gallus (Hahn) oder Falko (Falke) und viele andere.

In der goldenen Zeit des alten Ägypten gab es kein eigentliches Wort für Tiere, sie wurden als Brüder und Schwestern betrachtet. Edle Charakterzüge eines Menschen, seine Seelenkräfte, ja sogar Götter wurden mit Tieren oder Tierattributen dargestellt. Die Hieroglyphe für ‚Würde‘ z.B. zeigt das Bild eines Widders. Wenn man einmal beobachtet hat, mit welcher Würde ein Leithammel seiner Herde voranschreitet, kann man verstehen, dass auch ein damaliger Priester oder ein anderer würdiger ‚Chef‘ als Widder dargestellt wurde. Die Hieroglyphe für ‚König‘ wurde mit einer Biene und einem blühenden Grashalm geschrieben. So wie die Biene in allen Blüten Honig sammelt, so kann ein wahrer König in allen Ereignissen und Umständen Freude und Seligkeit sammeln und weitergeben. Die Hieroglyphe ‚siegreich‘, die unter den vielen Namen eines jeden ägyptischen Pharaos auftaucht, wurde mit einem Stier und einem Hakenstock dargestellt. So wie der wilde Stier sich mit dem am Nasenring eingehakten Stöcklein gehorsam führen lässt und dem Meister folgt, so gehörte es auch zur inneren Meisterschaft eines Pharaos, seine eigenen vitalen Kräfte ‚siegreich‘ domestiziert zu haben (eine Übung, die auch in den antiken Stierspielen von Kreta ihren Ausdruck fand, welche dann in Spanien zu Stierkämpfen degradierten). Dem Namen für ‚siegreich‘ wurde oftmals die Hieroglyphe ‚Liebe‘ hinzugefügt; nur mit Liebe können die Tiere und auch unsere eigenen Seelenkräfte ‚siegreich‘ von uns gezähmt werden, nur mit Liebe können wir unser inneres, psychologisches Feld bearbeiten (uns verändern, uns umwandeln). In solchen ägyptischen Tierabbildungen lassen sich also tiefer liegende psychologische Aussagen finden.

Und genauso verhält es sich mit der mythologischen Sprache der Bibel. Wenn von einer weißen Taube oder von Feuerschlangen (Seraphinen) oder von Löwenkräften (Cherubinen) die Rede ist, so werden damit spirituelle Erfahrungen, Kräfte, höhere Bewusstseinsebenen in Symbolbildern dargestellt.

Noch heute sind auf den Emblemen der Ärzte und Apotheker Schlangen dargestellt, denn mit ‚Schlangenkraft' – Symbol für Energie, Schwingungen, Vibrationen – heilte schon der große, griechische Arzt Asklepios, der auf alten Bildern immer einen Stab in der Hand hält, um den sich eine Schlange windet. Im alten Ägypten wurden die Seelenkräfte (die Neteru) als Hieroglyphe mit einer Schlange und einer Fahne dargestellt (Schlange anstelle von Wind, den man ja nicht sehen kann). So wie eine Fahne von den Winden bewegt wird, werden auch wir von verschiedenen Seelenkräften bewegt. Wollen wir ihr Wirken in uns beeinflussen, müssen wir uns zuerst ihres Spiels bewusst werden, das in uns abläuft.

Der Pharao trägt auf seiner Stirn stets eine aufsteigende Schlange, Symbol für Energien, die über die Denkebene hinausweisen.

Und so erstaunt es nicht, dass auch in den Märchen viele Tiere vorkommen. Wenn wir sie – so wie Medhananda – als Symbole betrachten, können wir erkennen, dass alle diese ‚Märchentiere' als psychologische Kräfte in uns selbst zu finden sind, und dass sie uns vieles mitteilen können.

13

# Märchen sind Energiefelder

Warum sollten wir uns darum bekümmern,
ob eine Geschichte, ein Märchen oder
ein Mythos wahr ist.
Die Geschichte existiert, sie ist voller Leben.
Sie kann selbst das Leben eines Volkes
während vieler Jahrhunderte beeinflussen
und dessen Bewusstsein formen.

Medhananda

# 10 Märcheninterpretationen
# von Medhananda

# Die Bremer Stadtmusikanten

Obwohl in diesem Märchen die Stadt Bremen erwähnt wird, handelt es sich nicht um eine germanische Geschichte. Die psychologische Aussage, die in dieser Geschichte erkennbar ist, kommt wohl aus dem alten Ägypten. Da schließen sich Viere zusammen, stellen sich als Säule übereinander, und können vereint – als Eines – die Räuber aus dem Haus vertreiben. Wer vertraut ist mit alter Symbolsprache, kann in diesem Motiv ein ganz typisch ägyptisches Lehrsymbol erkennen. Hören wir uns das Märchen einmal an.

> Es hatte ein Mann einen Esel, der schon lange Jahre die Säcke unverdrossen zur Mühle getragen hatte, dessen Kräfte aber nun zu Ende gingen, so dass er zur Arbeit immer untauglicher ward. Da dachte der Herr daran, ihn aus dem Futter zu schaffen, aber der Esel merkte, dass kein guter Wind wehte, lief fort und machte sich auf den Weg nach Bremen: dort, meinte er, könnte er ja Stadtmusikant werden.

Der Esel mit seinen zwei langen Ohren ist ein Bild für das analytische Denken, das uns treu gedient hat. Es hat alles analysiert, was wir ihm zu fressen gegeben haben, hat alles schön eingeteilt und unterteilt. [1]

> Als er ein Weilchen fortgegangen war, fand er einen Jagdhund auf dem Wege liegen, der japte wie einer, der sich müde gelaufen hat. „Nun, was jappst du so, Packan?" fragte der Esel. „Ach", sagte der Hund, „weil ich alt bin und jeden Tag schwächer werde, auch auf der Jagd nicht mehr fort kann, hat mich mein Herr wollen totschlagen, da hab ich Reißaus genommen; aber womit soll ich nun mein Brot verdienen?" „Weißt du was", sprach der Esel, „ich gehe nach Bremen und werde dort Stadtmusikant, geh mit und lass dich auch

bei der Musik annehmen. Ich spiele die Laute, und du schlägst die Pauken." Der Hund war's zufrieden, und sie gingen weiter.

*Nun taucht der Hund auf, dieser hat sicher auch eine tiefere Bedeutung.*

Das ist unser innerer Wächter. Der Hund mit seiner Spürnase kann Dinge, Gegebenheiten, Seelenzustände seines Meisters erkennen, von denen zum Beispiel der Esel nichts merkt und nichts weiß. Die Riechzellen sind ja Hirnzellen. Das Riechen ist eine besondere Hirntätigkeit, eine urtümliche Art, etwas direkt zu kennen. „Den kann ich nicht riechen", sagen wir. Als treuer Wächter und Beschützer begleitet uns der Hund in allen Lebensumständen und kann uns im rechten Moment wachrütteln. In Ägypten wird er Anubis [2] genannt und manchmal mit einem lose über

die Schultern gelegten Band gezeigt – ein Symbol für Gezähmtheit, Verbundenheit, Loyalität – und mit einem Wedel (Fächer) – ein Symbol für das Wegfächeln aller Ängste und Befürchtungen, denn er ist auch unser Begleiter beim Sterben.

Es dauerte nicht lange, so saß da eine Katze an dem Weg und machte ein Gesicht wie drei Tage Regenwetter. „Nun, was ist dir in die Quere gekommen, alter Bartputzer?", sprach der Esel. „Wer kann da lustig sein, wenn's einem an den Kragen geht", antwortete die Katze, „weil ich nun zu Jahren komme, meine Zähne stumpf werden und ich lieber hinter dem Ofen sitze und spinne als nach Mäusen herumjage, hat mich meine Frau ersäufen wollen; ich habe mich zwar noch fortgemacht, aber nun ist guter Rat teuer: wo soll ich hin?" „Geh mit uns nach Bremen, du verstehst dich doch auf die Nachtmusik, da kannst du ein Stadtmusikant werden." Die Katze hielt das für gut und ging mit.

*Nun gesellt sich also noch eine Katze zu den zweien, was symbolisiert sie?*

Sie zeigt unsere meditativen Fähigkeiten. Hast du schon gesehen, wie ruhig, unbewegt und aufmerksam eine Katze vor einem Mäuseloch sitzen kann? Sie rennt nicht aufgeregt hin und her, wenn sie eine Maus fangen will. Sie tut nichts, sie wartet, sie *ist*. Aufmerksam sitzt sie da, ganz gegenwärtig – wie im Zazen [3]. Von ihr kann man viel lernen. Statt bei einem Problem aufgeregt hin und her zu rennen, ist es viel besser, geduldig aber aufmerksam zu warten, bis die Lösung aus dem Loch kommt. Diesen Moment aber darf man nicht verpassen. In der Steinzeit wurden die Tiere wirklich vom Menschen beobachtet. Man bestaunte nicht nur ihre Fähigkeiten, wie z.B. das direkte ‚Wissen' durch den Geruchssinn, das unglaublich gute Gehör, die schnelle Fortbewegung, auch ihre seelischen Stärken und Ausdrucksweisen wurden bewundert: ihre Treue, Anhänglichkeit, Wachsamkeit etc. Diese Seelenkräfte wurden verehrt, man sah in ihnen auch eigene seelische Möglichkeiten gespiegelt. Die Katze nun, die stundenlang geduldig und ohne Bewegung vor dem Mäuseloch sitzen und warten kann, wurde zu einem ganz besonderen Symbol, in Ägypten Bastet [4] genannt. In diesem Namen steckt *Ba* – ein ägyptisches Wort für Seele. Ba-stet ist eine Seele, die steht. Selbst wenn sich die Katze hinsetzt, ‚steht' sie innerlich dennoch. Wenn wir uns nachts ins Bett legen und unser physischer Körper schläft, so gibt es doch etwas in uns, das ‚steht'. Wenn nun ein ganz kleines ungewohntes Geräusch auftaucht, so weckt uns das. Was in uns ‚steht', ist ‚Bastet', die Katze.

Darauf kamen die drei Landesflüchtigen an einem Hof vorbei, da saß auf dem Tor der Haushahn und schrie aus Leibeskräften. „Du schreist einem durch Mark und Bein", sprach der Esel, „was hast du vor?" „Da hab ich gut Wetter prophezeit", sprach der Hahn, „weil unserer lieben Frauen Tag ist, wo sie dem Christkindlein die Hemdchen gewaschen hat und sie trocknen will; aber weil morgen zum Sonntag Gäste kommen, so hat die Hausfrau doch kein Erbarmen und hat der Köchin gesagt, sie wollte mich morgen in der Suppe essen, und da soll ich mir heut abend den Kopf abschneiden lassen. Nun schrei ich aus vollem Hals, solang ich noch kann." „Ei was, du Rotkopf", sagte der Esel, „zieh lieber mit uns fort, wir gehen nach Bremen, etwas Besseres als den Tod findest du überall; du hast eine gute Stimme, und wenn wir zusammen musizieren, so muss es eine Art haben." Der Hahn ließ sich den Vorschlag gefallen, und sie gingen alle viere zusammen fort.

*Was symbolisiert der Hahn?*

Das ist Horus, der Seelenvogel.

*Aber Horus wird im alten Ägypten doch als Falke dargestellt?*

 Ob das Symbol des Seelenvogels als Falke, Hahn, Storch oder Taube dargestellt wird, ist nicht so wichtig, denn die alten Völker beobachteten die Tiere nicht als Zoologen, sondern von der seelischen Ebene her. Und da kann alles, was ein großer Vogel ist, was Federn hat, was in die Höhe fliegen kann, was also nicht nur der Erde, sondern auch dem Himmel (der Luft) angehört, ein Symbol für etwas Entsprechendes in uns sein. In zahlreichen alten Kulturen wurde deshalb der Vogel – weil er in zwei ‚Welten‘ leben kann – ein Bild für das Seelische. Es ist die Seelenkraft, die uns zu unseren eigenen Höhen und Horizonten des Bewusstseins führt. Das Wort Horizont kommt ja von Horus. Wenn unser innerer Horus sich in die Höhe schwingt, so können wir die Dinge und Ereignisse von oben her in ihrer Ganzheit und Verbundenheit überblicken. Wenn er die Flügel in uns ausbreitet, so werden wir weit, leicht und frei. Ganz oben auf den Kirchturmspitzen finden wir ihn immer noch – dort sitzt er als goldener Hahn. Dieser einst heilige Vogel zeigt sich auch im Namen des Mönches St. Gallus (lat. Hahn) und in der nach ihm benannten Schweizer Stadt St. Gallen. Der Hahn war es auch, der den Apostel Petrus wachkrähte, nachdem jener aus Angst dreimal geleugnet hatte, Jesus zu kennen.

Sie konnten aber die Stadt Bremen in einem Tag nicht erreichen ...

*Weshalb wird hier die deutsche Stadt Bremen erwähnt?*

Bremen steht für das himmlische Jerusalem oder das goldene Ägypten oder das ewige Rom oder das universelle Auroville [5] oder wie wir es auch nennen wollen. Es ist ein Symbol für einen geschützten, schönen Bewusstseinsplatz in uns.

… und kamen abends in einen Wald, wo sie übernachten wollten.

Der Weg nach Bremen führt durch den Wald. Der Wald ist die Welt – die Welt der Vielheit, die Welt der Erscheinungen

Der Esel und der Hund legten sich unter einen großen Baum, die Katze und der Hahn machten sich in die Äste, der Hahn aber flog bis in die Spitze, wo es am sichersten für ihn war. Ehe er einschlief, sah er sich noch einmal nach allen vier Winden um, da däuchte ihn, er sähe in der Ferne ein Fünkchen brennen, und rief seinen Gesellen zu, es müsste nicht gar weit ein Haus sein, denn es scheine ein Licht. Sprach der Esel: „So müssen wir uns aufmachen und noch hingehen, denn hier ist die Herberge schlecht." Der Hund meinte, ein paar Knochen und etwas Fleisch dran täten ihm auch gut. Also machten sie sich auf den Weg nach der Gegend, wo das Licht war, und sahen es bald heller schimmern, und es ward immer größer, bis sie vor ein hell erleuchtetes Räuberhaus kamen. Der Esel, als der größte, näherte sich dem Fenster und schaute hinein. „Was siehst du, Grauschimmel?", fragte der Hahn. „Was ich sehe?", antwortete der Esel. „Einen gedeckten Tisch mit schönem Essen und Trinken, und Räuber sitzen daran und lassen's sich wohl sein." „Das wäre was für uns", sprach der Hahn. „Ja, ja, ach, wären wir da!", sagte der Esel.

In dieser Welt der Erscheinungen muss man ein Haus haben, das ist unser Körper. Und dieser Körper– das entdecken die Musikanten (die Seelenkräfte) – ist plötzlich von Räubern besetzt. Haben wir nicht auch schon bemerkt, dass unser ‚Haus' manchmal nicht mehr uns selbst gehört, sondern von Räuberkräften besetzt ist? Diese gehen darin ein und aus und ernähren sich, das heißt, sie rauben und ‚verzehren' unsere Energien.

*Wer sind die Räuber?*

Es sind ‚begrenzte', negativ wirkende Kräfte, Egoformationen, – z.B. Ängste, Sorgen, Befürchtungen, Depressionen, Ärger, Zorn, Verdruss, auch Trägheit…
In der indischen Psychologie unterscheidet man die ‚begrenzten' und die ‚unbegrenzten' Kräfte. Mythologisch gesprochen sind erstere die Kinder

der Mutter Diti, die anderen die Kinder der unbegrenzten, unendlichen Mutter Aditi. Alle symbolisieren Energien, Kräfte, Vibrationen, doch diese können eben von ganz unterschiedlicher Qualität sein. Es gibt ‚Räuber' und es gibt ‚Musikanten' in uns.

> Da ratschlagten die Tiere, wie sie es anfangen müssten, um die Räuber hinauszujagen, und fanden endlich ein Mittel. Der Esel musste sich mit den Vorderfüßen auf das Fenster stellen, der Hund auf des Esels Rücken springen, die Katze auf den Hund klettern, und endlich flog der Hahn hinauf und setzte sich der Katze auf den Kopf.

Wie können die Räuberkräfte aus dem Haus verjagt werden, das ist die große Frage, und die Vier finden ‚endlich ein Mittel': sie stehen alle übereinander und bilden so eine Säule.

Bereits im alten Ägypten spielte die Säule eine wichtige Rolle. Bevor es Steinsäulen gab, band man Binsen-, Schilfrohr- oder Papyrusstängel zusammen und errichtete damit Häuser (Holz gab es kaum). Aus den *vielen* dünnen Stängeln entstand jeweils *eine* starke Säule. Diese Art des Bauens mit zusammengebundenen Pflanzen- oder Getreidehalmen wurde später zu einem Symbolbild für ein inneres ‚Bauen' durch ein psychologisches Zusammenbinden, oder durch ein Übereinanderstellen der einzelnen Teile zu einem Ganzen (wie später beim Bauen der Steinsäulen).

Die ägyptische Djedsäule [6]

Auch wir sollen ein Ganzes, auch wir sollen ‚Eines' werden. Dazu müssen wir natürlich zuerst einmal erkennen, dass wir nicht von Anfang an *eins* sind. Unzählige Kräfte spielen in uns. Wir sind eine Vielheit: Nicht nur viele Zellen, viele Organe, viele Sinne und Nerven wirken in uns, sondern auch vitale, mentale, übermentale, seelische, geistige Kräfte (und wie man sie alle noch nennt). Diese ‚Vielen' arbeiten jedoch nicht immer zusammen. Manchmal verlangen die vitalen Energien nach etwas, was die mentalen ablehnen, und es kommt zu inneren Konflikten. Da sind Seelenkräfte, die in die eine Richtung ziehen, andere streben in die entgegengesetzte Richtung. Diese zahlreichen Kräfte werden im alten Ägypten in verschiedenen Symbolbildern dargestellt und ‚Neteru' genannt, ein Wort, das die Ägyptologen mit ‚Götter' übersetzt haben, doch ‚Neteru' sind sowohl universelle Energien und Prinzipien, als auch Archetypen und Seelenkräfte in uns. Wer Herr seiner selbst werden will, muss seine Neteru zu einer starken Säule zusammenbinden oder aufeinanderstellen. Das ist der Weg, ein *Monachos* [7] zu werden. Erst wenn die Vielen in uns wie *Eines* (Monos), wie ein Ungeteiltes (von daher kommt ja das Wort ‚Individuum') zusammenarbeiten, können unerwünschte Räuberkräfte vertrieben werden. Natürlich werden diese versuchen, erneut in das Haus einzudringen. Es gilt also, wachsam und geduldig zu sein. Das Bauen der Säule ist eine andauernde Übung! Jeder Pharao – der Name *Per-ao* heißt ja ‚großes Haus' – jeder also, der im ‚großen Haus des Bewusstseins' wohnen will, muss diese Übung auf sich nehmen.

*Im Märchen steht der Esel beim ‚Bauen' der Säule zuunterst. Das ist für mich etwas schwer verständlich, denn das analytische Denken ist doch eigentlich ‚oben' – in unserm Gehirn?*

Der Esel, unser analytisches Denken, ist alt und weise geworden. Mit der Analyse kann man sehr weit kommen, aber man muss sehr vorsichtig sein. Man darf sie nicht für die höchste Fähigkeit halten – im Gegenteil; der Platz des Esels in der Säule ist unten. Die anderen stehen auf ihm, – ganz oben der Seelenvogel, der bis ‚in die Spitze fliegt', das Licht sieht und die anderen dahin führen kann. Diesbezüglich ist der Hahn dem Esel weit überlegen. Jesus reitet auf dem Esel hinauf nach Jerusalem, vielleicht wollte er uns damit ein Lehrbild geben: auch wir sollen auf unserem Esel reiten, und nicht umgekehrt, von ihm geritten werden. Er darf nicht dominieren, schon gar nicht sich absondern. Alleine könnte er die Räuber ja nicht vertreiben. Nur im Einklang mit den anderen Seelenkräften, unseren wachsamen, erspürenden, meditativen, intuitiven und inspirierenden Kräften (Hund, Katze und Vogel – Anubis, Bastet und Horus) gelingt das.

Wie das geschehen war, fingen sie auf ein Zeichen insgesamt an, ihre Musik zu machen: der Esel schrie, der Hund bellte, die Katze miaute, und der Hahn krähte; dann stürzten sie durch das Fenster in die Stube hinein, dass die Scheiben klirrten. Die Räuber fuhren bei dem entsetzlichen Geschrei in die Höhe, meinten nicht anders, als ein Gespenst käme herein, und flohen in größter Furcht in den Wald hinaus. Nun setzten sich die vier Gesellen an den Tisch, nahmen mit dem vorlieb, was übrig geblieben war, und aßen, als wenn sie vier Wochen hungern sollten.

*Es heißt, sie fingen an, ,ihre Musik zu machen'. Hat das auch eine symbolische Bedeutung?*

Musik ist Schwingung, Vibration. Die innere ,Säule' wird mit Schwingungen, mit Vibrationen, mit Seelenkräften gebaut – und nicht etwa mit Korpuskeln. Es gibt ein ägyptisches Bild, das eine Säule zeigt, die eine Wellenbewegung, eine Vibration hochhält. Und es gibt ein anderes ägyptisches Bild, wo die Säule von oben nach unten gebaut wird. Hier wird offensichtlich, dass es sich um eine psychologische Arbeit handelt.

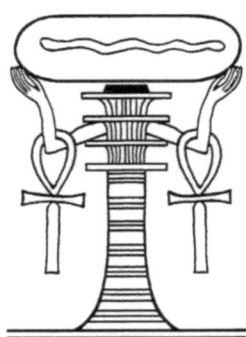 

Später wurde das nicht mehr verstanden. Der Turm zu Babel, von der die Bibel berichtet, ist zusammengestürzt, weil er nicht mehr mit Seelenkräften, sondern nur noch mit Worten gebaut worden war. Ein Bauen mit Worten hat keine Dauer, denn nach jeder Generation ändern sich die Inhalte der Worte ja wieder. In einer späteren Epoche änderte sich auch das Verhältnis des Menschen zum Tier. Im alten Ägypten waren die Tiere – im äußeren wie im inneren Leben – Freunde, Begleiter, Helfer, Beschützer. Es gab kein eigentliches Wort für ‚Tiere'. Wir jedoch benützen heute negativ klingende Redewendungen wie: „du dummer Esel", „der ist auf den Hund gekommen", „das war für die Katz", „du hast einen Vogel".

Wie die vier Spielleute fertig waren, löschten sie das Licht aus und suchten sich eine Schlafstätte, jeder nach seiner Natur und Bequemlichkeit. Der Esel legte sich auf den Mist, der Hund hinter die Türe, die Katze auf den Herd bei der warmen Asche, und der Hahn setzte sich auf den Hahnenbalken; und weil sie müde waren von ihrem langen Weg schliefen sie auch bald ein. Als Mitternacht vorbei war und die Räuber von weitem sahen, dass kein Licht mehr im Haus brannte, auch alles ruhig schien, sprach der Hauptmann: „Wir hätten uns doch nicht sollen ins Bockshorn jagen lassen", und hieß einen hingehen und das Haus untersuchen. Der Abgeschickte fand alles still, ging in die Küche, ein Licht anzuzünden, und weil er die glühenden, feurigen Augen der Katze für lebendige Kohlen ansah, hielt er ein Schwefelhölzchen daran, dass es Feuer fangen sollte. Aber die Katze verstand keinen Spaß, sprang ihm ins Gesicht, spie und kratzte. Da erschrak er gewaltig, lief und wollte zur Hintertüre hinaus, aber der Hund, der da lag, sprang auf und biss ihn ins Bein; und als er über den Hof an dem Miste vorbeirannte, gab ihm der Esel noch einen tüchtigen Schlag mit dem Hinterfuß; der Hahn aber, der vom Lärmen aus dem Schlaf geweckt und munter geworden war, rief vom Balken herab: „Kikeriki!" Da lief der Räuber, was er konnte, zu seinem Hauptmann zurück und sprach: „Ach, in dem Haus sitzt eine greuliche Hexe, die hat mich angehaucht und mit ihren langen Fingern mir das Gesicht zerkratzt; und vor der Türe steht ein Mann mit einem Messer, der hat mich ins Bein gestochen; und auf dem Hof liegt ein schwarzes Ungeheuer, das hat mit einer Holzkeule auf mich losgeschlagen; und oben auf dem Dache, da sitzt der Richter, der rief: ‚Bringt mir den Schelm her.' Da machte ich, dass ich fortkam." Von nun an getrauten sich die Räuber nicht weiter in das Haus, den vier Bremer Musikanten gefiel's aber so wohl darin, dass sie nicht wieder heraus wollten. Und der das zuletzt erzählt hat, dem ist der Mund noch warm.

Der vertriebene Räuber berichtet seinem Hauptmann: „Ach, in dem Haus sitzt eine gräuliche Hexe, die hat mich angehaucht." Das Wort Hexe ist kein germanisches Wort, es kommt von Heket und Heka, alten ägyptischen Symbolen für Zauberkraft, Verwandlungskraft [8]. Das Haus ist nun verzaubert, verwandelt: es wird jetzt, wo die Räuber-Kräfte vertrieben worden sind, von lauter positiven Schwingungen (den Musikanten) erfüllt. Die Räuberkräfte können nicht mehr eindringen.

*Welch differenzierte Psychologie lässt sich in dieser scheinbar nur amüsanten ‚Kindergeschichte' entdecken. Diese alte Psychologie geht ja weit über die vergleichsweise primitive Kirchenpsychologie einer späteren Zeit hinaus.*

Ja, alte ägyptische Gnosis schimmert da durch.

*Die Lehrbotschaft in diesem Märchen ist aber sehr gut versteckt worden.*

Die musste gut versteckt werden, sonst hätte sie nicht überleben können: Als harmlose Kindergeschichte konnte sie das Zeitalter der Zensuren und Inquisitionen überstehen.

## Anmerkungen

### [1] Esel

Schon im alten Ägypten war der Esel ein Symbol für das teilende Entweder-Oder Denken. Auf dem Schrein von Tutanchamun wird er mit zwei Messern dargestellt; unser analytisches Denken schneidet die Dinge gerne entzwei.
Im Papyrus Konshu-mes wird er mit gebundenen Beinen abgebildet, um zu zeigen, dass seine ‚Aktivität‘ eingeschränkt werden muss.

„Siebenundsiebzig Esel stellen sich der Sonne entgegen, um ihr den morgendlichen Aufgang zu verwehren", heißt es in einem ägyptischen Text. Wollen wir die aufgehende Sonne (RE, Symbol für Licht, Erleuchtung, Bewusstsein) erleben, sind die vielen Esel (die vielen Gedanken in uns) dabei nur störend. Der Esel wurde oft auch mit Seth gleichgesetzt.
Siehe dazu auch Medhananda, *Der Weg des Horus*, S. 118-121.
Im Grimms Märchen *Das Eselein* verwandelt sich der Esel jede Nacht in einen Prinzen, am Morgen zieht er seine Eselshaut wieder an (im Schlaf ruht das analytische Denken, tagsüber ist es aktiv). Dass wir hie und da als Esel funktionieren, davon schreibt auch der 125 n. Chr. geborene Lucius Apuleius in seinem Roman *Metamorphosen – Der Goldene Esel*. Dieses elf Bände umfassende Werk, das auch die Mysterienkulte von Isis und Osiris zum Thema hat, wurde sicher von der ägyptischen Symbolsprache beeinflusst.

### [2] Hund, Anubis

Hund, Fuchs, Schakal oder Wolf sind uralte Symbole für Wachsamkeit, Schutz, Begleitung (im Leben wie im Tod).
Siehe auch Medhananda, *Archetypen der Befreiung*, S. 138-154

### [3] Zazen

Zazen ist eine Übung im Zen-Buddhismus, bei der man still und wachsam ‚sitzt‘ und versucht, die inneren Gedanken- und Gefühlsbewegungen zur Ruhe kommen zu lassen, ganz gegenwärtig (reiner Beobachter) zu sein, und sich zu öffnen für die Wahrnehmung höherer Bewusstseinszustände (wie z.B. den überwachen Zustand von Satori).

### [4] Katze, Bastet

Siehe auch Medhananda, *Archetypen der Befreiung*, S. 80-83.

### [5] Auroville

siehe unter *Allgemeine Anmerkungen* S. 209.

### [6] Djedsäule

In späterer ägyptischer Zeit wurde Osiris und der verstorbene Pharao als Djed-säule dargestellt. Auf unzähligen Sargböden finden wir sie abgebildet, als ein Symbol für Dauer, Beständigkeit, Ewigkeit. Wer sich zu einer ‚Bewusst-seins-Säule' gebaut hat, löst sich nicht mehr auf in den ‚Gewässern des Todes'. Siehe auch Medhananda, *Der Weg des Horus*, S. 122-129.

### [7] Monachos

Das griechische Wort ‚Monas' (aus der Wurzel ‚monos' = eins) – Platon ge-brauchte es im Phaidon (101e) – bedeutet Einssein. Das Adjektiv ‚monachos' steht für etwas, das ungeteilt, nicht entzweit, nicht zerstritten, aus einem Stück ist. Im Deutschen wird *Monachos* meist mit dem Wort *Mönch* wiedergegeben, welchen wir mit einem Einsiedler, Klausner, einem in der Einsamkeit Lebenden assoziieren. In den Aussagen von Jesus hat Monachos nicht diesen Sinn, wie aus dem Thomasevangelium hervorgeht: In Logion 75 sagt er „Viele stehen an der Tür, die Monachoi aber sind es, die ins Brautgemach eingehen werden". In Log. 61 sagt er: „Wenn du eins bist und ungeteilt, wirst du von Licht erfüllt sein, doch wenn du dich teilst, dann wirst du von Finsternis erfüllt sein."

In Log. 49 sagt er: „Selig sind die Monachoi, denn sie werden das Reich finden, weil sie von dort kommen und wieder dorthin gehen werden."

Es wird deutlich, dass Jesus mit seinen Aussagen den innerlich ‚nicht-entzwei-ten' Menschen meint, den integralen Mensch, der seine verschiedenen Wesens-teile zu einem zusammenklingenden Ganzen geeint hat.

Siehe auch Medhananda, *Verborgene Weisheit*, „Das Thomasevangelium". S. 149.

## [8] Hexe, Heka, Heket, Hekate

Dieses Prinzip der Verwandlungskraft wurde im alten Ägypten mit der froschköpfigen HEKET dargestellt. Der Frosch zeigt in seiner Entwicklung vom Ei zur Kaulquappe und dann zum Frosch enorme Verwandlungsvorgänge; aus dem Wassertier wird ein Wesen, das auch auf dem Land leben kann. Diese magisch erscheinende Transformationskraft (Zauberkraft), die ja auch in der Entwicklung von der menschlichen Eizelle zum Fötus, zum Kind wirkt, wurde bewundert, ja verehrt. Heket (in Griechenland später die Göttin Hekate) war bei der Bildung des Kindes im Mutterschoß dabei und half als ‚Entbinderin‘ bei der Geburt.

Das Prinzip der Verwandlungskraft wurde im alten Ägypten auch noch mit HEKA dargestellt:

Die Hieroglyphe HE (HU) zeigt einen Docht, Symbol für eine Kraft, die aus unseren Tiefen die Energien hochzieht.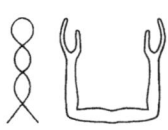
Die Hieroglyphe KA zeigt hochgehaltene Arme, Symbol für unsere Aspiration, unsere Sehnsucht nach höheren Verwirklichungen.

HEKA stellt die evolutionäre Kraft für neue Realisationen und Transformationen dar. Diese Kraft wurde stets als ‚Gefährtin‘ von RE (Symbol für Sonne, Licht, unser höchstes Selbstgewahrsein) auf dem Seelenschiff, das durch die Ewigkeit reist, dargestellt. Siehe auch Medhanandas Erläuterungen zu HEKA in seinem Buch *Archetypen der Befreiung*, S. 46.

# Das Märchen vom Hans im Glück

Bei unseren Vorfahren, den alten Germanen, gab es eine Religion der Männer und eine Religion der Frauen. Die Religion der Männer entdecken wir, wenn wir die großen Heldensagen lesen; die Religion der Frauen aber ist in den Märchen verborgen. Sie ist dort gut versteckt in einer Symbolsprache. Wenn wir diese alte Weisheit wieder entdecken wollen, müssen wir lernen, in Symbolen zu denken. Das ist nicht leicht für uns, denn unser Denken ist vorwiegend analytisch; deswegen kann es uns nicht zu den großen Synthesen führen, zu den großen Einheiten des Seins, sondern immer nur in die kleinen herausgelösten Einzelheiten.

In den alten Märchen ist also die Weisheit der Frauen verborgen, das Wissen von der Geburt und vom Tod. Wir alle wissen intellektuell, dass wir sterben müssen, aber keiner von uns glaubt, dass er sterben muss. Das ‚Glauben‘ gehört eben einer tieferen Schicht in uns an. Glauben ist nicht das Fürwahrhalten irgendwelcher Dogmen oder Sätze, die in Büchern stehen, sondern Glaube ist ein tiefes, geheimes Wissen in uns. Unsere Vorfahren hatten noch Zugang zu diesem tieferen Wissen, zu dem, was wir heute etwas verächtlich ‚Glauben‘ nennen, im Gegensatz zu dem oberflächlichen Wissen, das wir in der Schule gelernt haben. Wir wissen, dass wir vergängliche Wesen sind, aber niemand glaubt daran. Und dieser Glaube, dieses geheime Wissen ist in den Symbolen der Märchen verborgen. Es ist so gut verborgen, dass die meisten Menschen, die ein Märchen lesen, annehmen, es handle sich nur um eine unterhaltsame, fantasievolle Geschichte.

Das Märchen vom tapferen Schneiderlein z.B., ist das wirklich nur eine alberne Geschichte, gerade gut genug für kleine Kinder? Das Schneiderlein in uns, das mit der Schere der Analyse arbeitet, ist der Teil in uns, der alles in Stücke schneidet. Aber es gibt auch den Helden, der über dieses In-Stücke-Schneiden hinausgeht in ein Bewusstsein, in dem alles mit allem verbunden ist. Er dringt in die tiefere Welt des Glaubens, in die Welt des geheimen Wissens ein und wird gewahr, dass es keinen Tod gibt. Er trägt eine innere Gewissheit in sich, dass das Leben eine ewige Geburt ist, ein ständiges, immerdauerndes Geborenwerden.

So gilt es auch für die Geschichte vom ‚Hans im Glück‘. Aus uralten Zeiten kommt da, in Symbolen verborgen, ein Wissen zu uns über den geheimen Weg, den Weg in die Seligkeit, den Weg in das Glück. Und es ist Hans, der uns diesen Weg zeigt.

*Das ist sehr seltsam, denn es sieht so aus, als mache Hans alles falsch.*

Ja, für das analytische Denken macht er alles falsch. Vordergründig erscheint es so, als tausche er jeweils einen wertvollen Besitz gegen etwas weniger Wertvolles ein. Doch Märchen sprechen nicht von Dingen, sondern von Seelenkräften, von Erfahrungen. Wenn er nach sieben Jahren treuen Dienstes bei seinem Meister wieder nach Hause zu seiner Mutter gehen will, dann ist das der Weg des Helden, des Yogi, des Mystikers. Es ist der Weg zur großen Mutter, der Weg zum Ursprung – (oft im Symbol der Schlange, die sich in den Schwanz beißt, dargestellt). Wenn du wissen willst, wohin du gehst, musst du natürlich zuerst wissen, woher du kommst. Dieser Weg war immer nur für Wenige bestimmt; die große Mehrheit geht genau in die entgegengesetzte Richtung.

> Hans hatte sieben Jahre bei seinem Herrn gedient, da sprach er zu ihm: „Herr, meine Zeit ist herum, nun wollte ich gerne wieder heim zu meiner Mutter, gebt mir meinen Lohn." Der Herr antwortete: „Du hast mir treu und ehrlich gedient, wie der Dienst war, so soll der Lohn sein." und gab ihm ein Stück Gold, das so groß als Hansens Kopf war. Hans zog ein Tüchlein aus der Tasche, wickelte den Klumpen hinein, setzte ihn auf die Schulter und machte sich auf den Weg nach Haus.

Nach sieben Jahren treuen Dienstes gibt der Meister Hans einen riesigen Klumpen Gold, so groß wie sein Kopf, heißt es im Märchen. Dieses Gold, das edelste aller Metalle, ist ein Symbol für das Licht der Sonne, ein Symbol auch für die leuchtende Weisheit. Nach sieben Jahren treuen Dienstes hat Hans die ganze Weisheit seines Lehrers bekommen; alle seine Erkenntnisse hat dieser seinem Schüler mitgeteilt. Es sieht so aus, als ob Hans jetzt mit seinem Lohn getrost nach Hause ziehen könnte. Aber er geht ja den Weg in die Seligkeit, den Weg ins Glück, und da behindert ihn das Gold eher, als dass es ihm hilft. Da muss er es loswerden, umwandeln, denn das Gold, das er von seinem Lehrer bekommen hat, ist ja noch nicht ein Gold, das er *geworden* ist, sondern es ist immer noch ein fremder Klumpen, den er mit sich schleppt. Er hat sich diese Weisheit noch nicht zu eigen gemacht, er ist noch nicht diese Weisheit geworden. Das ist es, was das Märchen uns sagen will.

Seligkeit ist nicht, die Weisheit des Ostens in seiner Bibliothek zu haben; Seligkeit ist nicht, jedes Mal, wenn auf dem Büchermarkt ein neues Buch über Yoga erscheint, es sofort zu kaufen und zu lesen. Denn dann sitzen wir ja zu Hause und schneiden unser Gold in kleine Stückchen. Das ist genau das Gegenteil von dem, was die Weisheit uns rät. Sie sagt nicht, du musst dir jetzt dein ganzes Leben lang kleine Stückchen von diesem Gold abschneiden und sie mit anderen Goldstückchen vergleichen (analysieren), sondern, um dieses Gold wirklich zu besitzen, musst du es zunächst einmal wieder verlieren, musst es weggeben. Das ist ein sehr wichtiger Schritt auf dem Weg in die Seligkeit.

So zieht Hans mit seinem schweren Klumpen Gold weiter und trifft jemanden, der auf einem edlen Pferd reitet. Und den beneidet er natürlich, denn das Reiten sieht so leicht und bequem aus. Der Reiter verfügt über die ganze Riesenkraft des Pferdes, das für unsere alten Vorfahren das Symbol für Energie war; deswegen sprechen wir ja noch heute von ‚Pferdestärken'.

> Wie er so dahinging und immer ein Bein vor das andere setzte, kam ihm ein Reiter in die Augen, der frisch und fröhlich auf einem muntern Pferd vorbeitrabte. „Ach", sprach Hans ganz laut, „was ist das Reiten ein schönes Ding! Da sitzt einer wie auf einem Stuhl, stößt sich an keinen Stein, spart die Schuh, und kommt fort, er weiß nicht wie." Der Reiter, der das gehört hatte,

hielt an und rief: „Ei, Hans, warum läufst du auch zu Fuß?" „Ich muss ja wohl", antwortete er, „da habe ich einen Klumpen heim zu tragen: es ist zwar Gold, aber ich kann den Kopf dabei nicht gerade halten, auch drückt mirs auf die Schulter." „Weißt du was", sagte der Reiter, „wir wollen tauschen: ich gebe dir mein Pferd, und du gibst mir deinen Klumpen." „Von Herzen gern", sprach Hans, „aber ich sage Euch, Ihr müsst Euch damit schleppen." Der Reiter stieg ab, nahm das Gold und half dem Hans hinauf, gab ihm die Zügel fest in die Hände und sprach: „Wenns nun recht geschwind soll gehen, so musst du mit der Zunge schnalzen und hopp hopp rufen."

Das Pferd ist ein uraltes Symbol. In der germanischen Mythologie reitet Wotan, der Gott der Weisheit, auf einem Pferd. Und wie schön wäre es, wenn jeder von uns so ein Pferd hätte, auf dem er hinaufreiten könnte auf die Ebenen der großen Ideen und Ideale, in die Welt der Götter. Was der Jünger der Weisheit als nächstes auf seinem Weg zu realisieren hat, ist, all diese Welten, diese verschiedenen Ebenen des Bewusstseins, in sich zu entdecken. Das Pferd ist das Symbol für dieses Reiten-Können, das heißt für die Fähigkeit, sich auf höhere Ebenen des Bewusstseins zu begeben. Und gegen dieses Pferd tauscht Hans jetzt seinen Klumpen Gold. Es sieht so aus, als hätte er da eine Dummheit gemacht, denn das Gold scheint viel mehr Wert zu sein als ein Reitpferd. Und doch ist das der Weg zum Glück.

*Es scheint also, dass man nur etwas gewinnen kann, wenn man vorher etwas verliert? Es fällt so schwer, etwas wegzugeben, von dem man meint, man habe es erworben, es gehöre zu einem.*

Das ist eben gerade das Paradox; man glaubt, dass man das, was man hat, behalten kann. Aber alles, was man hat, wird einem immer wieder genommen; nur was man *ist*, kann man mit sich nehmen. Und unser Hans im Glück *ist* noch nicht die Weisheit der Sonne, dieses strahlende Gold, sondern er besitzt es nur und muss es deshalb mit sich schleppen. Deswegen ist es ganz richtig, dass er es gegen ein Pferd tauscht, denn das Pferd erlaubt ihm jetzt, unbehindert und leicht durch die Welt zu reiten, Neues zu realisieren.

Hans war seelenfroh, als er auf dem Pferde saß und so frank und frei dahinritt. Über ein Weilchen fiels ihm ein, es sollte noch schneller gehen, und fing an mit der Zunge zu schnalzen und hopp hopp zu rufen. Das Pferd setzte sich in starken Trab, und ehe sichs Hans versah, war er abgeworfen und lag in einem Graben, der die Äcker von der Landstraße trennte. Das Pferd wäre auch durchgegangen, wenn es nicht ein Bauer aufgehalten hätte, der des Weges kam und eine Kuh vor sich hertrieb. Hans suchte seine Glieder zusammen und machte sich wieder auf die Beine. Er war aber verdrießlich und sprach zu dem Bauer: „Es ist ein schlechter Spaß, das Reiten, zumal, wenn man auf so eine Mähre gerät, wie diese, die stößt und einen herabwirft, dass man den Hals brechen kann; ich setze mich nun und nimmermehr wieder auf."

*Warum wohl ist Hans vom Pferd gefallen? Er hätte doch auf dem Pferd sitzen bleiben und immer höher reiten können?*

Theoretisch ja, aber wenn dir das Reiten nicht schnell genug geht, wenn du noch kein vollendeter Reiter bist, dann bist du plötzlich gefallen. Das ist etwas, was man lernen muss, und am besten als Kind. Wenn dir dein Vater mit sieben Jahren ein wildes Pferd gibt und sagt: „Dieses Pferd gehört jetzt dir", dann lernst du wahrscheinlich reiten. Der Meister des Pferdes ist der Zentaur [1], der Mensch, der ganz eins geworden ist mit seiner Dynamis. Er kann nicht vom Pferd fallen, denn er *ist* das Pferd. Das ist das Geheimnis im spirituellen Leben; nicht Dinge zu haben, um sie zu besitzen, sondern sie zu *sein*. Und um sie zu sein, müssen wir uns in einem langen Entwicklungsprozess, einem Transformationsprozess, in ihr Wesen verwandeln. Wenn jemand zu uns kommt und sagt, heute Nacht habe ich im Traum ein goldenes Licht gesehen, dann kann man ihm natürlich gratulieren, denn das ist ein besserer Traum als viele andere. Aber dieser Traum von dem goldenen Licht ist nicht das Ende des Weges, er hat es ja nur gesehen. Wenn er gesagt hätte: „Heute Nacht *war* ich das Licht", wäre das eine größere Realisation gewesen.

*Steckt in Hans nicht auch eine Ungeduld, dass er sich nicht der Bewegung des Pferdes hingibt, sondern schneller reiten will, schneller vorankommen will?*

Sehr richtig, das war eine Bewegung der Ungeduld. Die Ungeduld erzeugt zunächst die Idee, dass man etwas tun muss, dass man schnell etwas ändern muss. Doch schnelle Änderungen sind meist nicht von Bestand und bringen oft Kummer und Elend mit sich. Nur die Dinge, die aus sich selbst wachsen, die aus sich selbst kommen und ihren eigenen Entwicklungsweg gehen, ihrem eigenen Transformationsprozess folgen, kommen zur Vollendung. Doch dieser Transformationsprozess dauert für Vieles sehr, sehr lange.

*Kann man ihn vielleicht dadurch beschleunigen, dass man ‚ja' sagt zu allem und nicht seinen eigenen Willen dagegensetzt?*

Wenn wir unser aufgeregtes und ungeduldiges Zeitbewusstsein verlieren und ein bisschen mehr das Bewusstsein der Ewigkeit erobern könnten, ein bisschen mehr die Dinge *sub specie aeternitatis* – aus der Sicht der Ewigkeit – sehen könnten, dann wären wir nicht mehr ungeduldig, im Gegenteil, dann würden wir erkennen, dass alles sogar aufregend schnell geht. Denn unser Weltall hat mit einer Explosion angefangen, und diese Explosion hat noch nicht aufgehört. Alles um uns herum geht explosiv schnell. Nur wenn wir ungeduldig sind, dann geht es auf einmal nicht mehr schnell genug.

*Dieses Tun-Wollen, der Wille, etwas zu realisieren, etwas zu gestalten, kreativ zu sein, scheint uns Menschen eingepflanzt zu sein. Es ist sehr schwer, da zurückzutreten und den Schwerpunkt auf das Sein zu verlagern.*

Wir müssen der Kreativität eine Richtung geben können, die ihr angemessen ist. Was wir ändern wollen, sind ja meistens nur die anderen; der hat das gemacht, oder der hat jenes gesagt, und das muss ich jetzt ändern. Das ist natürlich der falsche Weg; denn dadurch, dass du jemanden kritisierst, verändert sich dieser ja nicht. Das Einzige, was du machen kannst, ist, dich selbst auf eine andere Bewusstseinsebene zu begeben, und das kannst du mit dem Pferd. Mit den Energien des Pferdes kannst du immer eine Bewusstseinsebene erreichen, auf der die Dinge eine andere Perspektive haben. All das, was dir aus menschlicher Sicht wie eine Katastrophe erscheint, erweist sich dann als der schnellste Weg in die Vollkommenheit.

*Darf man das Pferd immer behalten und sein ganzes Leben lang auf ihm reiten, oder muss man es mit einer Kuh tauschen, wie Hans es getan hat?*

Das Märchen sagt uns, dass es nicht nötig ist, ein Zentaur, also ein vollendeter Reiter zu werden; denn jede Vollendung auf dem Weg der Vollendung hindert dich am Streben nach noch größerer Vollendung. Jede kleine Vollkommenheit, alles, was du auf deinem Entwicklungsweg richtig machst, kann dich an einer weiteren Transformation hindern, denn du hast das Gefühl, nun angekommen zu sein. Bewusstseinsbewegungen aber, die du als falsch erkennst, können dir weiterhelfen. Das ist interessant, und die meisten Leute verstehen das nicht. Sehen wir zum Beispiel, was in Auroville alles falsch gemacht wird – aber stellen wir uns vor, Auroville wäre perfekt organisiert, alles ginge wie am Schnürchen, dann hätte die Hoffnung Aurovilles aufgehört. Alles, was vollkommen organisiert ist, ist tot. Der Heilige Geist ist nur da, wo es Chaos gibt. Das ist auch etwas, das sehr schwer zu verstehen ist. Sobald die christliche Kirche sich organisiert hatte, zog der Heilige Geist sich sozusagen auf den Zehenspitzen zurück; eines Tages war er weg. Niemand merkte, dass er nicht mehr da war, denn es war ja alles wunderbar organisiert.

*Aber hängt es nicht vielmehr von der Aspiration ab? Ist der Heilige Geist nicht in uns, wenn die Sehnsucht in uns flammend brennt?*

Ja, aber was ist, wenn der Aspiration immer wieder gesagt wird, du brauchst gar nicht zu brennen, die Vollkommenheit ist jetzt da? Das ist es, was passiert, wenn wir irgendeine Vollendung erreichen, was man hier in Indien eine Siddhi [2] nennt, z.B. die Fähigkeit, ein Wunder zu tun. Dann ist es mit der Entwicklung vorbei. Entwicklung bedeutet, von Unvollkommenheit zu Unvollkommenheit zu gehen. Sobald irgendetwas vollkommen ist, hört die Entwicklung auf. Die Freude an dieser kleinen Vollkommenheit hindert dich, zu einer größeren Vollkommenheit zu gelangen.

So tauscht nun Hans sein Pferd gegen eine Kuh.

> „Da lob ich mir Eure Kuh, da kann einer mit Gemächlichkeit hinterher
> gehen, und hat obendrein seine Milch, Butter und Käse jeden Tag gewiss.
> Was gäb ich darum, wenn ich so eine Kuh hätte!" „Nun", sprach der Bauer,
> „geschieht Euch so ein großer Gefallen, so will ich Euch wohl die Kuh für
> das Pferd vertauschen." Hans willigte mit tausend Freuden ein: der Bauer
> schwang sich aufs Pferd und ritt eilig davon. Hans trieb seine Kuh ruhig
> vor sich her und bedachte den glücklichen Handel. „Hab ich nur ein Stück
> Brot, und daran wird mirs noch nicht fehlen, so kann ich, sooft mirs beliebt,
> Butter und Käse dazu essen; hab ich Durst, so melk ich meine Kuh und
> trinke Milch. Herz, was verlangst du mehr?" Als er zu einem Wirtshaus
> kam, machte er halt, aß in der großen Freude alles, was er bei sich hatte,
> sein Mittags- und Abendbrot, rein auf, und ließ sich für seine letzten paar
> Heller ein halbes Glas Bier einschenken. Dann trieb er seine Kuh weiter,
> immer nach dem Dorfe seiner Mutter zu.

Die Kuh ist ein Symbol, das uns vielleicht in Europa weniger geläufig
ist, das aber für die alten Ägypter und für alle Völker, die den großen
Kulturen der Kuh angehören, wie z.B. die Inder, eine lebendige Erfahrung ist. Die Kuh ist ein himmlisches, ein göttliches Symbol, ein Symbol
der großen Mutter, und zwar in ihrem gnadenreichen Aspekt, der alle
Wünsche erfüllt.

Auch im Yoga, auf dem Weg der Bewusstwerdung und Einung mit den
höheren Ebenen des Seins, gibt es einen Augenblick oder eine längere
Zeit, wo dir alle Wünsche erfüllt werden; alles, was du dir wünschst,
geht in Erfüllung. Das ist die Ebene des *Overmind*, (des Übermentalen
[3]); die Götter kommen zu dir, sind freundlich und nett, und alles, was
du haben willst, geben sie dir. Die Kuh symbolisiert diese Bewusstseinsebene der goldenen Wünsche. Wenn in den Märchen eine Fee kommt
oder in den Mythen ein Gott erscheint und dir sagt: „Jetzt kannst du drei
Wünsche aussprechen, die sich erfüllen werden", so ist das diese Ebene.

Das Wünschen ist eine nicht ungefährliche Sache. Ich kenne einen Yogi, der zu der ‚Mutter' des Sri Aurobindo Ashrams kam [4], und sie fragte ihn, was er sich wünsche. Er antwortete: „Ich möchte meinem spirituellen Lehrer noch mehr ergeben sein, als ich es jetzt bin." Und die Mutter hat ihm diesen Wunsch erfüllt. „Aber das ist mir noch nicht genug, ich möchte ihm noch mehr ergeben sein." So hat er alle Wünsche in diesen einen Wunsch zusammengefasst und immer wieder gesagt: „Nein, das genügt noch nicht, ich möchte noch mehr ergeben sein". Er war einer der wenigen, die sich etwas wünschen konnten, ohne dass der Wunsch sie in ihrer Entwicklung gehemmt hätte.

> Die Hitze ward drückender, je näher der Mittag kam, und Hans befand sich in einer Heide, die wohl noch eine Stunde dauerte. Da ward es ihm ganz heiß, so dass ihm vor Durst die Zunge am Gaumen klebte. „Dem Ding ist zu helfen", dachte Hans, „jetzt will ich meine Kuh melken und mich an der Milch laben." Er band sie an einen dürren Baum, und da er keinen Eimer hatte, so stellte er seine Ledermütze unter, aber wie er sich auch bemühte, es kam kein Tropfen Milch zum Vorschein. Und weil er sich ungeschickt dabei anstellte, so gab ihm das ungeduldige Tier endlich mit einem der Hinterfüße einen solchen Schlag vor den Kopf, dass er zu Boden taumelte und eine Zeitlang sich gar nicht besinnen konnte, wo er war.

*Die Kuh erfüllt die Wünsche, wenn sie ihre Milch fließen lässt. Doch Hans hatte eine besondere Kuh. So sehr er sich auch bemühte, es kam kein Tropfen Milch zum Vorschein.*

Wir wissen ja nicht, was wirklich gut für uns ist. Wenn wir von der großen Mutter, der Kuh, etwas verlangen, was nicht gut für uns ist, und sie ist voller Gnade, dann besteht die Gnade ja gerade darin, dass sie uns in dem Augenblick die Milch, das Symbol der Seligkeit, nicht gibt. Wenn die Seligkeit schon in einem sehr frühen Zustand unserer inneren Entwicklung kommt, dann können wir in diesem schönen Zustand ein Leben, zwei Leben, zehn Leben, tausend Leben verbringen und nie das Bedürfnis haben, einen Schritt weiterzugehen.

*Ich kann mir überhaupt nicht vorstellen, dass man, wenn man in der Seligkeit ist, noch das Bedürfnis nach etwas anderem haben könnte.*

Das ist auch sehr, sehr schwer. Das Geheimnis ist, dass alles ein Paradox ist, oder wie Lao-Tse so schön sagt: „Wahre Worte sind wie umgekehrt." Unser Hans im Glück fängt mit dem Klumpen Gold an, und am Schluss hat er nichts mehr. Das sieht natürlich so aus, als ob er gerade den umgekehrten Weg aus der Seligkeit hinaus ginge, doch dem ist nicht so; er geht den kürzesten Weg ins Glück hinein. All die Siddhis, die Vollendungen, die ihm angeboten wurden, die Weisheit, das Reiten, das Wünschen-können sind ihm wieder weggenommen worden; er hat sie eingetauscht gegen etwas anderes. Und es ist in dem Märchen sehr schön ausgedrückt, wie er sich jedes Mal über den scheinbar ‚dummen' Tausch gefreut hat.

Glücklicherweise kam gerade ein Metzger des Weges, der auf einem Schubkarren ein junges Schwein liegen hatte. „Was sind das für Streiche!", rief er und half dem guten Hans auf. Hans erzählte, was vorgefallen war. Der Metzger reichte ihm seine Flasche und sprach: „Da trinkt einmal und erholt Euch. Die Kuh will wohl keine Milch geben, das ist ein altes Tier, das höchstens noch zum Ziehen taugt oder zum Schlachten." „Ei, ei", sprach Hans und strich sich die Haare über den Kopf, „wer hätte das gedacht! Es ist freilich gut, wenn man so ein Tier im Haus abschlachten kann, was gibts für Fleisch! Aber ich mache mir aus dem Kuhfleisch nicht viel, es ist mir nicht saftig genug. Ja, wer so ein junges Schwein hätte! Das schmeckt anders, dabei noch die Würste."

Jetzt kommt ein interessantes Symbol; das Schwein.

„Hört, Hans", sprach da der Metzger, „Euch zuliebe will ich tauschen und will Euch das Schwein für die Kuh lassen." „Gott lohn Euch Eure Freundschaft", sprach Hans, übergab ihm die Kuh, ließ sich das Schweinchen vom Karren losmachen und den Strick, woran es gebunden war, in die Hand geben. Hans zog weiter und überdachte, wie ihm doch alles nach Wunsch ginge, begegnete ihm ja eine Verdrießlichkeit, so würde sie doch gleich wieder gutgemacht.

Das Schwein ist ein altes Symbol, das wir in Europa vergessen haben. Wir kennen alle den Ausdruck: „der hat Schwein gehabt", im Sinne von „der hat Glück gehabt".

Der Goldklumpen, das Götterpferd und die Himmelskuh sind Symbole des Himmels, des Lichtes, der höheren Ebenen des Bewusstseins, das Schwein aber ist ein Symbol der Tiefe. Es findet seine Nahrung durch Wühlen in der dunklen Erde, worin es ab und zu eine Eichel oder sonst was Gutes findet. In Indien kennt man diesbezüglich ein paar aufschlussreiche Geschichten: Vishnu, der sich in den Eber verwandelt, um die Tiefen des Bewusstseins zu erforschen, oder Shiva, der sich in ein Schwein verwandelt, weil es in seinem reinen Bewusstsein so aussieht, als ob das etwas ganz Neues wäre. Das Schwein gehört symbolisch gesehen den chthonischen Kräften an, den Kräften der Erde, der Nacht, der Dunkelheit. Es erscheint merkwürdig, dass jeder, der sich nach Licht sehnt und den Weg des Lichts gehen will, auch die Dunkelheit erobern muss, das heißt, seinen eigenen Schatten, sein Unterbewusstes. Und das ist das Schwein.

*Könnte man nicht leichter seinen Schatten mit Hilfe der Milch der Kuh erobern und mit ihren Kräften in das Unterbewusstsein gehen?*

Ja, sicher, Hans ist ja nicht als erstes den Weg des Schweins gegangen. Er hat zuerst bei seinem Meister gedient und das Gold bekommen, hat sich mit dem Pferd in die Welt der hohen Energien hinaufgeschwungen, hat die Kuh erfahren. Es wäre der falsche Weg (der Weg des europäischen Psychoanalytikers), direkt – ohne Gold, ohne Reiterfahrungen und ohne Himmelskuh – in das Unterbewusste, in den Schlamm, in die Nacht zu gehen.

Wir entdecken da auf einmal unseren eigenen Schatten. Und gewöhnlich lehnen wir diesen ab und sagen uns: „Nein, der Schatten, das bin nicht ich, ich bin das Licht". Doch der Schatten gehört genauso zu uns, wie das Licht zu uns gehört. Es ist für den Europäer sehr schwer zu verstehen, dass er sich mit diesem Schatten identifizieren muss, bevor er ihn erobern kann.

*Ich dachte, es ist umgekehrt, zuerst erobert man den Schatten, und dann ist man mit ihm identifiziert?*

Nein, solange du den Schatten verachtest, solange du ihn ablehnst, kannst du ihn nicht erobern. Es gehört dazu, dass du diesen Schatten als deinen Zwilling siehst, dass du ihn jedoch daran gewöhnst, hinter dir zu gehen – als dein Diener. Vor dir das Licht, hinter dir der Schatten.

Es ist keine Lösung, sich vom Schatten zu trennen (ihn als Teufel zu projizieren) und zu sagen: „Ich habe mit dem Schatten nichts zu tun." Wir müssen ihn kennen lernen, daraus erwachsen uns neue Kräfte. Deswegen kommt nach dem Gold, dem Pferd und der Kuh das Schwein.

Es gesellte sich danach ein Bursch zu ihm, der trug eine schöne weiße Gans unter dem Arm. Sie boten einander die Zeit, und Hans fing an, von seinem Glück zu erzählen, und wie er immer so vorteilhaft getauscht hätte. Der Bursch erzählte ihm, dass er die Gans zu einem Kindtaufschmaus brächte. „Hebt einmal", fuhr er fort und packte sie bei den Flügeln, „wie schwer sie ist, die ist aber auch acht Wochen lang genudelt worden. Wer in den Braten beißt, muss sich das Fett von beiden Seiten abwischen." „Ja", sprach Hans, und wog sie mit der einen Hand, „die hat ihr Gewicht, aber mein Schwein ist auch keine Sau." Indessen sah sich der Bursch nach allen Seiten ganz bedenklich um, schüttelte auch wohl mit dem Kopf. „Hört", fing er darauf an, „mit Eurem Schweine mags nicht ganz richtig sein. In dem Dorfe, durch das ich gekommen bin, ist eben dem Schulzen eins aus dem Stall gestohlen worden. Ich fürchte, ich fürchte, Ihr habts da in der Hand. Sie haben Leute ausgeschickt, und es wäre ein schlimmer Handel, wenn sie Euch mit dem Schwein erwischten: das Geringste ist, dass Ihr ins finstere Loch gesteckt werdet." Dem guten Hans ward bang, „Ach Gott", sprach er, „helft mir aus der Not, Ihr wisst hier herum bessern Bescheid".

*Mit dem Schwein ist es eigenartig; da kommt ein Bursche, der Hans aushorcht und merkt, dass Hans seine Sachen immer gegen etwas schein-*

*bar Geringeres eintauscht. Er erfindet die Geschichte, das Schwein sei gestohlen worden, und macht Hans Angst. Hat das auch einen tieferen Sinn?*

Ja, wenn du versuchst, mit Hilfe der Psychoanalyse dieses Schwein zu erobern, ist es vielleicht ein gestohlenes Schwein. Du hast Freud, Jung, Adler und all die berühmten Psychoanalytiker gelesen und glaubst jetzt, dass du das Unterbewusste kennen gelernt hast. Aber wenn du, statt es selbst zu erleben, statt dich mit ihm in einer Reihe von inneren Erlebnissen zu identifizieren und es zu erobern, es nur aus Büchern kennst, dann ist das ein gestohlenes, oberflächliches Wissen, und hat nichts mit der inneren Weisheit, mit dem wahren Wissen, zu tun. So hat auch der gewöhnliche Mensch, der zwar innerlich nicht an seinen eigenen Tod glaubt und insofern Recht hat, damit noch nicht den Tod erobert, sonst wäre er sich dessen sozusagen auf allen Ebenen voll bewusst.

Jede Nacht erlebst du mehrere Träume, aber davon bringst du am nächsten Morgen meistens nichts mit. Jede Nacht bist du im Tiefschlaf, in der totalen Einheit des Seins. Wenn du aber morgens aufwachst, kannst du das noch nicht einmal beschreiben, weil du kein Vokabular hast, um dem Mentalen zu sagen, was da passiert ist. Manchmal kannst du nur sagen: „heute Nacht habe ich mich gut ausgeruht." Das versteht das Mentale, die Oberflächenpersönlichkeit. Oder du hast ein Erlebnis, du hast Sri Aurobindo oder die Mutter getroffen, das sind Bilder, die du mitnehmen kannst. Aber diese Bilder sind nur kümmerliche Postkarten, die dir in Wirklichkeit nichts vom ‚Land' selbst sagen. Wenn du eine Postkarte aus der Schweiz mit dem Matterhorn bekommst und darunter steht: „Wie schön wäre es, wenn du hier mit uns wärst", dann bringt dir diese Postkarte ja noch nicht das wirkliche Erlebnis des Matterhorns. Nur wenn du selbst schon einmal dort gewesen bist, kann in dir das Erlebnis des Matterhorns lebendig werden.

*Nun tauscht Hans also sein Schwein gegen eine Gans ein.*

„Nehmt mein Schwein da und lasst mir Eure Gans." „Ich muss schon etwas aufs Spiel setzen", antwortete der Bursche, „aber ich will doch nicht schuld sein, dass Ihr ins Unglück geratet." Er nahm also das Seil in die Hand und trieb das Schwein schnell auf einen Seitenweg fort; der gute Hans aber ging, seiner Sorgen entledigt, mit der Gans unter dem Arme der Heimat zu. „Wenn ichs recht überlege", sprach er mit sich selbst, „habe ich noch Vorteil bei dem Tausch: erstlich den guten Braten, hernach die Menge von Fett, die herausträufeln wird, das gibt Gänsefettbrot auf ein Vierteljahr, und endlich die schönen weißen Federn, die lass ich mir in mein Kopfkissen stopfen, und darauf will ich wohl ungewiegt einschlafen. Was wird meine Mutter eine Freude haben!"

Die Gans ist ein schönes Erlebnis. Sie ist ein uraltes Symbol, das gerade bei uns, den ‚Germanen', in der Weihnachtsgans immer noch anklingt. Es gibt kein ägyptisches Grab, in dem nicht auf irgendeinem der vielen Wandmalereien Gänse sind. Selbst Gott Amon, die verborgene Wahrheit (Jesus hat diese hohe Wahrheitsebene jeweils angerufen, wenn er etwas Wichtiges sagen wollte), wurde im alten Ägypten ab und zu als Wildgans dargestellt. Auch in Indien ist die Gans ein tiefsinniges Symbol. Ihr Sanskritname ist ‚Ham-sa' (oder auch, wenn man das Wort umdreht: ‚Sa-ham'), das heißt ‚Ich bin'. Parama-ham-sa [5] (ein Name für den Yogi Ramakrishna) ist die am höchsten fliegende Wandergans, die aus Sibirien über die Himalaya-Berge zieht. Diese Hamsa, diese Gans ist dein Seelenvogel, dein Schutzengel. Wenn du dich mit diesem Schutzengel identifizierst, wenn du ihn kennen lernst und ihn liebst, und wenn du entdeckst, dass du selbst dieser Schutzengel auch bist, dann hast du das große ‚ICH BIN' realisiert, dann bist du diese schöne Gans mit den wärmenden Flügeln, dieser große Muttervogel. Die meisten Menschen betrachten das Verb ‚sein' als bloßes Hilfswort und identifizieren sich mit dem nachfolgenden Wort: „Ich bin Angestellter, ich bin Bankdirektor, ich bin reich, ich bin dumm" etc. Doch als Moses dem brennenden Dornbusch begegnete, sprach dieser: „Ich bin das Ich bin".

Hans hat das Gold, die abstrakte Weisheit bereits erfahren, er ist auf dem Pferd in die hohen Ebenen des Bewusstseins geritten, er hat die Kuh und das Schwein erlebt und man könnte fragen, was soll da jetzt noch eine Gans? Die Gans ist vielleicht ein intimeres Erlebnis des seelischen Wesens. Sri Aurobindo sagt uns immer wieder, dass das, was er die Realisation des ‚psychic being' nennt, der erste Schritt sein muss auf dem Weg des Yoga, dem Weg der Selbstverwirklichung. Es ist also nicht so, dass die Symbole, respektive die damit ausgedrückten Erfahrungen, immer in derselben Reihenfolge geschehen müssen. Die Gans kann auf dem Weg ins Glück auch als erstes erlebt werden. Wichtig ist, dass du die Symbolbilder als Botschaften, als Mitteilungen von erfahrenen oder erfahrbaren Bewusstseinsschritten verstehst. Natürlich könntest du sagen: Es ist die goldene Gans, die das goldene Ei legt, also gehört sie zu dem Symbol des Goldes. Aber im Märchen und auch im Traum verwandeln sich plötzlich der Fuchs in die Gans, die Gans in den Löwen und der Löwe in das Pferd – das ist typisch für das Märchenerlebnis, das Märchenbewusstsein. Die einzelnen Symbole sind nicht etwas Definitives, nicht etwas, das du abgrenzen und beschränken kannst. Hinter den Namen stehen Kräfte, Energien, Bewusstseinsbewegungen, und die schillern in verschiedenen Farben. So kannst du noch nicht einmal sagen: ‚die Gans ist die Gans'.

*Nun tauscht Hans sie schließlich gegen einen Wetzstein ein.*

Als er durch das letzte Dorf gekommen war, stand da ein Scherenschleifer mit seinem Karren, sein Rad schnurrte, und er sang dazu. „Ich schleife die Schere und drehe geschwind, und hänge mein Mäntelchen nach dem Wind." Hans blieb stehen und sah ihm zu; endlich redete er ihn an und sprach „Euch geht's wohl, weil Ihr so lustig bei Eurem Schleifen seid." „Ja", antwortete der Scherenschleifer, „das Handwerk hat einen güldenen Boden. Ein rechter Schleifer ist ein Mann, der, sooft er in die Tasche greift, auch Geld darin findet. Aber wo habt Ihr die schöne Gans gekauft?" „Die hab ich nicht gekauft, sondern für mein Schwein eingetauscht." „Und das Schwein?" „Das hab ich für eine Kuh gekriegt." „Und die Kuh?" „Die hab ich für ein Pferd bekommen." „Und das Pferd?" „Dafür hab ich einen Klumpen Gold, so groß als mein Kopf, gegeben." „Und das Gold?" „Ei, das war mein Lohn für sieben Jahre Dienst." „Ihr habt Euch jederzeit zu helfen gewusst," sprach der Schleifer, „könnt Ihrs nun dahin bringen, dass Ihr das Geld in der Tasche springen hört, wenn Ihr aufsteht, so habt Ihr Euer Glück gemacht." „Wie soll ich das anfangen?", sprach Hans. „Ihr müsst ein Schleifer werden wie ich; dazu gehört eigentlich nichts als ein Wetzstein, das andere findet sich schon von selbst. Da hab ich einen, der ist zwar ein wenig schadhaft, dafür sollt Ihr mir aber auch weiter nichts als Eure Gans geben; wollt Ihr das?" „Wie könnt Ihr noch fragen", antwortete Hans, „ich werde ja zum glück-lichsten Menschen auf Erden; habe ich Geld, sooft ich in die Tasche greife, was brauche ich da länger zu sorgen?", reichte ihm die Gans hin, und nahm den Wetzstein in Empfang. „Nun", sprach der Schleifer und hob einen ge-wöhnlichen schweren Feldstein, der neben ihm lag, auf, „da habt Ihr noch einen tüchtigen Stein dazu, auf dem sichs gut schlagen lässt und Ihr Eure alten Nägel gerade klopfen könnt. Nehmt ihn und hebt ihn ordentlich auf."

Es scheint so, als sei der Tausch in einen Schleifstein nach der Gans, dem Schwein, der Kuh, dem Pferd und dem Klumpen Gold ein trauriger Abstieg – doch das scheint nur so, wenn wir glauben, es handle sich hier um Dinge. Wenn wir jedoch alles symbolisch verstehen, erkennen wir, dass auch der Schleifstein ein wichtiger nächster Schritt auf dem Weg in die Glückseligkeit ist.

*Was symbolisiert der Schleifstein?*

Er dient dazu, etwas abzuschleifen. Das, was Hans jetzt abwetzen muss, sind die nicht erwünschten Bewegungen seines Bewusstseins. In der Sanskritsprache werden diese Bewegungen ‚Vrttis' [6] genannt. Seligkeit bedingt ein reines Bewusstsein, frei von Bewegungen. In einem geläuter-ten Bewusstsein ist vollkommene Ruhe. Das zu erreichen, erfordert aus-dauernde Übung. Jede Bewegung, die in dein Bewusstsein hereinkommt, musst du sogleich wahrnehmen, und wenn nötig mit diesem Wetzstein wieder abschleifen. Jeder ungewollte Gedanke, jede unerwünschte Emo-tion, jeder unangebrachte Wunsch, jedes schlechte Gefühl, jedes Begeh-ren, jede trübe Gemütsstimmung musst du aus dir hinauswerfen. Von morgens bis abends hast du da also an deinem Bewusstsein zu arbeiten, musst es wetzen, polieren. Das erfordert viel Geduld, viel Wachsam-keit, viel Ausdauer und vor allem Gelassenheit. Damit fängt sozusagen der Yoga an. Atemübungen und Asanas (Körperstellungen) sind nur

Vorbereitungen dazu. Der Lotossitz ist vor allem eine psychologische Übung: sich nicht wie die Fliege in jeden Dreck (negative Gedanken, Missmut, Ärger etc.) hinein zu begeben, sondern wie die Biene sich in den Lotos zu setzen – in die Freude, Schönheit, Seligkeit. Buddha sitzt immer in einer Lotosblüte. Sich in eine Blume setzen kann nur, wer ganz leicht geworden ist. Und zu dieser spirituellen Leichtigkeit gehört auch Humor. Wer die vielen inneren Bewegungen (die vrittis) mit heiterer Gelassenheit, mit lächelndem Gleichmut zuerst einmal in sich beobachten lernt, kann sie allmählich abschleifen.

*Ist das Abschleifen der Zustand der Meditation?*

Nein, es ist der Zustand der Übung. Es gibt ein uraltes Yogabuch von Patanjali. Es beginnt mit den Yogasutras: *atha yoga-anuśāsanam. Yogaś-citta-vṛtti-nirodhaḥ.* „Die Disziplin des Yoga fängt jetzt an. Yoga ist jener innere Zustand, in dem die seelisch-geistigen Vorgänge zur Ruhe kommen." [7] In wenigen Worten wird da ausgesagt, was mit dem ‚Schleifen‘ des Bewusstseins gemeint ist: das Üben, das Arbeiten am Bewusstsein, die Sadhana [8] fängt jetzt an: Jetzt sitzt Hans da und schleift und wetzt. Natürlich waren auch die sieben Jahre Dienst beim Meister schon eine Sadhana. Alles ist Sadhana, das ganze Leben ist eine Sadhana. Aber in dem Märchen ist Hans bis dahin stolz zu Ross geritten, hat versucht, die Kuh zu melken, das Schwein zu hirten, mit der Wildgans zu fliegen usw., und jetzt geht er mit diesem schweren Schleifstein. Er sehnt sich natürlich, ihn los zu werden, denn er will ja nach Hause zu seiner Mutter.

> Hans lud den Stein auf und ging mit vergnügtem Herzen weiter; seine Augen leuchteten vor Freude. „Ich muss in einer Glückshaut geboren sein", rief er aus, „alles, was ich wünsche, trifft mir ein, wie einem Sonntagskind." Indessen, weil er seit Tagesanbruch auf den Beinen gewesen war, begann er müde zu werden; auch plagte ihn der Hunger, da er allen Vorrat auf einmal in der Freude über die erhandelte Kuh aufgezehrt hatte. Er konnte endlich nur mit Mühe weitergehen und musste jeden Augenblick halt machen; dabei drückten ihn die Steine ganz erbärmlich. Da konnte er sich des Gedankens

nicht erwehren, wie gut es wäre, wenn er sie gerade jetzt nicht zu tragen brauchte. Wie eine Schnecke kam er zu einem Feldbrunnen geschlichen, wollte da ruhen und sich mit einem frischen Trunk laben. Damit er aber die Steine im Niedersitzen nicht beschädigte, legte er sie bedächtig neben sich auf den Rand des Brunnens. Darauf setzte er sich nieder und wollte sich zum Trinken bücken.

Bis jetzt haben wir auf dem Wege von Hans sechs Symbole getroffen; das Gold, das Pferd, die Kuh, das Schwein, die Gans und den Stein; nun kommt noch ein siebtes Symbol. Dieses ist im Märchen etwas verborgen. Kurz bevor Hans nach Hause gelangt, kommt er zu einem Brunnen, da will er ruhen und sich mit einem frischen Trunk laben. Der Brunnen ist ein wichtiges Symbol auf dem Weg ins Glück: Aus ihm schöpfen wir das Wasser des Lebens, die Wellen-Wirklichkeit, die Einheit des Seins, die Gewissheit der Unsterblichkeit. Wer aus dem Brunnen, der Wellenwirklichkeit, trinkt, findet Sein-Bewusstsein-Seligkeit [9]; er hat die Gnosis erlangt, kann nicht mehr sterben, nur sein Körper kann sich auflösen. Der letzte Schritt, die letzte Etappe des Weges, bedeutet also, aus dem Brunnen zu trinken [10].

*Beim Vorbeugen, um trinken zu können, fällt der schwere Schleifstein ins Wasser.*

Da versah ers, stieß ein klein wenig an, und beide Steine plumpsten hinab. Hans, als er sie mit seinen Augen in die Tiefe hatte versinken sehen, sprang vor Freuden auf, kniete dann nieder und dankte Gott mit Tränen in den Augen, dass er ihm auch diese Gnade noch erwiesen und ihn auf eine so gute Art, und ohne dass er sich einen Vorwurf zu machen brauchte, von den schweren Steinen befreit hätte, die ihm allein noch hinderlich gewesen wären.

Nun ist er alle Schwere losgeworden. Er hat nichts mehr. Doch dieses ‚Nichts' – und das ist wieder ein Paradox – enthält zugleich die ‚Fülle'. Nun ist er ‚im Glück'.
All die Gaben, die er bekommen hat, das Gold, das Pferd, die Kuh sind

lauter seelische Fähigkeiten seiner selbst. Es sind keine Gaben im eigentlichen Sinne, sondern Hans sieht, dass er jedes Mal dieses selbst ist. Er ist einen Weg der Selbstverwandlung gegangen. Das Neue war jeweils nicht etwas von außen Kommendes, sondern eine Erfahrung oder Eroberung des eigenen Seins. Es geht hier nicht um ein Haben, sondern um ein Sein. Hans ist nun selbst dieses Gold, er ist dieses Pferd, dieser Träger der Götter, der hohen Ideale und Energien, er ist diese Kuh, und er ist dieses Schwein, das da in den Tiefen gewühlt hat. Diese Tiere sind ja gleichzeitig auch Symbole für göttliche Energien und Erscheinungen; in Wirklichkeit sind es Götter, Engel, die ihn besucht haben, aber Engel, die gleichzeitig Aspekte seiner Seele, Aspekte seiner selbst sind.

Nun, nachdem Hans aus dem Brunnen getrunken hat, und der schwere Schleifstein ins Wasser gefallen ist, kann er endlich nach Hause zu seiner Mutter zurückkehren.

> „So glücklich wie ich", rief er aus, „gibt es keinen Menschen unter der Sonne." Mit leichtem Herzen und frei von aller Last sprang er nun fort, bis er daheim bei seiner Mutter war.

Das Märchen fängt ja bereits damit an, dass Hans nach sieben Jahren des Dienstes beim Meister zu seiner Mutter heimkehren will. Einerseits könnte man sagen: „Er hatte einen Mutterkomplex", wie das die Psychologen bei uns nennen, aber man kann es auch ganz anders sehen, als Transformationsweg nach ‚Hause', zu sich, in den Ursprung, dorthin, woher er gekommen ist. Jesus sagt im Thomasevangelium (Log. 49): „Sie werden das Reich finden, weil sie von dort kommen und wieder dorthin gehen werden." Die Mutter ist ein Symbol für dieses Reich, das Reich des Bewusstseins. (In einer späteren patriarchalen Epoche nannte man es dann ‚Reich des Vaters'.)

*Mir ist eines der Symbole noch nicht klar, es ist die Kuh. Wenn die Kuh das Symbol der Erleuchtung ist, ist man dann nicht schon angekommen?*

Überall bist du angekommen. An sich bist du ja angekommen, wenn du zu deinem Meister in die Lehre gehst. Bis dahin hast du kämpfen müssen, von jetzt an wird dir alles gegeben. Es sind lauter Gaben, die da kommen.

Unser Irrtum ist es, bei jedem Bewusstseinsfortschritt anzunehmen, das sei jetzt der letzte Schritt gewesen. Wir gehen in das Haus des Lehrers, und er gibt uns seine dreißig Bände. Viele Leute glauben, das Ziel damit erreicht zu haben; sie glauben, die Wahrheit, die Weisheit, das Höchste nun in diesen Büchern gefunden zu haben. Und damit ziehen sie dann durch die Wüste, mit diesem Klumpen reinen Goldes, so groß wie ihr Kopf, und halten es für das Wertvollste, was es auf dieser Erde gibt. Es füllt den ganzen Kopf aus. Aber sie *sind* nicht dieses leuchtende Gold, und es ist noch ein langer Weg, der da zu gehen ist, bis sie es geworden sind.

*Also ist die Erleuchtung nicht der letzte Schritt, und deshalb durfte Hans die Kuh nicht behalten?*

Es ist seine Kuh, aber sie hat immer noch ihren eigenen Willen, und ab und zu gibt sie ihm einen Tritt. Genauso hat er sich das Gold zwar sozusagen verdient, ist es aber noch nicht geworden, es ist immer noch wie etwas Fremdes in ihm, etwas Gesondertes, es ist immer noch eine schwere Last. Und seine Kuh ist noch nicht das ununterbrochene Strömen der Erleuchtung, nur ab und zu bist du erleuchtet, bekommst sozusagen ein Tröpfchen Erleuchtung.

Auf dem Weg der Identifikation, der Initiation hast du nicht etwa das Gold verloren, das dir dein Lehrer gegeben hat, nur die Schwere dieses Goldes ist weg. Du hast auch nicht die Fähigkeit verloren, mit der Dynamis, mit der Kraft in dir, in die Welt der hohen Ideale und Energien zu reiten, nur ist das nicht mehr das Höchste. Du hast auch nicht die Fähigkeit verloren, dass deine Wünsche in Erfüllung gehen, nur kannst du keinen Tritt mehr von der Kuh bekommen. Das ist der Weg, der Weg der Initiation, der Weg des Einswerdens mit den Bewusstseinsebenen, die du eroberst. Zuerst kommst du als Eroberer, sozusagen als ein Fremder, und wenn du sie dann erobert hast, merkst du, dass sie immer schon ein Teil von dir waren, immer gewesen sind und immer sein werden; sie sind nicht etwas, das du verlieren kannst. Das Gold, das dein Lehrer dir gegeben hat, das am Anfang so beschwerlich war, als du wie ein Kamel mit dieser schweren Last durch die heiße und quellenlose Wüste gezogen bist, kann dir niemand wegnehmen, denn du bist es geworden. Die Last ist dir damit genommen worden. Dieses strahlende Gold, das du bist, ist nicht mehr schwer. In der Wüste hast du nach dem langen Weg zuletzt die schöne, erfrischende Quelle, den Brunnen, entdeckt, und die letzte Schwere, der Schleifstein, ist in diesen Brunnen hineingefallen. Nun bist du ‚im Glück'.

Das Schöne an dieser Geschichte ist, dass sie sich erst so ganz allmählich öffnet. Erst wenn du sie anzweifelst, wenn du immer wieder alles in Frage stellst, entdeckst du so langsam die psychologischen Tiefen, die in diesem scheinbar kindlichen Märchen von einem Dummling, der zu seiner Mutter nach Hause will, enthalten sind.

Während der vielen Jahrhunderte mündlicher Überlieferung haben wohl immer nur die Wenigen, die nach einer tieferen Wahrheit und einem bedingungslosen, von keinen äußeren Umständen abhängigen Glück suchten (oder es bereits erfahren hatten), die verborgenen Botschaften von einem Weg ins Glück erkannt. Mystiker haben zu allen Zeiten darauf hingewiesen, so auch Meister Eckehart, wenn er sagt: „Ihr sollt die Freude nicht *haben*, ihr sollt die Freude *sein*".

## Anmerkungen

**[1] Bild eines Zentaur**

**[2] Siddhi**

Eine besondere seelische Fähigkeit/Gabe, die der Yogi (derjenige, der auf dem spirituellen Weg ist) verwirklicht hat.

**[3] Overmind, das Übermentale**

Siehe unter *Allgemeine Anmerkungen* S. 212

**[4] Die Mutter, Mirra Alfassa**, siehe unter *allgemeine Anmerkungen* S. 208

**[5] Paramahamsa**

So wie eine Wildgans über die höchsten Berge hinwegfliegen kann, soll unsere Seele üben, sich über die Dinge, die Hindernisse und Widerstände (die ‚begrenzten' Bewusstseinsbewegungen in uns) zu erheben. Es geht dabei um die spirituelle Übung des innerlichen ‚Darüberstehens'.

Ham-sa, ‚Ich bin' oder ‚Ich bin das', deutet auf ein innerliches Einssein mit der Wirklichkeit hin, eine Identifikation mit dem höchsten Bewusstsein, das alles als sich selbst sieht, und realisiert: „Ja, auch das bin ich".

Siehe auch Medhanandas Interpretationen in *Die goldene Gans* S. 127.

**[6] Vritti**

Die seelisch-geistigen Vorgänge in uns, Gefühls- und Gedankenbewegungen.

**[7] Die Yoga-Sutren des Patanjali.** Die ersten 4 Sutren (Lehrsprüche) weisen auf die innere Arbeit des Bewusstseins hin, auf das, was in diesem Märchen mit ‚Schleifen' und ‚Wetzen' ausgedrückt wird:

1. *atha yoga-anuśāsanam.*
Nun folgt die Disziplin des Yoga.
2. *yogaś-citta-vṛtti-nirodhaḥ.*
Yoga ist jener innere Zustand, in dem die seelisch-geistigen Vorgänge zur
Ruhe kommen.
3. *tadā draṣṭuḥ svarūpe'vasthānam.*
Dann ruht der Sehende in seiner Wesensidentität.
4. *vṛtti sārūpyam-itaratra.*
Alle anderen inneren Zustände sind bestimmt durch die Identifizierung mit
den seelisch-geistigen Vorgängen.

## [8] Sadhana
Ein Ausdruck für die Übung im Yoga, das Arbeiten am Bewusstsein, das
spirituelle Selbsttraining.

## [9] Sein-Bewusstsein-Seligkeit
Nach indischer Yoga-Erkenntnis gehören Sein, Bewusstsein und Seligkeit (in
Sanskrit ‚Sat-Chit-Ananda') zusammen. Alles Sein enthält auch Bewusstsein
und Seligkeit.

## [10] Aus dem Brunnen trinken
In der germanischen Mythologie gibt es den Mimirs-Brunnen, der unter der
Welten-Esche Yggdrasil steht. Wer aus ihm trinkt, wird wissend, weise. Odin
(auch Wotan genannt) opfert ein Auge für den Trunk aus dem ‚Quell der Weisheit'; symbolisch bedeutet dies: derjenige, der aus dem Brunnen getrunken
hat, sieht die Wirklichkeit nicht mehr geteilt, dualistisch (mit zwei Augen),
sondern er sieht alles als große Einheit des Seins (mit einem Auge).
Siehe auch Medhanandas Interpretationen zum Brunnen im Märchen *Frau
Holle*, S. 55.

# Frau Holle

Es gab eine Zeit, in der alles Wissen durch die Kirche vermittelt wurde. Aber daneben gab es fahrende Sänger, die von Ort zu Ort zogen und Geschichten aus fremden Ländern und anderen Kulturen erzählten, ohne dass die Kirche darauf Einfluss nehmen konnte – und es gab die weisen Frauen, die Mütter, die von Generation zu Generation die alten Märchen und Mythen weitererzählten. Diese Geschichten drehten sich meist um die großen Fragen des Lebens: Wer bin ich, warum bin ich hier, wohin gehe ich, wie kann ich mein Leben verändern. Was darin ursprünglich in einer verborgenen Symbolsprache mitgeteilt wurde, sind psychologische Wahrheiten, innere Erfahrungen, Reifungs- und Bewusstwerdungsprozesse. Getarnt als Phantasiegeschichten konnten diese Lehrbotschaften überleben. Die Erzähler einer späteren Zeit haben den symbolischen Gehalt vielleicht nicht mehr erkannt, und so wurden die Märchen beim Weitererzählen wohl ausgeschmückt oder leicht verändert – entsprechend des jeweiligen Zeitgeistes einer Epoche – so vielleicht auch das Märchen ‚Frau Holle‘, das auf den ersten Blick eine rein moralische Botschaft zu enthalten scheint. Fleiß wird belohnt, Faulheit bestraft. Doch wenn wir die Witwe und ihre zwei Töchter, den Brunnen, die Wiese, Frau Holle und das Tor als Wesensteile unserer selbst sehen, können wir in diesem Märchen einen tieferen Sinn finden.

> Eine Witwe hatte zwei Töchter, davon war die eine schön und fleißig, die andere hässlich und faul. Sie hatte aber die hässliche und faule, weil sie ihre rechte Tochter war, viel lieber, und die andere musste alle Arbeit tun und der Aschenputtel im Hause sein. Das arme Mädchen musste sich täglich auf die große Straße bei einem Brunnen setzen und musste so viel spinnen, dass ihm das Blut aus den Fingern sprang.

Eine ‚Witwe‘ zu sein, bedeutet, nicht mehr gebunden, nicht mehr ‚verheiratet‘, nicht mehr besetzt zu sein von irgendeiner Doktrin, Weltanschauung, von religiöser Vorschrift, politischer Meinung, gesellschaftlicher Norm. Diese Witwe – eine Instanz in uns – hat jedoch zwei Töchter, mit denen sie sehr beschäftigt ist. Natürlich sind die Töchter auch wieder symbolisch zu verstehen: Sie können als zwei grundlegende, sich ergänzende Funktionsweisen in uns gesehen werden. Die eine entspricht der linken, die andere der rechten Gehirnhälfte. Erstere bewirkt unser analytisches Funktionieren, das alles trennt, einteilt, mit der analytischen Schere entzwei schneidet; diese ‚Tochter' wird von ihrer Mutter geliebt und bevorzugt. Das andere Kind spinnt; es stellt den Faden her, mit dem alles wieder verbunden und geeint werden kann. Diese Tätigkeit entspricht der Gehirnhälfte in uns, die synthetisch, ganzheitlich vorgeht. Viel Arbeit wartet. Obwohl heute kaum noch jemand spinnt, kennen wir den Ausdruck ‚die spinnt ja!' und meinen abwertend, dass diese Person anders funktioniert als die anderen, dass sie eigenen Gedanken und Träumen nachgeht. Spinnen ist eine meditative Übung. Die schöne, fleißige Tochter wendet sich dem inneren Leben zu. Ihre Aufgabe ist es, Zusammenhänge zu erkennen und die Geheimnisse des Seins zu ergründen. Daran ist die andere, die analytische ‚Seite' in uns gar nicht interessiert. [1]

> Nun trug es sich zu, dass die Spule einmal ganz blutig war, da bückte es sich damit in den Brunnen und wollte sie abwaschen; sie sprang ihm aber aus der Hand und fiel hinab. Es weinte, lief zur Stiefmutter und erzählte ihr das Unglück. Sie schalt es aber so heftig und war so unbarmherzig, dass sie sprach: „Hast du die Spule hinunterfallen lassen, so hol sie auch wieder herauf." Da ging das Mädchen zu dem Brunnen zurück und wusste nicht, was es anfangen sollte; und in seiner Herzensangst sprang es in den Brunnen hinein, um die Spule zu holen.

*Was bedeutet es, dass sie in den Brunnen springt?*

Der Brunnen ist ein Symbol für das eigene Wesen. Jesus sagt im Thomasevangelium (Logion 74): „Viele stehen um den Brunnen herum, wenige gehen in ihn hinein." Wenige Menschen gehen in die Tiefe ihres Seins. Man liest vielleicht mit Interesse über Erfahrungen von Mystikern, doch selber bleibt man um den Brunnen herum stehen. Das Mädchen jedoch springt in ihn hinein und folgt der Fadenspule. Und da – im Innersten, in einem anderen Bewusstseinszustand, im Zentrum seines Wesens – findet es sich auf einer ‚blühenden Wiese'.

> Es verlor die Besinnung, und als es erwachte und wieder zu sich selber kam, war es auf einer schönen Wiese, wo die Sonne schien und vieltausend Blumen standen. Auf dieser Wiese ging es fort und kam zu einem Backofen, der war voller Brot; das Brot aber rief: „Ach, zieh mich raus, zieh mich raus, sonst verbrenn ich: ich bin schon längst ausgebacken." Da trat es herzu und holte mit dem Brotschieber alles nacheinander heraus.

Auf dieser Wiese wird das Mädchen zu gewissen Arbeiten gerufen; das schon längst ausgebackene Brot verlangt, es möge aus dem Ofen herausgeholt werden, damit es nicht verbrenne. Brot und Backofen sind uralte Symbole. So wie das Korn sich in Mehl, dann in Teig, danach – durch den feurigen Backofen – in Brot verwandelt, so werden auch wir im Backofen des Lebens seelisch umgewandelt. Ein gewisser Transformationsprozess ist hier zur Reife gekommen und ruft, erkannt zu werden, will in unser Bewusstsein gelangen. Das Mädchen folgt der inneren Weisung und erfüllt die notwendige Aufgabe. Nun kann ein weiterer Entwicklungsschritt stattfinden.

> Danach ging es weiter und kam zu einem Baum, der hing voll Äpfel, und rief ihm zu: „Ach, schüttel mich, schüttel mich, wir Äpfel sind alle miteinander reif." Da schüttelte es den Baum, dass die Äpfel fielen, als regneten sie, und schüttelte, bis keiner mehr oben war; und als es alle in einen Haufen zusammengelegt hatte, ging es wieder weiter.

Auch der Baum ist ein uraltes Symbol der Umwandlung. Wir selbst sind dieser Baum, an dem Früchte wachsen. Und plötzlich sind sie reif, und wir werden gerufen, sie zu ernten; wieder ein Bild für ein inneres Gewahrwerden. Es zeigt, dass etwas in der Tochter zur Reife gekommen ist und ins Bewusstsein gelangen will. Willig folgt sie dem inneren Ruf und erfüllt erneut die notwendige Aufgabe.

Endlich kam es zu einem kleinen Haus, daraus guckte eine alte Frau, weil sie aber so große Zähne hatte, ward ihm angst, und es wollte fortlaufen. Die alte Frau aber rief ihm nach: „Was fürchtest du dich, liebes Kind? Bleib bei mir, wenn du alle Arbeit im Hause ordentlich tun willst, so soll dir's gut gehn. Du musst nur achtgeben, dass du mein Bett gut machst und es fleißig aufschüttelst, dass die Federn fliegen, dann schneit es in der Welt; ich bin die Frau Holle." Weil die Alte ihm so gut zusprach, so fasste sich das Mädchen ein Herz, willigte ein und begab sich in ihren Dienst. Es besorgte auch alles nach ihrer Zufriedenheit und schüttelte ihr das Bett immer gewaltig, auf dass die Federn wie Schneeflocken umherflogen; dafür hatte es auch ein gut Leben bei ihr, kein böses Wort und alle Tage Gesottenes und Gebratenes.

Auf seinem Entwicklungsweg kommt das Mädchen auch zu einem kleinen Haus, aus dem eine alte Frau schaut. Zuerst fürchtet man sich vor dem Neuen, Unbekannten. Doch die alte Frau lädt das Mädchen ein, bei ihr zu bleiben, es soll ihm gut gehen, wenn es die Arbeit im Hause ordentlich verrichtet. „Ich bin die Frau Holle." Der Name – das geht auch aus anderen Märchen hervor – nennt das Wesen, die Funktion, die psychologische Kraft, die mit einer Märchen- oder Mythenfigur gemeint ist. *Hol, Holda, Huld* sind alte germanische Namen für eine schöne Frau. Sie ist also ein Aspekt der großen Mutter Natur, der voller Anmut und lichter Schönheit ist.

*Besteht vielleicht auch ein Zusammenhang zwischen dem Namen Holle und dem Ausdruck Helle?*

Ja, und wenn man weit in der Zeit zurückgeht, findet man sogar, dass ‚Helle' und das englische Wort ‚hell', das ja ‚Hölle' bedeutet, gemeinsame Wurzeln haben, dass Helle und Hölle komplementäre Ergänzungen der gleichen Realität sind. So gibt es auch einen Zusammenhang zwischen den Wörtern Höhle, hohl und Helle, Holle und dem englischen Wort ‚whole', das ja das ‚Ganze' bedeutet. Die dunkle Höhle und die Helle sind polare Entsprechungen. [2] Sie sind Ausdruck eines magisch-mythischen Bewusstseins, in dem der Mensch alles noch als eine große Einheit erlebte, so wie es ein kleines Kind heute noch erlebt. Kannst du dir eine

Zeit vorstellen, wo Himmel und Erde, die Helle und die Hölle noch nicht unterschieden worden sind, wo blau und grün, gut und böse noch nicht getrennt waren? [3] Das war im goldenen Zeitalter, bevor unser analytisches Denken alles in zwei geteilt hat: Oben der Himmel und unten die Hölle. Himmel und Hölle sind aber keine Orte, sondern Bewusstseinszustände. Einmal sitzen wir – psychologisch gesehen – im Himmel, dann wieder in der Hölle. Diese Zustände wechseln in uns immer wieder. Wie auf einem Riesenrad sind wir einmal in diesem, dann wieder in einem anderen Bewusstsein. Entscheidend ist, was wir aus solchen Bewusstseinszuständen lernen, wie wir sie in unserer Entwicklung nutzen. Sri Aurobindo sagt über die ‚Hölle': „Es ist der kürzeste Weg zu Gott", denn wer durch die ‚Hölle' geht, kann große Fortschritte machen.

Im Zeitalter der Kirche war es verboten, über solch innere Zustände zu lehren. Das innere Wissen darüber konnte nur in Symbolen verhüllt, getarnt in Geschichten und Dichtung, mitgeteilt werden.

*Warum verlangt Frau Holle von dem Mädchen, dass es ihr das Bett gut mache?*

Das Bett ist der ‚Ort' des Träumens. Es soll also diesem ‚Bewusstseinsplatz' besondere Aufmerksamkeit widmen, soll die tieferen Ebenen seiner selbst besser kennen lernen. Es wird sozusagen eingeführt in eine neue Art des Yoga; den Yoga des Träumens, des leuchtenden Schlafs. [4] Eine wichtige Aufgabe ist es, die Decken gut zu schütteln, sodass die Federn fliegen: All die Träume der vergangenen Nacht sollen ins Bewusstsein heraufgeholt werden.

*Das Bild des Schüttelns verstehe ich noch nicht ganz; dadurch fliegen die Träume doch weg. Sollen sie aber nicht eher bei uns bleiben?*

Die Träume gehören nicht unserem Ich, sie kommen aus tieferem Bewusstsein und sollen dem Universum zurückgegeben werden, von welchem wir sie bekommen haben. Sie sind die Federn, die ‚Wahrheiten' – um in den Symbolen der alten Ägypter zu sprechen –, die ihren Ursprung in RE, dem Licht (Bewusstseins-Licht) haben. [5] Wie kleine Boten der Wahrheit fallen die Federchen (Schneeflocken) herunter zur Erde und verschönern dort als glitzernde Schneekristalle die Wirklichkeit. Je mehr es schneit, desto schöner, verwandelter, erleuchteter wird die Welt. In dieser Weise hilft das Mädchen der Frau Holle, Schönheit, Wahrheit, Bewusstsein auf die Erde zu bringen.

> Nun war es eine Zeitlang bei der Frau Holle, da ward es traurig und wusste anfangs selbst nicht, was ihm fehlte, endlich merkte es, dass es Heimweh war; ob es ihm hier gleich vieltausendmal besser ging als zu Haus, so hatte es doch ein Verlangen dahin. Endlich sagte es zu ihr: „Ich habe den Jammer nach Haus gekriegt, und wenn es mir auch noch so gut hier unten geht, so kann ich doch nicht länger bleiben, ich muss wieder hinauf zu den Meinigen."

*Warum hat das Mädchen Heimweh bekommen, obwohl es ihm bei der Frau Holle doch besser ging als zu Hause?*

Das scheint auf den ersten Blick schwer verständlich zu sein. Doch da ruft vielleicht ein inneres Programm, da ruft vielleicht eine neue Aufgabe, an der wir wachsen können, da wartet vielleicht eine Herausforderung, an der wir reifen, bewusster werden. ‚Heimweh' kann für jeden etwas anderes bedeuten und sich auf verschiedenen Ebenen äußern. Wenn du ein ‚Wandervogel' bist, ruft dich die Ferne. Es gibt Vögel, die jedes Jahr von Sibirien bis nach Südindien fliegen, um dort zu überwintern. Sie wissen nicht warum und wozu, aber etwas ruft sie. Und so werden auch wir zu etwas gerufen, sagen ‚Ja' und folgen dem Weg, obwohl wir nicht recht wissen, warum und wieso. Es gibt ein Heimweh nach allem Möglichen, nicht nur nach dem Dorf, in dem wir geboren sind, sondern nach einer bestimmten Kultur, nach einem Studium, nach einer Aufgabe, nach einer künstlerischen Tätigkeit, einem innerlich wahrgenommenen Auftrag, zu dem wir gerufen werden.

*Obwohl es im Innern seiner selbst – in der Traumwelt – viel schöner ist, will das Mädchen wieder an die Oberfläche, will nach außen treten?*

Ja. Sie will vielleicht eine neue Erfahrung machen, und so hilft ihr Frau Holle, wieder hinauf zu kommen. Im Grunde gibt es ja kein ‚unten‘ und ‚oben‘, denn es handelt sich nur um verschiedene Bewusstseinszustände, und diese wechseln in uns immer wieder.

Die Frau Holle sagte: „Es gefällt mir, dass du wieder nach Haus verlangst, und weil du mir so treu gedient hast, so will ich dich selbst wieder hinaufbringen.“ Sie nahm es darauf bei der Hand und führte es vor ein großes Tor. Das Tor ward aufgetan, und wie das Mädchen gerade darunterstand, fiel ein gewaltiger Goldregen, und alles Gold blieb an ihm hängen, so dass es über und über davon bedeckt war. „Das sollst du haben, weil du so fleißig gewesen bist“, sprach die Frau Holle und gab ihm auch die Spule wieder, die ihm in den Brunnen gefallen war.

*Was bedeutet das Tor, zu dem Frau Holle die Tochter führt?*

Das Tor symbolisiert den Übergang von dem einen Bewusstseinszustand in einen anderen. Wir können nicht einschlafen (oder aufwachen), ohne durch ein Tor zu gehen. Es gibt ‚Torwächter‘ in uns (Seelenkräfte), die aufpassen, dass nur das hindurchgeht, was erlaubt ist. Ein Tor will uns nicht hindern, hindurchzugehen, aber es verhindert, dass wir Dinge mitnehmen, die nicht zur anderen Seite gehören, die uns nur belasten würden. Nun gibt es auch Übungen eines inneren Gewahrseins, bei denen wir versuchen, zu einem Tor zu gehen, um dort zu verweilen. Meditation zum Beispiel findet auf der Schwelle zwischen Schlaf und Wachsein statt. „Ich bin die Tür“, sagt Jesus (im Johannesevangelium 10.9), und diese Aussage ist sehr aufschlussreich. In Japan stehen häufig Tore inmitten leerer Landschaften, quasi am Horizont. Es sind Lehrsymbole, die uns einladen, zu den Toren unserer inneren Horizonte zu gehen, wo Erde und Himmel, Leben und Tod, Wachsein und Schlafen – oder Wachsein und überwaches Sein (Satori) – sich begegnen. Zu solch einem Tor [6] wird die Tochter nun geführt und erlebt dort einen Goldregen – die Erleuchtung.

Darauf ward das Tor verschlossen …

Solche Erlebnisse dauern nicht ewig, irgendwann sind wir wieder im alltäglichen Bewusstsein.

… und das Mädchen befand sich oben auf der Welt, nicht weit von seiner Mutter Haus; und als es in den Hof kam, saß der Hahn auf dem Brunnen und rief: „Kikeriki, unsere goldene Jungfrau ist wieder hie." Da ging es hinein zu seiner Mutter, und weil es so mit Gold bedeckt ankam, ward es von ihr und der Schwester gut aufgenommen.

Der Hahn, der Seelenvogel, ist der innere Wächter, der ‚Wecker', er will uns etwas bewusst machen. Er kündet an, dass die eine Tochter voll von Gold zurückgekommen ist. Die Mutter und die andere Tochter erkennen, dass das Hinunterspringen in den Brunnen zu besonderem Reichtum führt.

Das Mädchen erzählte alles, was ihm begegnet war, und als die Mutter hörte, wie es zu dem großen Reichtum gekommen war, wollte sie der andern, hässlichen und faulen Tochter gerne dasselbe Glück verschaffen. Sie musste sich an den Brunnen setzen und spinnen; und damit ihre Spule blutig ward, stach sie sich in die Finger und stieß sich die Hand in die Dornhecke. Dann warf sie die Spule in den Brunnen und sprang selber hinein. Sie kam, wie die andere, auf die schöne Wiese und ging auf demselben Pfade weiter. Als sie zu dem Backofen gelangte, schrie das Brot wieder: „Ach, zieh mich raus, zieh mich raus, sonst verbrenn ich, ich bin schon längst ausgebacken." Die Faule aber antwortete: „Da hätt ich Lust, mich schmutzig zu machen", und ging fort. Bald kam sie zu dem Apfelbaum, der rief: „Ach, schüttel mich, schüttel mich, wir Äpfel sind alle miteinander reif." Sie antwortete aber: „Du kommst mir recht, es könnte mir einer auf den Kopf fallen", und ging damit weiter. Als sie vor der Frau Holle Haus kam, fürchtete sie sich nicht, weil sie von ihren großen Zähnen schon gehört hatte, und verdingte sich gleich bei ihr. Am ersten Tag tat sie sich Gewalt an, war fleißig und folgte der Frau Holle, wenn sie ihr etwas sagte, denn sie dachte an das viele Gold, das sie ihr schenken würde; am zweiten Tag aber fing sie schon an zu faulenzen, am dritten noch mehr, da wollte sie morgens gar nicht aufstehen. Sie machte auch der Frau Holle das Bett nicht, wie sich's gebührte, und schüttelte es nicht, dass die Federn aufflogen. Das ward die Frau Holle bald müde und sagte ihr den Dienst auf. Die Faule war das wohl zufrieden und meinte, nun würde der Goldregen kommen; die Frau Holle führte sie auch zu dem Tor, als sie aber darunterstand, ward statt des Goldes ein großer Kessel voll Pech ausgeschüttet. „Das ist zur Belohnung deiner Dienste", sagte die Frau Holle und schloss das Tor zu. Da kam die Faule heim, aber sie war ganz mit Pech bedeckt, und der Hahn auf dem Brunnen, als er sie sah, rief: „Kikeriki, unsere schmutzige Jungfrau ist wieder hie." Das Pech aber blieb fest an ihr hängen und wollte, solange sie lebte, nicht abgehen.

Wenn die andere Tochter, unsere analytisch funktionierende Seite (die sehr stark mit unserem Ego verbunden ist), in eine Meditation springt, wird sie weiterfahren, alles zu analysieren, zu beurteilen, zu kritisieren, zu verniedlichen. Eine schöne Erfahrung wird sogleich zerrissen, als unnütz eingestuft, in kleine ‚Stücke' geschnitten. Wenn wir zum Beispiel nur mit unserem analytischen Denken in ein Konzert gehen und nicht fähig sind, in die Musik einzutauchen – uns mit dem inneren Faden in sie ‚hineinzuspinnen' – und eins zu werden mit den Melodien und Harmonien, können wir sie nicht genießen. Wir hören nur immer da eine falsche Note und dort eine Dissonanz. Das bereichernde Erlebnis fällt aus, wir kehren leer nach Hause zurück. Nur das Pech bleibt kleben, in dem wir feststellen: jener Musiker hat im 2. Takt eine falsche Note gespielt und der andere hat an der Stelle zu laut gespielt und der Dirigent hat das Stück falsch betont …

*Warum wird diese Tochter faul genannt?*

Die zweite Tochter ist faul, was die inneren Arbeiten, die seelischen Übungen und Aufgaben anbelangt. Meditation und Träume interessieren sie nicht wirklich. Doch nach dem Gold, der Glückseligkeit, sehnt sie sich schon. Die andere Tochter ist eine Spinnerin; sie hat die Fähigkeit, alles zu einem Ganzen zu verbinden. Das erinnert an das indische Wort Tantra: Der Tantriker ist psychologisch gesehen derjenige, der die bunten Fäden auswählt und in seinen seelischen Teppich so hineinwebt, dass ein schönes Bild entsteht. Unsere analytische Seite kann nur die einzelnen

Fäden sehen, nicht aber das ganze Bild. [7]

*Es ist merkwürdig, dass diese zwei unterschiedlichen Töchter zur gleichen Mutter gehören!*

Wir dürfen nicht vergessen, dass all diese unterschiedlichen Figuren – so auch die zwei Töchter – Teile unserer selbst sind. Märchen sind wie ein Spiegel, in dem wir unsere eigenen Seelenkräfte sehen können. Hier in der Geschichte von ‚Frau Holle‘ werden uns unsere zwei grundsätzlichen Funktionsweisen, unsere rechte und linke Seite gezeigt. Und es wird uns vor Augen geführt, dass die von uns oftmals stiefmütterlich behandelte Seite sehr Wertvolles ‚heimbringen‘ kann, dass es sich lohnt, in den Brunnen zu springen und die Aufgaben, die in einem tieferen Bereich auf uns warten, willig zu erfüllen. Das Schütteln der Federn, das Gewahrwerden unserer Träume, das Bewusstwerden unserer Nachtseite kann uns seelisch reich machen.

Jede unserer beiden Seiten ist an sich wertvoll, wir müssen nur erkennen, in welcher Situation die eine, und in welchem Bereich die andere angebracht oder eben fehl am Platz ist. Wenn wir meditieren, unsere Träume erforschen, ein seelisches Erlebnis haben möchten, müssen wir die Goldmarie rufen. Sie kann uns den Reichtum unserer Tiefe heimbringen. Die andere Tochter ist bei anderen Aufgaben gefragt, zum Beispiel, wenn es darum geht, ein mathematisches Problem zu lösen. Die eine ist an der inneren, die andere an der äußeren Welt interessiert. Beide ergänzen sich. Die Mutter – sie symbolisiert hier nicht nur einen Aspekt in uns selbst, sondern auch unsere Erziehung, unsere Gesellschaft, unsere Person – liebt und bevorzugt nur einseitig die zweite Tochter. Doch diese einseitige Bevorzugung führt zu seelischem Ungleichgewicht. Sie muss einsehen, dass die andere Tochter, die spinnt, sehr wertvoll ist, ja dass jene das Gold heimbringt. Sie muss einsehen, dass man eine beglückende Erfahrung nicht holen kann, indem man die analytische Seite ‚hinschickt‘.

## Anmerkungen

### [1] Goldmarie und Pechmarie: zwei Funktionsweisen in uns

Die zwei grundsätzlichen polaren Funktionsweisen im Menschen (rechte und linke Gehirnhälfte) sind von der modernen Hirnforschung erkannt worden. Da die Nervenbahnen sich im Hirnstamm kreuzen, entspricht die rechte Hirnhälfte der linken Körperseite – und die linke Hirnhälfte der rechten Körperseite.

Bereits im alten Ägypten werden diese zwei Funktionsweisen in den Symbolen von Horus und Seth auf vielen Bildern dargestellt. Horus, der Falke, symbolisiert die Fähigkeit in uns, Ereignisse in ihren Zusammenhängen von ‚oben her', in ihrer Ganzheit, in ihrer Verwobenheit, in ihrer Komplexität zu sehen, Seth mit seinen zwei langen Ohren hingegen ist die Funktion in uns, die analysiert, definiert, unterteilt. Das Wort Schatten (später Satan im Sinne von Diabolos, der Teiler) kommt von Seth, das Wort Horizont von Horus.

Horus und Seth,
zur linken und zur rechten
Seite des Pharaos

Die zwei polaren Funktionsweisen werden im alten Ägypten auch als Sonnen- und Mondauge von RE gezeigt, oder als Lotos- und Papyruspflanze (den Symbolen von Ober- und Unterägypten, siehe Bild auf der folgenden Seite) dargestellt. Mit Hilfe von Papier – in früherer Zeit der Papyrusrolle (aus Papyruspflanzen) geben wir erlerntes, mentales Wissen weiter – Buchwissen. Der Lotos aber, der aus den Gewässern des Lebens emporwächst und sich dem Licht öffnet, symbolisiert das direkte, intuitive, innen geschaute oder geträumte Wissen, das Kennen durch Identifikation.

Diese beiden Prinzipien werden – so Medhananda – im Märchen *Frau Holle* als die zwei Töchter der Witwe symbolisch dargestellt.

Papyruspflanze und
Lotospflanze im
Symbol: ‚Vereinigen'

## [2] Zum Namen Holle und den Wörtern Höhle, hohl, Hölle – Helle

Siehe dazu auch Jean Gebser, *Ursprung und Gegenwart,* 1. Teil, 4. Kapitel: „Exkurs über die Einheit der Urwörter". Darin schreibt Jean Gebser über den Doppelaspekt (Polarität) oder die Doppelwertigkeit (Ambivalenz) gewisser Ursilben (Stammwörter) und erläutert, dass die Einheit der Urwörter nicht nur erkennbar ist bei Wortpaaren mit einer Kürzung und Dehnung des gleichen Stammvokals, wie z.B. *Maß – Masse, Weg – weg, Muss – Muße,* sondern auch bei Wortpaaren mit einem Vokalwechsel, wie *Stimme – Stumme* oder *deva – devil* oder *hehlen,* das zum Wort *Höhle* führt (welche beide wurzelgemein mit *Helle* sind). Diese Wortpaare lassen den evolutionären Wandel des menschlichen Bewusstseins durchschimmern: Aus der Einheit mutierte die Polarität, daraus die Dualität. Und in der heutigen Zeitepoche geschieht – so Jean Gebser – der Wandel zum integralen Bewusstsein (Sri Aurobindo nennt es das Wahrheitsbewusstsein).

## [3] Blau und Grün

In einer Anmerkung zur Darstellung der Farbensymbolik der chinesischen Frühzeit schreibt Richard Wilhelm: „Blau und Grün sind in jener Zeit noch nicht entschieden; das gemeinsame Wort ist T'sing, das eben sowohl die Farbe des Himmels wie die Farbe der sprossenden Pflanzen bedeutet."
Siehe dazu Richard Wilhelm, *Geschichte der chinesischen Kultur;* Bruckmann, München, 1928; S. 57, sowie dort Anm. 12

## [4] Der leuchtende Schlaf

Sri Aurobindo und die Mutter sprachen oft davon, dass es nicht darum geht, sich des Schlafs zu berauben, sondern bewusst zu schlafen. Ein ‚leuchtender Schlaf' (wie sie es nannten und selbst praktizierten) ist ein Schlafen, bei dem man sein Selbstgewahrsein nicht verliert, selbst nicht im Tiefschlaf. Schon im Gilgamesch-Epos, einer der ältesten schriftlichen Überlieferungen der Menschheit, wird darauf hingewiesen, dass, wer Unsterblichkeit sucht, wer den Tod überwinden will (wie Gilgamesch), zuerst einmal den Schlaf erobern muss. Bei seinem Lehrer Utnapischtin lag Gilgamesch sieben Tage und sieben Nächte mit geschlossenen Augen; ein Sinnbild – so Medhananda – für das Erforschen der tieferen/höheren Bewusstseinszustände.

Siehe auch Medhanandas Interpretationen des Märchens *Der goldene Vogel*.

### [5] Die Federn schütteln

Die Feder war im alten Ägypten ein Symbol für Wahrheit (Maat).

Siehe dazu auch Medhanandas Erläuterungen im Märchen *Die goldene Gans* und in *Das altägyptische Senet-Spiel* (Kapitel „Maat", S. 151).

### [6] Tor

Das Tor hat in Japan symbolische Bedeutung: Die Gänge zum heiligen Bereich eines Tempelschreins führten meist durch mehrere Torii (so werden dort die symbolischen Tore genannt). Das wohl bekannteste Torii steht frei im Meer, vor dem Itsukushima-Schrein auf der Insel Miyajima und gilt als ein Wahrzeichen Japans.

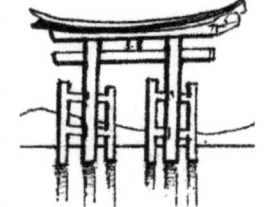

Auch im alten Ägypten hatten Tempeltore (und Sarg-kammertüren) symbolische Bedeutung: Im sogenannten Totenbuch wird berichtet, dass der Verstorbene immer wieder Tore durchschreiten muss. Im Pfortenbuch wird der allnächtliche Weg des Sonnengottes RE (Symbol für unser Selbstgewahr-sein) durch die Unterwelt (unser Unbewusstes) dargestellt, wo verschiedene bewachte Tore überwunden und durchschritten werden müssen; ein psycholo-gisches Lehrbild, die Übergänge der verschiedenen Bewusstseinszustände in vollem Gewahrsein zu ‚durchschreiten' – im Schlaf wie im Tod. In zahlreichen Pyramiden weisen Inschriften im Gang zwischen Vorkammer und Sargkammer auf ein ‚hohes Tor' hin, auch ‚Himmelstor' (Tor der Nut) genannt.

Siehe auch Medhananda, *Der Weg des Horus* (Kapitel „Die tausend Tore", S. 185).

### [7] Tantra

Tantra ist ein Sanskrit-Ausdruck aus der indischen Philosophie und heißt wört-lich: Gewebe, Zusammenhang, Kontinuum, Ausdehnung (Tantra kommt von der Sanskritwurzel tan = ausdehnen). Im Tantrismus wird eine Ausbreitung des

Wissens angestrebt, d.h. ein Wissen, das alles als miteinander verwoben sieht, ein ‚Sehen' der tieferen Zusammenhänge. Der Körper wird als ein Mikrokosmos gesehen, in dem sich die ganze Schöpfung spiegelt. Das Ziel ist das Erkennen der höchsten Wirklichkeit, das Einswerden mit dem Absoluten.

# Die Gänsemagd

Der Übergang vom magisch-mythischen Zeitalter zur mental-rationalen Epoche der Menschheit ist Thema dieses Märchens.

> Es lebte einmal eine alte Königin, …

Alt war die Königin, wir wissen nicht, wie alt. Sie ist die große Mutter, unsere Familie, all die vielen Vorfahren, die ganze Menschheit, die auch noch in unseren Genen, unserem Erbgut zu finden ist. Uralt ist sie, diese Menschheit. Im 19. Jahrhundert glaubte man noch, dass sie jung sei, doch Funde haben gezeigt, dass sie Millionen Jahre alt ist. Wir gehören also alle einer uralten Familie an.

> … der war ihr Gemahl schon lange gestorben, …

Mit wem war die alte Menschheit verheiratet? Mit der goldenen Zeit, dem goldenen Wissen, der Mond- und Traumweisheit, die sich in Symbolen ausdrückt – bis dann die eifrigen Missionare kamen und das alles ‚kaputt‘ machten, oder anders ausgedrückt – bis das mental-rationale Bewusstsein das alte magisch-mythische Bewusstsein ablöste. Und so ist die alte Gnosis ‚schon lange gestorben‘. Mit ihr sind wir nur noch in Berührung, wenn wir ein ganz altes Dokument finden, wie die Merseburger Zaubersprüche oder Ähnliches.

> … und sie hatte eine schöne Tochter. Wie die erwuchs, wurde sie weit über Feld an einen Königssohn versprochen.

Die schöne Tochter symbolisiert eine neue Epoche, ein neues Zeitalter, ein neues Bewusstsein, in das die Menschheit hineinwächst. Die

Königstocher soll sich verheiraten: die Menschenseele muss auf eine neue Weise wieder das finden, was sie komplementiert, damit sie ganz wird.

> Als nun die Zeit kam, wo sie vermählt werden sollten und das Kind in das fremde Reich abreisen musste, packte ihr die Alte gar viel köstliches Gerät und Geschmeide ein, Gold und Silber, Becher und Kleinode, kurz alles, was nur zu einem königlichen Brautschatz gehörte, denn sie hatte ihr Kind von Herzen lieb.

Die alte Menschheit hat uns ihr inneres Wissen in Symbolen mitgeteilt. Diese können wir nicht nur in alten Mythen und Märchen antreffen, auch in unseren Museen sind sie als goldene Becher, Schalen, Kelche, köstliche Geräte und Kleinode immer noch zu finden.

> Auch gab sie ihr eine Kammerjungfer bei, die mitreiten und die Braut in die Hände des Bräutigams überliefern sollte, …

Die Kammerjungfer kann als ein Bild für die moderne Erziehung gesehen werden. Diese soll das Kind beschützen. „Hat es Geographie und Geologie gelernt? Weiß es, wie hoch der höchste Berg ist? Kennt es die Kriegsgeneräle der Vergangenheit? Und dass es das alles ja nicht vergisst!" Diese Kammerjungfer, diese Erziehung soll nun die Braut, unser seelisches Wesen, in die Hände des Bräutigams führen.

> … und jede bekam ein Pferd zur Reise, …

Das Reitpferd ist unser Energiekörper. Dies wird sehr schön im mythologischen Bild der Kentauren ausgedrückt; diese sind zur Hälfte Mensch, zur Hälfte Pferd.

> … aber das Pferd der Königstochter hieß Falada und konnte sprechen.

Falada [2] klingt ganz ähnlich wie Veleda. Im 1. Jh. n. Chr. gab es eine germanische Heilkundige und Priesterin, die Veleda hieß. Der Ursprung dieses Namens geht auf das keltische Wort ‚Velleda' zurück, das als

Beiname die Bedeutung ‚Seherin‘ oder ‚Prophetin‘ hat. Veleda war eine
‚Wellen‘-Priesterin; sie konnte die verborgenen Energien, Vibrationen,
Wahrheiten hinter den Erscheinungen sehen und – da alle Dinge ja auch
ein Schwingungsfeld sind und Wellennatur haben – die größeren Zusammenhänge erkennen und Rat geben. Dass das Pferd der Prinzessin nun
diesen Namen Falada (Velleda) trägt, ist kein Zufall, denn in Märchen
und Mythen sind Namen sehr bedeutsam. Es sind ‚Epithete‘, die etwas
über die Funktion, die psychologische Bedeutung des Genannten aussagen. Falada, unser Energiekörper, unser ‚Pferdewissen‘, wirkt in unseren
DNS-Programmen, dem genetischen Wissen, welches in all unseren Zellen aktiv ist. Jedes Senfkorn wird von solchen Programmen gesteuert und
kann dadurch in seine Form hineinwachsen. Dieses tiefere Wissen in uns
weiß genau Bescheid über das evolutionäre Programm, das der Mensch
zu erfüllen hat. Die Kammerjungfrau jedoch, unsere moderne Erziehung,
nimmt nicht wahr, dass da uralte Programme im Menschen wirksam sind.

> Wie nun die Abschiedsstunde da war, begab sich die alte Mutter in ihre
> Schlafkammer, nahm ein Messerlein und schnitt damit in ihre Finger, dass
> sie bluteten; darauf hielt sie ein weißes Läppchen unter und ließ drei Tropfen
> Blut hineinfallen, gab sie der Tochter und sprach: „Liebes Kind, verwahre
> sie wohl, sie werden dir unterwegs Not tun.“

Ab und zu auf unserem Weg werden wir die Blutstropfen um Rat fragen
müssen: „Wo geht der Weg denn hin?“ Hier wird wieder darauf hingewiesen, dass das wahre Wissen nicht mental-rational ist, sondern dass es
in verborgenen Programmen uns eingeprägt ist.

> Also nahmen sie beide voneinander betrübten Abschied. Das Läppchen
> steckte die Königstochter in ihr Kleid vor sich, setzte sich aufs Pferd und zog
> nun fort zu ihrem Bräutigam. Als sie eine Stunde geritten waren, empfand
> sie heißen Durst und sprach zu ihrer Kammerjungfer: „Steig, ab und schöpfe
> mir mit meinem Becher, den du für mich mitgenommen hast, Wasser aus
> dem Bache, ich möchte gern einmal trinken.“

Die Königstochter dürstet nach dem Wasser des Lebens, der vibratorischen

Wirklichkeit, dem seelischen Erleben, dem seelischen Wissen in uns.

> „Wenn Ihr Durst habt", sprach die Kammerjungfer „so steigt selber ab, legt Euch ans Wasser und trinkt, ich mag Eure Magd nicht sein."

Unser mentales Funktionieren, unsere mentale Erziehung hängt zusammen mit unserer Ego-Formation, mit dem, was wir für unser Ich, unsere Persönlichkeit halten. Diese will nicht Diener alter Programme sein. Sie sträubt sich gegen seelisches Erleben, alte Magie und alte Erlebnisweisen, und sie will schon gar nicht dienen, sondern möchte selbst herrschen.

> Da stieg die Königstochter vor großem Durst herunter, neigte sich über das Wasser im Bach und trank und durfte nicht aus dem goldenen Becher trinken. Da sprach sie: „Ach Gott!" Und die drei Blutstropfen antworteten: „Wenn das deine Mutter wüsste, das Herz im Leibe tät' ihr zerspringen." Aber die Königsbraut war demütig, sagte nichts und stieg wieder zu Pferde. So ritten sie etliche Meilen weiter fort, aber der Tag war warm, die Sonne stach, und sie durstete bald von neuem. Da sie nun an einen Fluss kamen, rief sie noch einmal ihrer Kammerjungfer: „Steig, ab und gib mir aus meinem Goldbecher zu trinken!" denn sie hatte alle bösen Worte längst vergessen. Die Kammerjungfer sprach aber noch hochmütiger: „Wollt Ihr trinken, so trinkt allein, ich mag nicht Eure Magd sein." Da stieg die Königstochter hernieder vor großem Durst, legte sich über das fließende Wasser, weinte und sprach: „Ach Gott!" Und die Blutstropfen antworteten wiederum: „Wenn das deine Mutter wüsste, das Herz im Leibe tät' ihr zerspringen." Und wie sie so trank und sich recht überlehnte, fiel ihr das Läppchen, worin die drei Tropfen waren, aus dem Kleide und floss mit dem Wasser fort, ohne dass sie es in ihrer großen Angst merkte.

Das Wasser ist Symbol für die stärkenden Schwingungen, nach denen die Königstochter dürstet. Der Fluss deutet auf die Jahre, Jahrzehnte und Jahrhunderte unserer Vergangenheit hin, in denen wir noch mit dem alten Wissen in Verbindung waren. Jetzt aber fließt das Läppchen mit den drei Blutstropfen der Mutter davon. Die Verbindung zum alten Wissen, zu den matriarchalen Wurzeln, geht verloren. Das mental-rationale Ego übernimmt nun die Führung:

> Die Kammerjungfer hatte aber zugesehen und freute sich, dass sie Gewalt über die Braut bekäme; denn damit, dass diese die Blutstropfen verloren hatte, war sie schwach und machtlos geworden. Als sie nun wieder auf ihr Pferd steigen wollte, das da hieß Falada, sagte die Kammerjungfer: „Auf Falada gehör' ich, und auf meinen Gaul gehörst du!" Und das musste sie sich gefallen lassen. Dann befahl ihr die Kammerjungfer mit harten Worten, die königlichen Kleider auszuziehen und ihre schlechten anzulegen, und endlich musste sie sich unter freiem Himmel verschwören, dass sie am königlichen Hofe keinem Menschen etwas davon sagen wollte; und wenn sie diesen Eid nicht abgelegt hätte, wäre sie auf der Stelle umgebracht worden. Aber Falada sah das alles an und nahm's wohl in Acht.

Die Ego-Formation verdrängt nun die Königstochter, will nun selbst Königin sein und befehlen. Doch in der Welt der Energien und Vibrationen werden Verdrehungen und Unwahrheiten erkannt: Falada (wir erinnern uns an den Namen Velleda: die Seherin, Prophetin) nimmt alles wohl in Acht.

> Die Kammerjungfer stieg nun auf Falada und die wahre Braut auf das schlechte Ross, und so zogen sie weiter, bis sie endlich in dem königlichen Schlosse eintrafen. Da war große Freude über ihre Ankunft, und der Königssohn sprang ihnen entgegen, hob die Kammerjungfer vom Pferde und meinte, sie wäre seine Gemahlin. Sie ward die Treppe hinaufgeführt, die wahre Königstochter aber musste unten stehen bleiben. Da schaute der alte König am Fenster und sah sie im Hofe halten und sah, wie sie fein war, zart und gar schön. Er ging alsbald hin ins königliche Gemach und fragte die Braut nach der, die sie bei sich hätte und die da unten im Hofe stände, und wer sie wäre. „Die hab' ich mir unterwegs mitgenommen zur Gesellschaft; gebt der Magd was zu arbeiten, dass sie nicht müßig steht." Aber der alte König hatte keine Arbeit für sie und wusste nichts, als dass er sagte: „Da hab' ich so einen kleinen Jungen, der hütet die Gänse, dem mag sie helfen." Der Junge hieß Kürdchen, dem musste die wahre Braut helfen, Gänse hüten.

Das Gänsehüten ist ein bekanntes Symbol, das aus dem alten Ägypten kommt. Wir kennen noch das Gänsespiel (ein Würfelspiel für Kinder), das auf diese alte Kultur zurückzuführen ist. [3] Gänse symbolisieren Seelenkräfte, die von einer höheren Instanz in uns ‚gehirtet‘, geführt werden wollen. In Indien heißt die Gans ‚Hamsa‘, ein Wort für ‚Seele‘.

> Bald aber sprach die falsche Braut zu dem jungen König: „Liebster Gemahl, ich bitte Euch, tut mir einen Gefallen.“ Er antwortete: „Das will ich gern tun“. – „Nun, so lasst den Schinder rufen und da dem Pferde, worauf ich hergeritten bin, den Hals abhauen, weil es mich unterwegs geärgert hat.“ Eigentlich aber fürchtete sie, dass das Pferd sprechen möchte, wie sie mit der Königstochter umgegangen war.

Die Pferdeweisheit kann man überall in anderen Kulturen auch treffen, besonders in Griechenland. Da gibt es viele Namen, die mit „Hippo“ (griechisch Pferd) anfangen oder enden wie z.B. Hippokrates, Hippolyte (die Königin der Amazonen), Hipponous, das Pferdebewusstsein, Hippodamos oder Philippos. [4] Diese vielen berühmten Namen stammen alle aus einer Zeit, als das Pferd ein Lehrer der Menschen war. Das war im Zeitalter der Kentauren. Die Fähigkeiten und Kräfte des Pferdes wurden bewundert, man wollte *eins* sein mit ihm, *eins* mit seinen Energien. Nur mit Hingabe und Liebe konnte man es zum Reittier erziehen, und bei diesem Vorgang lernten beide, Mensch und Pferd, voneinander.
Wir müssen einsehen, dass unser mentales Wissen uns in vielen Lebenssituationen nicht weiterhelfen kann. Wenn du irgendwo hingehst und z.B. wissen willst, ob es jetzt gut oder nicht gut für dich ist, in diesem Haus zu sein, kann dir dein Mental nicht helfen. Es hat zwar seine Bedenken und Zweifel – das Mental zweifelt ja immer an allem –, aber es kann dir nicht wirklich Rat geben, wohl aber das tiefer liegende Wissen, das in unseren Zellen wirksam ist. Tiere sind noch mehr mit diesem inneren Wissen, ihren genetischen Programmen – wir nennen es bei ihnen ‚Instinkte‘ – verbunden. Viele haben ein ‚Vorherwissen‘, das ‚Delta‘-Bewusstsein, und können spüren, was in den nächsten zehn Minuten passieren wird: Sie können sich darauf vorbereiten, während der Mensch überrascht wird. Wenn wir aber gelernt haben, auf das tiefer liegende

Wissen unseres Körpers zu hören, gibt es keine Überraschungen mehr, wir sind auf jede Begegnung vorbereitet. Doch von solch tiefer liegendem Ahnungsvermögen will das Mental-Rationale nichts wissen. Es hat sich vom Körper getrennt und lebt in einer abstrakten Welt. ‚Abstrakt' heißt, vom Körper weggezogen, von der Materie abstrahiert, und es ist stolz auf diese Trennung.

Nun war das so weit geraten, dass es geschehen und der treue Falada sterben sollte, da kam es auch der rechten Königstochter zu Ohr, und sie versprach dem Schinder heimlich ein Stück Geld, das sie ihm bezahlen wollte, wenn er ihr einen kleinen Dienst erwiese. In der Stadt war ein großes, finsteres Tor, wo sie abends und morgens mit den Gänsen durch musste …

Jeden Abend, wenn wir einschlafen, und jeden Morgen, wenn wir wieder aufwachen, gehen wir mit unseren ‚Gänsen' (unseren Seelenkräften) durch ein ‚Tor', ebenso beim Sterben und Geborenwerden, oder wenn wir aus dem alltäglichen Bewusstsein in ein höheres, intensiveres Selbstgewahrsein hinüberwechseln. Bei jedem dieser ‚Phasenwechsel' des Bewusstseins durchschreiten wir ein Tor. Auch die Goldmarie hat es auf dem Weg von der Frau Holle zurück zur Familie durchschritten.

… unter das finstere Tor möchte er dem Falada seinen Kopf hinnageln, dass sie ihn doch mehr als einmal sehen könnte. Also versprach das der Schindersknecht zu tun, hieb den Kopf ab und nagelte ihn unter das finstere Tor fest.

Das alles ist psychologisch zu verstehen: Die Gänsemagd will mit Falada, dem tiefer liegenden inneren Wissen, verbunden bleiben.

Des Morgens früh, da sie und Kürdchen unterm Tor hinaustrieben, sprach sie im Vorbeigehen: „O du Falada, da du hangest", da antwortete der Kopf: „O du Jungfer Königin, da du gangest. Wenn das deine Mutter wüsste, das Herz tät' ihr zerspringen."

Unter diesem Tor wird also das innere alte Wissen lebendig.

Da zog sie still weiter zur Stadt hinaus, und sie trieben die Gänse aufs Feld. Und wenn sie auf der Wiese angekommen war, saß sie nieder und machte ihre Haare auf, die waren eitel Gold, und Kürdchen sah sie und freute sich, wie sie glänzten, und wollte ihr ein paar ausraufen.

Haare – den goldenen Strahlen der Sonne vergleichbar – symbolisieren die seelische Ausstrahlung des Menschen. Auf frühen christlichen Bildern wird sie auch als goldener Schein um den Kopf (oder goldene Krone) dargestellt, in noch früherer Zeit als Schlangenhaare (z. B. bei Apollo und Shiva).

Da sprach sie: „Weh', weh', Windchen, nimm Kürdchen sein Hütchen und lass'n sich mit jagen, bis ich mich geflochten und geschnatzt und wieder aufgesatzt."

Das Hütchen ist ein Symbol für eine limitierte Denkweise, die wir uns aufsetzen, um zu verhindern, dass irgendetwas Neues in unsere Gedankenwelt eindringt. Die meisten Menschen verharren gern in alten Denkmustern und Traditionen, sie setzen sich einen Hut auf. (Jenen zu tragen kann sogar als religiöse Vorschrift gelten.) Sie halten an alten, begrenzten Denkgewohnheiten fest, und so können keine neuen Gedanken, Ideale, Erkenntnisse einfließen. Dieses ‚kurze' begrenzte Denken in uns ist Kürdchen. Wenn die Prinzessin ihre goldenen Haare kämmt und in der Sonne erstrahlen lässt (ein Bild für Meditation, für die Verbindung zu höheren Bewusstseinsebenen), schickt sie Kürdchen – die kleinen, kurzwelligen, gewöhnlichen Gedanken – fort. Dazu ruft sie den Wind (das Pneuma, den Geist), er symbolisierte im alten Ägypten eine göttliche, inspirierende Kraft.

Und da kam ein so starker Wind, dass er dem Kürdchen sein Hütchen wegwehte über alle Lande, und es musste ihm nachlaufen.

Der Wind weht Kürdchens Hut vom Kopf.

Bis er wiederkam, war sie mit dem Kämmen und Aufsetzen fertig, und er konnte keine Haare kriegen. Da war Kürdchen bös und sprach nicht mit ihr; und so hüteten sie die Gänse, bis dass es Abend ward, dann gingen sie nach Hause. Den andern Morgen, wie sie unter dem finstern Tor hinaustrieben, sprach die Jungfrau: „O du Falada, da du hangest", Falada antwortete: „O du Jungfer Königin, da du gangest, wenn das deine Mutter wüsste, das Herz tät' ihr zerspringen." Und in dem Felde setzte sie sich wieder auf die Wiese und fing an, ihr Haar auszukämmen, und Kürdchen lief und wollte danach greifen, da sprach sie schnell:

„Weh', weh', Windchen,
nimm Kürdchen sein Hütchen
und lass'n sich mit jagen,
bis ich mich geflochten und geschnatzt
und wieder aufgesatzt."

Da wehte der Wind und wehte ihm das Hütchen vom Kopf weit weg, dass Kürdchen nachlaufen musste; und als es wiederkam, hatte sie längst ihr Haar zurecht, und es konnte keins davon erwischen; und so hüteten sie die Gänse, bis es Abend ward.

Viele Märchen wurden früher in Rhythmen und Reimen gesprochen, und ab und zu kann man in unseren Märchen noch solche Verse finden, die sich durch die Jahrtausende gehalten haben, obwohl die Sprache sich im Laufe der Zeit gewandelt hat. Immer wieder wurden die gleichen Reime und Rhythmen in einem Märchen wiederholt, das gehörte zur damaligen Art des Belehrens. Diese jedoch mag unser analytisches Denken nicht: „Das kenne ich doch schon, warum das jetzt wiederholen?" Doch die alten Sprachen richten sich eben nicht an unser analytisches Denken, sondern an eine tiefere Ebene in uns. Und in diese tiefere Ebene dringt man ein mit Rhythmen, mit Musik, mit Gesang und Wiederholungen. So sind z.B. auch die Lehrreden von Buddha voller rhythmischer Wiederholungen.

Abends aber, nachdem sie heimgekommen waren, ging Kürdchen vor den alten König und sagte: „Mit dem Mädchen will ich nicht länger Gänse hüten.

– „Warum denn?", fragte der alte König. – „Ei, das ärgert mich den ganzen Tag." Da befahl ihm der alte König, zu erzählen, wie's ihm denn mit ihr ginge. Da sagte Kürdchen: „Morgens, wenn wir unter dem finstern Tor mit der Herde durch kommen, so ist da ein Gaulskopf an der Wand, zu dem redet sie: „Falada, da du hangest", da antwortet der Kopf: „O du Königsjungfer, da du gangest, wenn das deine Mutter wüsste, das Herz tät' ihr zerspringen." Und so erzählte Kürdchen weiter, was auf der Gänsewiese geschähe und wie es da dem Hut im Winde nachlaufen müsste. Der alte König befahl ihm, den nächsten Tag wieder hinauszutreiben, und er selbst, wie es Morgen war, setzte sich hinter das finstere Tor und hörte da, wie sie mit dem Haupte des Falada sprach; und da ging er ihr auch nach in das Feld und barg sich in einem Busch auf der Wiese. Da sah er nun bald mit seinen eigenen Augen, wie die Gänsemagd und der Gänsejunge die Herde getrieben brachten, und wie sie sich nach einer Weile setzte und ihre Haare losflocht, die von Glanz strahlten. Gleich sprach sie wieder:

„Weh', weh', Windchen,
nimm Kürdchen sein Hütchen
und lass'n sich mit jagen,
bis ich mich geflochten und geschnatzt
und wieder aufgesatzt."

Da kam ein Windstoß und fuhr mit Kürdchens Hut weg, dass es weit zu laufen hatte, und die Magd kämmte und flocht ihre Locken still fort, was der alte König alles beobachtete. Darauf ging er unbemerkt zurück, und als abends die Gänsemagd heimkam, rief er sie beiseite und fragte, warum sie dem allem so täte. „Das darf ich Euch nicht sagen und darf auch keinem Menschen mein Leid klagen, denn so hab' ich mich unter freiem Himmel verschworen, weil ich sonst um mein Leben gekommen wäre." Er drang in sie und ließ ihr keinen Frieden, aber er konnte nichts aus ihr herausbringen. Da sprach er: „Wenn du mir's nicht sagen willst, so klag' dem Eisenofen da dein Leid", und ging fort. Da kroch sie in den Eisenofen, fing an zu jammern und zu weinen, schüttete ihr Herz aus und sprach: „Da sitze ich nun von aller Welt verlassen und bin doch eine Königstochter, und eine falsche Kammerjungfer hat mich mit Gewalt dahin gebracht, dass ich meine königlichen

Kleider habe ablegen müssen, und hat meinen Platz bei meinem Bräutigam eingenommen, und ich muss als Gänsemagd gemeine Dienste tun. Wenn das meine Mutter wüsste, das Herz im Leib tät' ihr zerspringen." Der alte König stand aber außen an der Ofenröhre und lauschte und hörte alles, was sie sprach. Da kam er wieder herein und hieß sie aus dem Ofen gehen.

Der König nimmt hier die Funktion des stillen Beobachters ein, des stillen Zeugen, der auch in uns zu finden ist. Dieser erkennt nun die Verdrehungen. Sie lösen sich auf, die Wahrheit enthüllt sich.

Da wurden ihr königliche Kleider angetan, und es schien ein Wunder, wie sie so schön war. Der alte König rief seinen Sohn und offenbarte ihm, dass er die falsche Braut hätte: die wäre bloß ein Kammermädchen, die wahre aber stände hier, als die gewesene Gänsemagd.

Jetzt rückt sich alles zurecht: die Kammerjungfer – das dominante, beherrschende, mental-rationale Ego – wird als solches erkannt, es darf nicht weiter den Platz der Königstochter einnehmen. Jene aber, die gelernt hat, ihre seelischen Kräfte zu ‚hirten‘ und zu führen, kann nun über das Reich (das innere Bewusstseins-Reich) mit dem Prinzen zusammen herrschen.

Der junge König war herzensfroh, als er ihre Schönheit und Tugend erblickte, und ein großes Mahl wurde angestellt, zu dem alle Leute und guten Freunde gebeten wurden. Obenan saß der Bräutigam, die Königstochter zur einen Seite und die Kammerjungfer zur andern, aber die Kammerjungfer war verblendet und erkannte jene nicht mehr in dem glänzenden Schmuck. Als sie nun gegessen und getrunken hatten und guten Muts waren, gab der alte König der Kammerjungfer ein Rätsel auf, was eine solche wert wäre, die den Herrn soundso betrogen hätte, erzählte damit den ganzen Verlauf und fragte: „Welches Urteils ist diese würdig?" Da sprach die falsche Braut: „Die ist des Todes schuldig!" – „Das bist du", sprach der alte König, „und so soll dir widerfahren." Als das Urteil vollzogen war, vermählte sich der junge König mit seiner rechten Gemahlin, und beide beherrschten ihr Reich in Frieden und Seligkeit.

Auch dieses Märchen will uns zeigen: es gibt ein tiefer liegendes Wissen, das nicht im logischen, analytischen Denken, nicht in der linken Gehirnhälfte liegt. Es gibt ein Wissen, das von wo anders herkommt. Leider ist in unseren Schulen und in unserer Kultur davon nicht mehr die Rede, und deshalb werden die alten Märchensymbole auch nicht mehr verstanden.

## Anmerkungen

**[1] Das ägyptische Bild stammt vom Papyrus Ta-Udja-Re**
(Piankoff, Myth. Papyri II, Papyrus 15). Die dort dargestellte ‚Gänsemagd‘ ist eine ägyptische Prinzessin und Priesterin mit dem Namen, ‚vollständiges Auge der Selbstgewahrsamkeit‘. Sie erzieht und lehrt andere heranwachsende Prinzessinnen und Priesterinnen. Diese sind als Gänse dargestellt. Die Gans erscheint auch in der Hieroglyphe für ‚Tochter‘ oder für ‚König‘. Siehe dazu auch Medhananda, *Archetypen der Befreiung*, S. 40.

Hinweise zur Gans finden wir auch in den Märcheninterpretationen *Die goldene Gans* und *Hans im Glück* (auch in den Anmerkungen dazu).

Den Übergang vom magisch-mythischen Zeitalter zur mental-rationalen Epoche der Menschheit (Thema dieses Märchens – so Medhananda ) beschreibt Jean Gebser ausführlich in seinem Hauptwerk *Ursprung und Gegenwart*.

**[2] Falada, Veleda, Velleda**
Falada, Veleda gehen auf das keltische Wort *Velleda* zurück, das ‚Seherin‘ oder ‚Prophetin‘ bedeutet.

Veleda, die germanische Heilkundige und Priesterin vom Stamm der Brukterer, lebte im ersten Jhd. n. Chr. am Oberlauf des Flusses Lippe und genoss großes Ansehen. Sie war die treibende Kraft des Bataveraufstandes, bei welchem die Germanen unter der Führung von Civilis die Römerherrschaft in Gallien erschütterten. Dass der Rat einer Frau beim Aufstand gegen die Weltmacht Rom eine so bedeutende Rolle spielte, zeigt die hohe Wertschätzung der Frau bei den Germanen, wovon auch der römische Historiker Tacitus berichtet. Veleda wurde auch nach ihrem Tod lange Zeit fast überall in Germanien wie eine Göttin verehrt. (Heute lebt ihr Name weiter in ‚Weleda‘, einem Firmennamen naturkosmetischer Produkte.)

**[3] Das Gänsespiel**
Die ältesten Spirallaufspiele fand man in den ägyptischen Königsgräbern aus der Zeit um 3000 v. Chr. So wie der Spiralweg von rechts nach links ins Innere, ins Zentrum verläuft, so soll auch unser zeitlicher Erdenweg uns immer mehr in unser Inneres, in unseren Ursprung führen. Die Spirale ist ein Bild für Zeit und Unendlichkeit. Auf diesem langen Weg gibt es Gefahren,

Fortschritte, Rückfälle, glückliche und unglückliche Ereignisse, von denen wir seelisch lernen können. Im Lauf der Jahrhunderte wurde die symbolische Bedeutung des Spiels vergessen, heute ist es ein einfaches Kinderspiel.

[4] **Weitere ‚Pferdenamen'** sind: Hippias, Hippomikos, Hippomachos, Hipponax,

Pferdekopf im Garten eines Gästehauses
in Pondicherry, Südindien

[5] **Wind, Pneuma**
Siehe dazu auch die Interpretationen in *Hänsel und Gretel* und *Die weiße Schlange* (über Neteru), und Medhananda, *Der Weg des Horus*, Kapitel „Jene ewigen Bewegungen in uns", S. 43.

**Schlussvariante**
Es gibt von diesem Märchen eine andere Schlussvariante (voller Moral und mit schrecklichen Details), die wohl in späterer Zeit dazugesetzt worden ist:
Da sprach die falsche Braut: „Die ist nichts Besseres wert, als dass sie splitternackt ausgezogen und in ein Fass gesteckt wird, das inwendig mit spitzen Nägeln beschlagen ist: und zwei weiße Pferde müssen vorgespannt werden, die sie Gasse auf, Gasse ab zu Tode schleifen." „Das bist du," sprach der alte König, „und hast dein eigen Urteil gefunden, und danach soll dir widerfahren." Und als das Urteil vollzogen war, vermählte sich der junge König mit seiner rechten Gemahlin, und beide herrschten über ihr Reich in Frieden und Seligkeit.

# Die weiße Schlange

Es ist nun schon lange her, da lebte ein König, dessen Weisheit im ganzen Lande berühmt war. Nichts blieb ihm unbekannt, und es war, als ob ihm Nachricht von den verborgensten Dingen durch die Luft zugetragen würde. Er hatte aber eine seltsame Sitte: Jeden Mittag, wenn von der Tafel alles abgetragen und niemand mehr zugegen war, musste ein vertrauter Diener noch eine Schüssel bringen. Sie war aber zugedeckt, und der Diener wusste selbst nicht, was darin lag. Kein Mensch wusste es, denn der König deckte sie nie eher auf und aß nicht davon, bis er ganz allein war. Das hatte schon lange Zeit gedauert, da überkam eines Tages den Diener, der die Schüssel wieder wegtrug, die Neugierde so heftig, dass er nicht widerstehen konnte und die Schüssel in seine Kammer brachte. Als er die Tür sorgfältig verschlossen hatte, hob er den Deckel auf, und da sah er, dass eine weiße Schlange darin lag. Bei ihrem Anblick konnte er die Lust nicht zurückhalten, sie zu kosten. Er schnitt ein Stückchen davon ab und steckte es in den Mund. Kaum aber hatte es seine Zunge berührt, so hörte er vor seinem Fenster ein seltsames Gewisper von feinen Stimmen. Er ging und horchte. Da merkte er, dass es die Sperlinge waren, die miteinander sprachen und sich allerlei erzählten, was sie im Felde und Walde gesehen hatten. Der Genuss der Schlange hatte ihm die Fähigkeit verliehen, die Sprache der Tiere zu verstehen.

Hier wollen wir einen Augenblick innehalten – denn, was uns vielleicht schockiert, ist dieses geheimnisvolle Essen einer weißen Schlange. Essen ist ja ein Vorgang des Lebens, und es gibt kein Lebewesen, das nicht irgendetwas essen muss. Doch warum isst man? Es gibt sehr schöne Worte für ‚Essen‘, die uns zu dessen tieferem Sinn führen.

*Aufnahme von Energie... Erneuerung... Austausch... Assimilation... Verbrennungsvorgang... Stoffwechselprozess...*

Ja. Und wenn wir bedenken, dass die Photosynthese in den Pflanzenzellen nur mit Hilfe der Sonne zustande kommt, so ist eigentlich alles, was wir essen, Sonnenenergie – so auch die Schlange, von welcher der König jeden Tag isst. Symbolisch gesehen handelt es sich hier um das Aufnehmen eines sonnenhaften Wissens, einer lichtvollen Kraft, eines Bewusstseins. In den Pyramidentexten des alten Ägypten steht: „Iss das Auge des Horus, iss das Fett aus den Eingeweiden deiner Vorfahren..." Diese Aussagen wurden von den Ägyptologen als abstruse Aufforderung zur Menschenfresserei gedeutet. Keiner der Übersetzer konnte diese alten Texte so verstehen, wie man z.B. das Abendmahl im Evangelium sieht: Jesus lädt seine Jünger ein, sein Blut zu trinken und sein Fleisch zu essen. Da muss man verstehen, dass es ein Zeitalter gegeben hat, in dem überall auf der Erde mit ‚Essen' die Idee ausgedrückt wurde, sich eine Wahrheit, ein besonderes Wissen (das griechische Wort für Wissen heißt ‚Gnosis') einzuverleiben. Wer es absorbieren konnte und somit ein größeres Bewusstsein verwirklichte, war in alten Zeiten ein König, ein Häuptling, ein wahrer Chef, ein Priester oder Pharao. Durch besondere Erziehung wurden die heranwachsenden Prinzen und Priester auf ihre Aufgabe vorbereitet und lernten, dass es Kräfte, Fähigkeiten, seelische Energien gibt, die man ‚isst' und ‚trinkt', die man sich einverleibt, mit denen man *eins* werden muss.

‚Iss das Auge des Horus', fordert auf, in sich die Fähigkeiten eines besonderen Sehens zu entwickeln, ein Sehen, welches – wie Horus, der Falke – alle Dinge und Ereignisse ‚von oben her' überblicken kann, welches alles in seinen großen Zusammenhängen, in seiner ineinander gewobenen Ganzheit erkennt. Das englische ‚I see' (ich sehe) heißt im übertragenen Sinn „ich erkenne, ich weiß". In vielen Kulturen finden wir diese Symbolik des Sehens: Noch vor gut dreißig Jahren war es bei arabischen Festen und Einladungen Brauch, einen ganzen Hammel auf einer riesengroßen, mit Reis gefüllten Schüssel zu servieren, und feierlich wurde dem Ehrengast das Wertvollste, das zuoberst auf dem Braten lag, angeboten: die Augen des Hammels! In dieser Geste drückt sich immer noch die alte Idee des Absorbierens, eines besonderen Sehens, aus. In der Südsee gab es auf jeder Insel einen Häuptling, einen König, den man *Rai massa* nannte, das heißt: ‚der, der das Auge gegessen hat'. Wer die Vision, die Fähigkeit zu ‚sehen' erworben hat, ist wahrer Chef und kann Häuptling über den Stamm sein. Wenn ein Stammesmitglied zu ihm kommt, sieht er sofort, was ihm fehlt. Er hat alle Bewohner der Insel in sein Bewusstsein aufgenommen. Solche Seher, solch Wissende wurden im alten Indien ‚Rishi‘ (sanskr. Seher, Weiser) genannt. Dies zeigt uns, dass es ein Zeitalter gegeben hat, in dem überall auf der Welt mit gleichen oder ganz ähnlichen Symbolen tiefere Wahrheiten ausgedrückt wurden.

So können wir auch die Schlange in allen alten Kulturen antreffen. In Indien tanzt Krishna auf einer Schlange, Vishnu träumt auf ihr, Schlangenköpfe erheben sich beschützend über das Haupt des Buddha, in Ägypten trägt sie der Pharao auf der Stirn. Auf unzähligen ägyptischen Bildern ist sie in den vielfältigsten Formen abgebildet [1]; sich in die Höhe erhebend, Wellenbewegungen ausführend, eine schützende Aura bildend...

Was dargestellt wird, sind nicht Dinge, sondern Energien, Kräfte. Eine Schlange, die sich in den Schwanz beißt, zeigt uns, wie wir zum eigenen Ursprung zurückfinden können.

Wenn die Jünger Jesus fragen: „Wie wird unser Ende sein?" antwortet er: „Habt ihr denn den Anfang erfüllt, dass ihr das Ende sucht? Denn an dem Ort, an dem der Anfang ist, wird auch das Ende sein. Selig, wer am Anfang steht, er wird das Ende erkennen und den Tod nicht schmecken." Anfang und Ende sind im Kreis aufgehoben, und es wird deutlich, dass mit ‚Ort‘ ein Bewusstseinsplatz in uns gemeint ist. [2] Wenn wir etwas wissen wollen, wenn wir ein Problem lösen wollen, so ist es ratsam, sich wie eine Schlange in den Schwanz zu beißen. Wer nur in der linearen Zeit lebt und in die Zukunft schaut – wie sieht es für den aus?

*Katastrophal, wir sehen das Ende unseres körperlichen Lebens!*

Wer hingegen in seinen Ursprung zurückgeht, dorthin, wo er herkommt – sieht es für den nicht ganz anders aus? Diese andere Dimension will uns die Schlange lehren. Sie häutet sich ja auch und zeigt uns damit, dass es nicht das Ende bedeutet, wenn wir unsere körperliche Hülle ‚ablegen‘.

## Warum ist die Schlange im Märchen weiß?

Unser Auge sieht viele Farben, aber eigentlich werden all die elektromagnetischen Schwingungen erst im Gehirn als diese oder jene Farbe interpretiert. Das Blau ist nicht draußen im Himmel, sondern unser Gehirn ‚sieht' es als blau. Das Gelb und Rot der Blumen, alle Farben sind Schwingungen, und etwas in uns reagiert mit Resonanz darauf. Nun gibt es eine Farbschwingung – das wunderbare leuchtende Weiß des Alabasters –, die alle anderen Farben in sich enthält. Deshalb soll das Tor, das zum Himmel führt, aus Alabaster sein. Weiß ist auch die ägyptische Priesterkrone, die Krone der Erleuchtung. Noch heute trägt der oberste Priester der katholischen Kirche bei großen Feierlichkeiten eine weiße Krone, die Mitra.

*Hier in Indien, im Garten des Instituts, sah ich einmal eine vollkommen weiße Schlange. Auch in Deutschland hält sich ab und zu eine kleine Schlange auf in unserem Garten.*

 Vielleicht eine Ringelnatter? Der Name Natter erinnert an eine ägyptische Hieroglyphe, die mit einer Schlange und einer Fahne dargestellt wird und ‚Ntr' heißt, Neter oder Nater ausgesprochen (die Vokale wurden ja nicht definiert). Neter (im Plural Neteru) wird übersetzt mit Gott/Götter, Energie, Archetypus, Seelenkraft. [3] So wie eine Fahne von verschiedenen Winden bewegt wird, so werden auch wir von unterschiedlichen Kräften, von ‚Göttern', ‚Energien', ‚seelischen Schwingungen' bewegt. Und weil diese (wie auch der Wind) nicht sichtbar sind, haben die alten Ägypter eine Schlange (die ja ebenso Wellenbewegungen ausführt) neben die Fahne gesetzt.

Es gibt Neteru, Seelenkräfte, wie z.B. Freude, Frieden, Gelassenheit, Optimismus, von denen wir (die Fahne) uns gerne berühren lassen; von anderen wie z.B. Zorn, Ärger, Verdruss, Ungeduld, Eifersucht, sollten wir uns besser nicht bewegen lassen. Herr seiner selbst kann werden, wer die innere Arbeit des Herbeirufens und Zurückweisens der vielen Seelenkräfte wachsam übt. Ein Vorbild dafür war der Pharao, der oft mit

Hirtenstab und Fliegenwedel dargestellt wurde; mit dem Hirtenstab holt er sich erwünschte, heilsame Kräfte zu sich, mit dem Fliegenwedel wedelt er schlechte, negativ wirkende, krank machende Kräfte weg. Als guter Hirte kann er nicht nur sein Volk, sondern auch seine eigenen Neteru lenken.

*Lässt sich in dieser Weise auch das Gleichnis vom guten Hirten, der sein verlorenes Schaf sucht, verstehen?*

Ja sicher. Das Schaf, der Widder, war ja im alten Ägypten auch ein Symbol für Seelenkraft. Geht uns eine verloren (so wie das Schaf dem Hirten), müssen wir sie so lange suchen und herbeirufen, bis wir sie wiederfinden. Alle Gleichnisse enthalten eine psychologische Lehrbotschaft, die wir üben können. Jesus, der ja in Ägypten aufgewachsen ist, kam sicher mit der dortigen Symbolsprache in Berührung. Im Matthäusevangelium und auch im apokryphen Nazaräerevangelium stehen die Sätze: „Aus Ägypten habe ich meinen Sohn gerufen" und „Man wird ihn Nazaräer nennen." [4] Dieser Name erscheint seltsamerweise wieder am Kreuz: „Jesus Nazarenus" haben die römischen Soldaten hingeschrieben. Und die ersten Christen (viele lebten in Alexandria, Ägypten) wurden von den Arabern ‚Natterani' genannt.

*Diese Namen könnten also im Zusammenhang mit der ägyptischen Hieroglyphe ‚Ntr' stehen?*

Es scheint, dass die tiefere Bedeutung dieser Worte in einer späteren Zeit vergessen wurde. Man verstand sie nur noch dinglich, geographisch. Doch als die Kaiserin Theodora aus Konstantinopel (im 6. Jh.) auf ihrer Pilgerreise im Heiligen Land die historischen Orte von Jesus Nazarenus sehen wollte, ließ sich (bis dahin) kein Ort Nazareth auffinden. Die dortigen Behörden halfen sich aus der Verlegenheit, indem sie einem bis dahin unbekannten Dorf diesen Namen gaben – so wird berichtet.

Einen Zusammenhang von Neter und Natter finden wir aber auch im alten Griechenland beim großen Heiler Asklepios. Dieser berühmte Arzt hat mit Schlangenkräften, also mit Energien, Vibrationen, Seelenkräften geheilt. Um seinen Stab, den er in der Hand hält, windet sich stets eine Schlange. Und bis zur heutigen Zeit ist das Emblem der Ärzte eine Schlange. Sie wird auch, zusammen mit der Waage, auf Apothekerschildern gezeigt.

*Schweizer Armeeärzte tragen heute noch an den Schultern ihrer Militäruniform ein Schlangensymbol – als Erkennungszeichen.*

Die Schlange ist ein uraltes Symbol
für Heilenergie.

Wer jemals eine aufgeschreckte Schlange gesehen hat, weiß, wie unglaublich rasch sie sich bewegen kann. Es hat jahrelang gedauert bis man eine große Boa constrictor beim Angriff auf ihre Beute beobachten konnte. Ihre Bewegungen sind so schnell, dass man sie nur mit Hilfe des Zeitlupenfilms wirklich sieht. Wie ein Blitz aus heiterem Himmel überrascht sie ihre Beute. Auch einem wirklichen Blitz kann man nicht folgen. Vielleicht werden daher die großen Engel *Seraphim* [5] genannt? Seraph heißt Feuerschlange, eine Schlange also, die ganz Feuer, Energie, Lichtblitz ist. Niemand denkt an die Stärke dieser Kraft, wenn er von den *Seraphim* spricht oder singt, sie ruft oder anbetet. Die Endung -*im* ist der Plural, und – wie auch die *Cherubim* und *Elohim* – werden sie weiblich gesehen, als die kreativen Kräfte des Weltalls, in Indien ‚große Mütter‘ (Shakti) genannt. In der Bibel wird berichtet, dass die Elohim (stets im Plural und weiblich) zur Erde sprechen: „Lasset uns Menschen schaffen nach unserem Bilde." [6] Jedes Wesen wird nach dem Bild einer Seraph oder Eloah gebaut. Der Mensch ist noch lange nicht fertig gebaut, nur langsam beginnt er, dem ‚eingepflanzten‘ Bild zu gleichen, sich ihm anzunähern.

Jedes Wesen ist sowohl himmlisch als auch irdisch. Wenn in den Märchen und Mythen von Tieren erzählt wird, sind ihre Elohim gemeint – nicht das Ding, sondern die Energie, die Kraft, die dahinter steht. So müssen wir auch die weiße Schlange in unserem Märchen als Eloah der blitzartigen, schnellen Bewegungen sehen: als Wellenkraft, Schwingung, vibrierende Energie. Ursprünglich war die Schlange das Tier des Paradieses, das alles wusste. In der Bibel finden wir den schönen Satz: „Denn sie war das weiseste aller Tiere." In einer späteren Bibelübersetzung lesen wir dann: „Sie war das klügste, das listigste aller Tiere." Das drückt aber nicht mehr das Gleiche aus. Leider wurde auch der Satz von Jesus: „Seid weise wie die Schlangen" später geändert in: „Seid klug wie die Schlangen". Das Wort ‚klug' assoziiert man aber mit raffiniert, listig, geschickt, mit einem Menschen, der den anderen übers Ohr hauen will, und das hat nichts mehr mit Weisheit zu tun.

In unserem Märchen ist der König, der jeden Tag von der Schlange ‚isst', ein *weiser* König. Es heißt: „Da lebte ein König, dessen Weisheit im ganzen Lande berühmt war. Nichts blieb ihm unbekannt, und es war, als ob ihm Nachricht von den verborgensten Dingen durch die Luft zugetragen würde." Dieser König hat einen Diener, einen Schüler der Weisheit, den es ebenso danach verlangt, von der Schlange zu essen. Und durch das Absorbieren der Schlangenenergie wird ihm die Fähigkeit zuteil, die Sprache der Tiere zu verstehen.

Nun trug es sich zu, dass gerade an diesem Tag der Königin ihr schönster Ring fortkam und auf den vertrauten Diener, der überall Zugang hatte, der Verdacht fiel, er habe ihn gestohlen. Der König ließ ihn vor sich kommen und drohte ihm unter heftigsten Scheltworten, wenn er bis morgen den Täter nicht zu nennen wüsste, so sollte er dafür angesehen und gerichtet werden. Es half nichts, dass er seine Unschuld beteuerte. Er ward mit keinem besseren Bescheid entlassen. In seiner Unruhe und Not ging er hinab in den Hof und bedachte, wie er sich aus seiner Not helfen könne. Da saßen die Enten an einem fließenden Wasser friedlich nebeneinander und putzten sich mit ihren Schnäbeln glatt und hielten ein vertrauliches Gespräch. Der Diener blieb stehen und hörte ihnen zu. Sie erzählten sich, wo sie heute morgen all herumgewackelt wären und was für ein gutes Futter sie gefunden hätten. Da sagte eine verdrießlich: „Mir liegt etwas schwer im Magen. Ich habe einen Ring, der unter der Königin Fenster lag, in der Hast mit heruntergeschluckt." Da packte sie der Diener gleich am Kragen, trug sie in die Küche und sprach zum Koch: „Schlachte doch diese ab, sie ist wohl genährt." „Ja", sagte der Koch und wog sie in der Hand, „die hat keine Mühe gescheut, sich zu mästen und schon lange darauf gewartet, gebraten zu werden." Er schnitt ihr den Hals ab, und als sie ausgenommen ward, fand sich der Ring der Königin in ihrem Magen.

Die Sprache der Symbole ist für uns schwer verständlich, da wir es nicht gewohnt sind, uns in der ‚Welt' der Energien, der subtilen Kräfte auszudrücken. Wenn wir z.B. in der Bibel lesen, dass Moses auf einen hohen Berg stieg, sehen wir den Berg nicht als ein Bild für eine innere Höhe des Bewusstsein, auf die man innerlich ‚klettern' kann, sondern suchen ihn geographisch. Und genauso ist es mit dem brennenden Dornbusch. Wir vergessen, dass das griechische Wort *Pyr zoon* ‚lebendes Feuer' heißt, ein Feuer, das in allen Lebewesen brennt. Pyr zoon ist die große Energie, die alle Körper ständig erneuert. Der griechische Wortstamm *zo* heißt Leben. Wir übersetzten *Zodiak* jedoch mit *Tier*kreis, doch *Zodiak* heißt einfach *Lebens*kreis. Jeder muss diesen Kreis des Lebens ständig durchlaufen, immer wieder und wieder. All die Kräfte, die wir darin antreffen – die Tiersymbole und anderen Sternbilder – spiegeln Seelenkräfte, deren wir uns bewusst werden sollen, die wir herbeirufen können, die uns als Dienersterne – so wurden sie in Ägypten genannt – helfen können.

Im alten Ägypten war der schwere Halsschmuck der Göttin Hathor Symbol für diesen Lebenskreis, ja für die ganze Milchstraße. Wenn sie ihre mit unzähligen, leuchtenden Perlen geflochtene Kette [7] dem Pharao in einer feierlichen Zeremonie überreicht, so fordert sie ihn damit auf, all die vielen verschiedenen Kräfte in sich selbst zu erkennen und sie zu sein. Das Leben als eine stets wiederkehrende Kreisbewegung zu sehen, wurde später von der christlichen Religionslehre gestrichen. Aus dem Kreis wurde – in der mentalen Epoche – eine gerade Linie mit Anfang und Ende.

Nun hören wir, dass die Königin ihr wertvollstes Schmuckstück vermisst. Sie sucht ihren schönsten Ring, der sie stets daran erinnert, dass die Zeit eine Ringbewegung ist, dass sie kreist, dass wir alle Ereignisse unter dem

Aspekt der Ewigkeit, der endlosen Zeit, betrachten sollen. Das Symbol für diese endlose Zeit ist im alten Ägypten der Shenring.

*Was bedeutet es, dass dieser Ring von einer Ente verschluckt wird?*

Wenn man sich die schlammig schwarze, wässerige Uferlandschaft nach den jährlichen Überschwemmungen am Nil vorstellt, kann man sich vorstellen, wie es dort von Enten und Gänsen gewimmelt hat. Geht man in den Märchen weit genug zurück, kommt man zu einer Königin mit dem seltsamen französischen Namen *La Reine Pédoc*, das heißt: ‚Königin Entenfuß‘. Als Charles Perrault im 17. Jh. in Frankreich die seit vielen Generationen mündlich erzählten Märchen aufzuschreiben begann (leider ins Moralische verzerrt), erschienen sie unter dem sonderbaren Titel *Les Contes de ma Mère l'Oie* (‚Die Geschichten meiner Mutter Gans‘). Diese Namen kommen aus weit zurückliegender Zeit, wo Ente und Gans Symbol für die Erde waren. [8]

*Die Erde hat also die Ringzeit verschluckt? Wie soll man das verstehen?*

Vielleicht lässt uns das Bild an den Winter denken, wo der Kreislauf in Bäumen und Pflanzen plötzlich aufhört, wo das Leben scheinbar wie von der Erde verschluckt wird. Die Zeit steht plötzlich still. Im alten ägyptischen Kalender hat man die letzten fünf Tage im Jahr nicht gezählt. Sie gehörten nicht zur gewöhnlichen Zeit. In diesen Nächten (unseren Weihnachts- und Neujahrsnächten) wurden die großen Gottheiten gefeiert, da erlebte man ‚ewige‘ Zeit! Auch die germanische Mythologie erzählt von zwölf Nächten, die außerhalb der gewöhnlichen Zeit standen. In diesen heiligen Nächten (von Weihnachten bis zum Dreikönigstag) wurde die Göttin Prechta (die Prächtige, das Licht) gefeiert, die alle Jahre auf die dunkle Erde kommt und die Seelen, die im kommenden Jahr geboren werden, in Gestalt kleiner Bienen mitbringt.

Erleben wir solche Feiernächte noch – oder sind sie bei uns verschwunden, so verschwunden wie der Ring im Märchen? Wir kennen noch das schöne mittelalterliche Wort *Feier*abend oder das englische *holi*day, das von *holy day* kommt, Worte, die an die Möglichkeit erinnern, sich nach der Arbeitszeit in eine andere Zeit, in eine ‚feierliche' Zeit zu ‚stellen' – in einen Zustand, wo alle Geschehnisse ein Fest sind. Die großen Lehrer, Mystiker und Yogis lehren uns, dass wir nicht nur am Abend oder am Feiertag, sondern an jedem Wochentag, ja in jedem Moment uns aus der gewöhnlichen Zeit in ein Bewusstsein der Ewigkeit, der Unendlichkeit. stellen können.

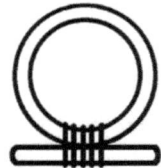 Diese Lehrbotschaft kann man auch im ägyptischen Symbol des Shenrings erkennen. [9] Derjenige, der diese schöne Hieroglyphe kreiert hat, war ein großer Weiser: Wir sehen eine gerade Linie, die mit einem Kreis zusammengebunden ist.

Eine Linie hat einen Anfang und ein Ende; sie ist ein Bild für die begrenzte biologische Zeit des Körpers. Der Kreis jedoch symbolisiert Unendlichkeit, Ewigkeit, Schwingung. Im ‚Zusammenbinden' beider steckt die tiefe Lehrbotschaft, die Übung: Das, was in uns zeitlich und endlich ist, soll sich mit dem Ewigen, Unendlichen verbinden.

Meist leben wir in einer begrenzten Gedankenwelt, ausgerichtet auf Zukunft oder Vergangenheit, gehen von einem Ereignis zum andern, die Zeit läuft ab. Wenn aber ein ‚Zusammenbinden' mit der Ewigkeit geschieht, entsteht intensive Gegenwart. Wir leben nicht mehr in einem oberflächlichen Ablauf, sondern in einem ewigen Jetzt. Auch Jesus spricht von solcher Übung: „Wenn ihr die Zwei [die scheinbaren Gegensätze] zu Einem macht, werdet ihr Söhne des Menschen sein". [10] Sohn (oder Tochter) des Menschen zu sein, bedeutet, in seinem Bewusstsein über den dualistisch geprägten Menschen, für den Zeit und Ewigkeit, Diesseits und Jenseits, Mensch und Gott getrennt sind, hinauszuwachsen. Sri Aurobindo schreibt in *The Hour of God*: „Das Unendliche ruht stets im Endlichen, das Endliche führt stets ins Unendliche. Das ist das Rad, das für immer ... kreist."

Der Ring ist also ein wichtiges Symbol. Und selbst wenn uns dieser Ring vielleicht immer wieder verloren geht, dürfen wir nicht aufhören, ihn in allen Lebenssituationen immer wieder zu suchen. Der Diener der Weisheit, der von der Schlangenkraft gegessen hat, findet ihn.

Der Diener konnte nun leicht vor dem Könige seine Unschuld beweisen, und da dieser sein Unrecht wieder gutmachen wollte, erlaubte er ihm, sich eine Gnade auszubitten, und versprach ihm die höchste Ehrenstelle, die er sich an seinem Hofe wünschte. Der Diener schlug alles aus und bat nur um ein Pferd und Reisegeld, denn er hatte Lust, die Welt zu sehen und eine Weile darin herumzuziehen.

Der Jüngling verzichtet auf die ‚höchste Ehrenstelle' und wünscht sich stattdessen ein Pferd – ähnlich wie im Märchen vom Hans im Glück. Mit dem Pferd erlebt er eine neue Seelenkraft. Er kann nun leicht und unbeschwert reiten und erfährt dadurch neue Dimensionen seines Seins.

Als seine Bitte erfüllt war, machte er sich auf den Weg und kam eines Tages an einem Teich vorbei, wo er drei Fische bemerkte, die sich im Rohr gefangen hatten und nach Wasser schnappten. Obgleich man sagt, die Fische wären stumm, vernahm er doch ihre Klage, dass sie so elend umkommen müssten. Weil er ein mitleidig Herz hatte, so stieg er vom Pferde ab und setzte die drei Gefangenen wieder ins Wasser. Sie zappelten vor Freude, streckten die Köpfe heraus und riefen ihm zu: „Wir wollen dir's gedenken und dir's vergelten, dass du uns errettet hast." Er ritt weiter, und nach einem Weilchen kam es ihm vor, als hörte er zu seinen Füßen im Sand eine Stimme. Er horchte und vernahm, wie ein Ameisenkönig klagte: „Wenn uns nur die Menschen mit den plumpen Tieren vom Leib blieben! Da tritt mir das ungeschickte Pferd mit seinen schweren Hufen meine Leute ohne Barmherzigkeit nieder." Er lenkte auf einen Seitenweg ein, und der Ameisenkönig rief ihm zu: „Wir wollen dir's gedenken und dir's vergelten."

Erinnern wir uns an den Kern der Geschichte: Weil der Jüngling die Schlangenkraft ‚gegessen' hat, kann er mit allen Tieren kommunizieren.

Jeder, der eine Katze pflegt oder einen Hund erzieht, weiß, dass er mit seinem Tier sprechen kann, oft besser als mit einem Menschen, denn der Mensch braucht Worte, und diese können missverstanden werden. Ein Hund aber kann die Gemütslage seines Herrn direkt riechen, er braucht dazu nicht mentale Erklärungen. Ich kam einmal auf einer Insel in der

Südsee früh morgens mit dem Schiff an, und damals gab es dort noch keine Funkverbindungen. Alles war vorbereitet für ein Fest zu unseren Ehren. Als ich den Chef dieser Insel erstaunt fragte, woher er wusste, dass wir an jenem Tag ankämen (am Vorabend waren wir noch zu weit weg, als dass man das Schiff hätte sehen können), antwortete er lachend, dass ihm das die Katze gesagt hätte. Sie wiederum hätte es von den großen Vögeln des Meeres vernommen, die sich untereinander mitgeteilt hätten, dass ein Schiff im Anzug sei. Die Katze, als sie die Bewohner der Insel ahnungslos um sich herum dasitzen sah, sei aufgeregt auf den Tisch gesprungen. Und durch dieses sonderbare Benehmen hätten jene gemerkt, dass bald ein Schiff ankommen müsse. Auch hier im Garten (in Indien) wissen alle Tiere, sobald das Eingangstor quietscht, wer gerade hereinkommt, nur der Mensch sitzt ahnungslos da. Die Hunde aber können den Äffchen etwas mitteilen, diese wiederum vernehmen, was die Vögel sagen usw. Es gibt eine Kommunikation durch Körpergesten, durch Laute, Vibrationen, Schwingungen – und das zeigt uns, dass man auch ohne Worte miteinander reden, kommunizieren kann.

Wenn im Märchen der Jüngling versteht, was ihm die Fische, Ameisen und (wie wir gleich sehen werden) die Raben sagen, so müssen wir uns – wie auch beim Traumgeschehen – fragen, was diese Tiere in der seelischen Landschaft symbolisieren, was sie uns als ‚Seraphim‘, als ‚Elohim‘ – als Archetypen – mitteilen wollen. Der Jüngling, der diese Art von Kommunikation gelernt hat, hört auf diese geheimen seelischen Boten.

> Der Weg führte ihn in einen Wald, und da sah er einen Rabenvater und eine Rabenmutter, die standen vor ihrem Nest und warfen ihre Jungen heraus. „Fort mit euch, ihr Galgenschwendel!", riefen sie. „Wir können euch nicht mehr satt machen. Ihr seid jetzt groß genug und könnt euch selbst ernähren." Die armen Jungen lagen auf der Erde, flatterten und schlugen mit ihren Fittichen und schrien: „Wir hilflosen Kinder, wir sollen uns selbst ernähren und können noch nicht fliegen. Was bleibt uns übrig, als hier Hungers zu sterben?" Da stieg der gute Jüngling ab, tötete das Pferd mit seinem Degen und überließ es den jungen Raben zum Futter. Die kamen herbeigehüpft, sättigten sich und riefen: „Wir wollen dir's gedenken und vergelten."

94

Was hier erzählt wird, mag zuerst schockieren. Erst, wenn wir es als Symbole, als Energien, sehen, wird es verständlich.

*Was bedeutet es denn, dass der Jüngling sein Pferd tötet, um die jungen Raben zu ernähren.*

Wenn du in einem Auto fährst, tötest du da die Pferde, die PS (die sogenannten Pferdestärken)?

*Nein, ich benutze sie, ich verbrauche die PS.*

Eben. Das Pferd ist ein Bild für Dynamik, Energie. Und die tauscht der Jüngling jetzt ein für Raben – ähnlich wie Hans im Glück, der auch sein Pferd eingetauscht hat.
Durch Tierexperimente hat man herausgefunden, dass Raben sehr intelligente Wesen sind und ein gutes Gedächtnis haben. In der germanischen Mythologie sitzen sie auf den Schultern Wotans und erzählen ihm, was geschieht und noch geschehen wird; sie wissen alles, sind allwissend. Auch auf den Schultern der Hexen, den sog. weisen Frauen (Sagesfemmes) sitzen sie. [11] Die Raben sind ein altes germanisches Symbol für Weisheit. [12] Ihnen gibt der Jüngling nun sein Pferd als Nahrung. In die moderne Sprache übersetzt, könnte man sagen: der Jüngling opfert seine Energien für die Weisheit. Er gibt etwas hin, damit etwas anderes in ihm dadurch erstarken kann; das ist der universelle Austausch.

> Er musste jetzt seine eigenen Beine gebrauchen, und als er lange Wege gegangen war, kam er in eine große Stadt. Da war großer Lärm und Gedränge in den Straßen, und kam einer zu Pferde und machte bekannt, die Königstochter suche einen Gemahl, wer sich aber um sie bewerben wolle, der müsse eine schwere Aufgabe vollbringen, und könne er sie nicht glücklich ausführen, so habe er sein Leben verwirkt. Viele hatten es schon versucht, aber vergeblich ihr Leben darangesetzt. Der Jüngling, als er die Königstochter sah, ward von ihrer großen Schönheit so verblendet, dass er alle Gefahr vergaß, vor den König trat und sich als Freier meldete. Alsbald ward er hinaus ans Meer geführt und vor seinen Augen ein goldener Ring

hineingeworfen. Dann hieß ihn der König diesen Ring aus dem Meeresgrund wieder hervorzuholen und fügte hinzu: „Wenn du ohne ihn wieder in die Höhe kommst, so wirst du immer aufs neue hinabgestürzt, bis du in den Wellen umkommst." Alle bedauerten den schönen Jüngling und ließen ihn dann einsam am Meere zurück.

Hier treffen wir wieder den Ring. Diesmal ist er im Meer versunken und muss herausgeholt werden.

Wasser symbolisiert Schwingungen, Vibrationen, Leben. Es ist aber auch – da es wie jedes Symbol polaren Charakter aufweist – ein Bild für das Unterbewusste, den Schlaf oder den Tod. Und in diesem Bereich muss der Jüngling nun den Ring – die Unendlichkeit, die ewige Gegenwart – finden. Auf vielen altägyptischen Grabbildern sehen wir *RE* (Symbol für Sonne, Licht, Bewusstsein) jede Nacht im Sonnenschiff durch die gefährlichen Gewässer des Todes reisen und am Morgen sich daraus wieder erheben. Noch heute sind unsere Kirchen*schiffe* nach Osten ausgerichtet, sie zeigen also dorthin, wo jeden Morgen das Licht aufersteht. Und so wie es jeden Abend untergeht, versinkt auch unser Bewusstsein jede Nacht im Tiefschlaf, in den tieferen Schichten unseres Seins. Die Aufgabe des Jünglings, der sich seines seelischen Seins bewusst werden möchte (die Prinzessin heiraten möchte), ist es nun, in diesem tiefen Wellenreich sein Selbstgewahrsein zu bewahren. In vielen Mythen muss der Held den Schlaf, das Unterbewusste, den Tod erobern.
Der Jüngling glaubt sich schon verloren, doch da kommen ihm ganz besondere Seelenkräfte, die Fische, zu Hilfe.

> Er stand am Ufer und überlegte, was er wohl tun solle. Da sah er auf einmal drei Fische daherschwimmen, und es waren keine andern als jene, welchen er das Leben gerettet hatte. Der mittelste hielt eine Muschel im Munde, die er an den Strand zu den Füßen des Jünglings hinlegte, und als dieser sie aufhob und öffnete, so lag der Goldring darin.

*Der Fisch hilft ihm also, das Unterbewusstsein zu erobern?*

Ja. Der Fisch ist ein Lehrer im Wellenreich. In der indischen Mythologie wird erzählt, dass Brahma (das schöpferische Prinzip) von den Dämonen bedrängt wurde. Sie wollten ihm das sich formen-wollende Wissen entreißen und damit in die Tiefe des Gestaltlosen fahren (genauso wie die begrenzten Egokräfte in uns das Wissen der Seele immer wieder zu entreißen drohen). Da bittet Brahma den träumenden Vishnu (das erhaltende Prinzip), ihm zu helfen, und dieser taucht in Gestalt eines riesigen Fisches ins unergründliche Meer und holt das heilige Wissen wieder herauf, das sich offenbaren will. Der Fisch – er ist auch ein Symbol für Jesus (die ersten Christen haben einen Fisch als Erkennungszeichen an ihre Häuser gemalt) – kennt sich aus im ‚Wellenreich‘ (im Reich des Bewusstseins). Er kann uns helfen, unsere Aspiration zu erfüllen und das unergründliche Wissen aus den Tiefen des Unbewussten ins Bewusstsein emporheben.

Auf vielen ägyptischen Sarkophagdeckeln wird der Verstorbene mit einem Fischschuppenkleid dargestellt; er schwimmt jetzt mit seinem Vibrationskörper im Wellenreich. Die  Lotosblume aber, die der Fisch gelegentlich im Mund trägt, weist auf die Neugeburt hin, auch auf die stete Erneuerung des Bewusstseins.

Voll Freude brachte er ihn dem König und erwartete, dass er ihm den verheißenen Lohn gewähren würde. Die stolze Königstochter aber, als sie vernahm, dass er ihr nicht ebenbürtig war, verschmähte ihn und verlangte, er sollte zuvor eine zweite Aufgabe lösen. Sie ging hinab in den Garten und streute selbst zehn Säcke voll Hirse ins Gras. „Die muss er morgen, eh' die Sonne hervorkommt, aufgelesen haben", sprach sie, „und es darf kein Körnchen fehlen." Der Jüngling setzte sich in den Garten und dachte nach, wie es möglich wäre, die Aufgabe zu lösen; aber er konnte nichts ersinnen, saß da ganz traurig und erwartete bei Anbruch des Morgens, zum Tode geführt zu werden. Als aber die ersten Sonnenstrahlen in den Garten fielen, so sah er die zehn Säcke alle wohl gefüllt nebeneinander stehen, und kein Körnchen fehlte darin. Der Ameisenkönig war mit seinen tausend und tausend Ameisen in der Nacht angekommen, und die dankbaren Tiere hatten die Hirse mit großer Emsigkeit aufgelesen und in die Säcke gesammelt.

*Was bedeutet das Ausstreuen und Einsammeln der Hirsekörner?*

In den vielen Tätigkeiten des Alltags säen wir uns hinaus in die Welt, ,zerstreuen' uns in der Vielheit. Da ist es nötig, dass wir uns auch immer wieder einsammeln, damit wir ,beieinander' bleiben und uns nicht in der Vielheit verlieren.

Dieses ,Einsammeln' wird auch im Evangelium der Eva erwähnt; das große Wesen spricht zum kleinen Wesen: „Ich bin du und du bist ich, und wo immer du bist, da bin ich, und in allem bin ich gesät, und wo immer du willst, kannst du mich sammeln. Indem du mich sammelst, sammelst du dich selbst". [13]

*Das ist nicht so einfach zu verstehen.*

Du bist ein Sammelgefäß. Mit allem kannst du dich identifizieren, alles kannst du sein; die Schönheit der Blume, das Strahlen der Sonne, das freudige Singen des Vogels, die Leichtigkeit der Wolke, die Transparenz des Kristalls… Das alles sind Seelenkräfte, die du einsammelst durch Resonanz. Viele Leute glauben, einen Edelstein nur genießen zu können, wenn sie ihn besitzen. Doch nicht, was wir *haben*, sondern nur, was wir *sind*, können wir im Seelenkörblein sammeln und bewahren. Die alten Griechen sprachen vom unverlierbaren Gedächtnis (Mnemosyne), die alten Ägypter zeigen uns ein Bild: einen Korb, die Schale der Nephthys Diese Hieroglpyhe heißt ,alles' oder ,das All'. Die ganze Vielheit des Alls kannst du darin sammeln. [14]

Dieses Einsammeln ist nun die Aufgabe, die der Jünger zu vollbringen hat. Und wer hilft ihm dabei? Es sind die Ameisen. [15] Diese Tiere – wie auch die Bienen und Termiten – sind wichtig in der Evolution des Lebens, weil sich hier der Versuch der Natur zeigt, viele Einzelwesen zu einer größeren Einheit zusammenzuführen. Der erste Versuch war, die Einzeller zu größeren Organismen und Organen zusammenzubringen.

Und immer ist die neugewonnene Einheit mehr als die einzelnen Vielen. Die Entwicklungsgeschichte deutet immer auf ein größeres Einschließen, ein Integrieren hin und nicht auf ein Abschneiden. [16]
Wenn man einen Ameisenhaufen beobachtet, sieht man zunächst ein Durcheinander, dann aber kann man entdecken, dass einige Ameisen gemeinsam ein totes Insekt herbeischleppen. Sie haben sich also geeinigt, sie arbeiten zusammen, denn nur so kann die Nahrung ins Ameisennest transportiert werden. Und ab und zu kommt es vor, dass der ganze Ameisenstaat – wie ein einziges Wesen – sich sammelt und an einen anderen Ort auswandert. Vielleicht gelingt es den Menschen eines Tages, sich auf der Erde so zu benehmen, als ob sie nur *ein* menschliches Wesen wären.

*Das kann man ab und zu bei einer guten Fußballmannschaft beobachten, wenn elf Spieler wie **einer** spielen.*

Auch in der Steinzeit waren es wohl etwa elf Männer eines Stammes, die zusammen auf die Jagd gingen. Man muss das biologisch verstehen; elf können sich noch verständigen: „Du musst diesen Weg nehmen, wir nehmen jenen Weg, dann treffen wir zusammen und kriegen das Wild." Wenn es mehr als elf sind, wird es schwierig, das sieht man bei Sportvereinen oder zu großen Schulklassen; plötzlich kommt es zu einer Spaltung. Vielleicht ist es leichter bei großen Musikchören, wo die vielen einzelnen Stimmen in einer Harmonie zusammenklingen, oder bei einem Orchester, wo alle Instrumente als eine Einheit zusammenspielen. Im Wort Harmonie steckt ja Monos, das Eine. Wenn alle wie Eines zusammenarbeiten, kann der Bau einer Pyramide geschehen. Die tonnenschweren Steine konnten sicher nur mit der Kraft der Begeisterung, *gemeinsam* etwas Großes herzustellen, hochgeschleppt werden, und nicht mit Peitsche und Angst; denn Angst schwächt, Enthusiasmus stärkt. Eine Fußballmannschaft wird ja vor dem Spiel auch nicht ausgepeitscht, damit sie neunzig Minuten lang dem Ball hinterher rennt.

Wenn wir nun uns selbst betrachten; – sehen wir uns als Millionen von Zellen oder als *ein* Wesen? Obwohl wir viele Organe, viele Nerven, viele Gedanken und vitale Impulse sind, sagen wir zu dieser Vielheit ‚Ich', und meinen, dass wir selbst nur einer sind. Doch bei näherem Beobachten entdecken wir zahlreiche Ichs in uns: unser Vitales will oft etwas anderes als der Körper, die Emotionen sagen etwas anderes als der Verstand, die Hormone haben ihr Eigenleben… Wir sind also noch gar nicht geeint, noch nicht wirklich *eins*.

Die Aufgabe, die uns die Prinzessin gibt, bedeutet, sich all der verschiedenen Wesensteile, all der vielen Vorgänge und Abläufe in uns selbst *bewusst* zu werden, und Körper, Vitales, Mentales, Übermentales – alle Vorgänge in diesen Bewusstseinsstrukturen – *einzusammeln*, sie also zu einer integralen Ganzheit zusammenzuführen.

> Die Königstochter kam selbst in den Garten herab und sah mit Verwunderung, dass der Jüngling vollbracht hatte, was ihm aufgegeben war. Aber sie konnte ihr stolzes Herz noch nicht bezwingen und sprach: „Hat er auch die beiden Aufgaben gelöst, so soll er doch nicht eher mein Gemahl werden, bis er mir einen Apfel vom Baume des Lebens gebracht hat."

Durch schwere Aufgaben wachsen wir. Wir sollen ja in unserem seelischen Wachstum nicht stehen bleiben, und deshalb fordert die Prinzessin (Symbol für Seele) den Jüngling weiterhin. Sie meint es letztlich gut, will ihn (uns) zu weiteren inneren Fortschritten führen. Sie ist die Kraft, die uns immer wieder vorantreibt – hin zu neuen Realisationen auf dem Weg zu unserer Vollkommenheit. [17]

> Der Jüngling wusste nicht, wo der Baum des Lebens stand. Er machte sich auf und wollte immerzu gehen so lange ihn seine Beine trügen, aber er hatte keine Hoffnung, ihn zu finden. Als er schon durch drei Königreiche gewandert war und abends in einen Wald kam, setzte er sich unter einen Baum und wollte schlafen.

Der Jüngling weiß nicht, wo er den Apfel vom Baum des Lebens suchen soll, will aber gehen, so lange ihn seine Beine tragen. „Gegangen, gegangen, darüber hinaus gegangen, vollständig darüber hinaus gegangen" [18], lautet ein buddhistisches Sutra und ermuntert uns, wie Buddha über das gewöhnliche Bewusstsein hinauszugehen, es zu transzendieren. Deshalb trägt Buddha auch noch den Namen Tathagatà, der ‚So-Gegangene'. Und so geht der Jüngling durch viele Königreiche, durch viele Bewusstseinsreiche.

Da hörte er in den Ästen ein Geräusch, und ein goldener Apfel fiel in seine Hand. Zugleich flogen drei Raben zu ihm herab, setzten sich auf seine Knie und sagten: „Wir sind die drei jungen Raben, die du vom Hungertod errettet hast. Als wir groß geworden waren und hörten, dass du den goldenen Apfel suchtest, so sind wir über das Meer geflogen bis ans Ende der Welt, wo der Baum des Lebens steht, und haben dir den Apfel geholt."

Die Boten der Weisheit, die Raben, sind über das Meer geflogen bis ans Ende der Welt – dort, wo die dingliche Welt aufhört und alles Schwingung, Energie, Seele ist. Und sie finden den Baum mit den Früchten der Seligkeit. Die indischen Weisen lehren uns, dass es kein Sein gibt, das nicht auch Bewusstsein und Seligkeit ist, alle drei – Sein, Bewusstsein und Seligkeit (in Sanskrit: Sat-Chit-Ananda) – gehören zusammen, sie bilden die ‚Baumheit' des Universums.

In allem Seienden Bewusstsein zu erkennen, mag uns nicht so schwer fallen, aber die Seligkeit? Sie scheint in unserer industrialisierten, leistungsorientierten, mental-rational dominierten Welt verloren gegangen zu sein. Während die Religionen von ihren Anhängern nur den Glauben an einen seligen Paradieszustand (nach dem irdischen Leben) verlangen, bestehen die Mystiker, die Weisen, die Yogis darauf, den goldenen Apfel – die Seligkeit – schon im Hier und Jetzt wirklich zu ‚essen'.

Auch Herakles – so erzählt der griechische Mythos – hat die goldenen Äpfel heimgeholt. Nach langer Suche hat er die Gipfel des Seins erreicht und dort Atlas (griechisch „der Mutige, der Wagende") getroffen, ein Bewusstsein, das das ganze All in sich aufnehmen und deshalb das gesamte Himmelsgewölbe tragen kann. Herakles wusste, dass nur solch ein unermessliches Bewusstsein die Äpfel der Seligkeit findet. Und so – mit Hilfe von Atlas und Athene – konnte er sie schließlich erlangen. In unserem Märchen sind es die Boten der Weisheit, die dem Jüngling helfen, diese letzte große Aufgabe zu erfüllen.

Voll Freude machte sich der Jüngling auf den Heimweg und brachte der schönen Königstochter den goldenen Apfel, der nun keine Ausrede mehr übrigblieb. Sie teilten den Apfel des Lebens und aßen ihn zusammen. Da ward ihr Herz mit Liebe zu ihm erfüllt, und sie erreichten in ungestörtem Glück ein hohes Alter.

Nun kann der Jüngling den Apfel mit der geliebten Prinzessin teilen und essen – ein Bild des Einsseins mit der Seele, ein Symbol der Seligkeit und Ewigkeit.

Und jedes Jahr, wenn die Zeit still steht, erinnert uns der christliche Weihnachtsbaum an den immergrünen Baum des Lebens mit seinen goldenen Äpfeln der Seligkeit.

# Anmerkungen

## [1] Schlangenbilder

Krishna auf der Schlange tanzend
(Holzrelief aus Südindien)

Ägyptische Schlangenbilder

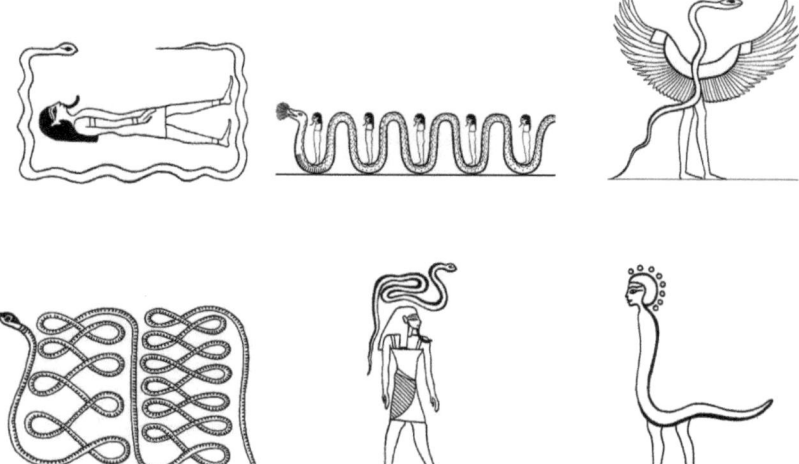

### zur Schlangensymbolik

Wie bei allen Symbolen lassen sich auch bei der Schlange Darstellungen oder
Aussagen finden, in denen sie polaren Charakter aufweist. So gibt es z.B. im
alten Ägypten einerseits die beschützende Mehen-Schlange, andererseits auch
die gefährliche Apophis-Schlange, welche jede Nacht das Sonnenboot, in dem
RE, die Sonne (Symbol für unser Selbstgewahrsein) fährt, zu verschlingen
droht: Im Schlaf verlieren wir unser Selbstgewahrsein, und dadurch können
wir bedroht werden durch unbewusste (oder unterbewusste) Kräfte.

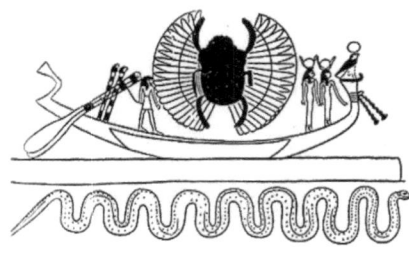

Apophis                                                    Mehen

### ² Thomasevangelium, Logion 18

Dass mit Ort (griechisch Topos) nicht ein geographischer Ort, sondern ein
Bewusstseinszustand gemeint ist, geht auch aus dem Thomasevangelium,
Logion 24 hervor: Seine Jünger sagten: „Zeige uns den Ort, wo du wirklich
bist, denn es ist wichtig für uns, dass wir danach suchen." Er sagte zu ihnen:
„Es ist Licht im Inneren eines Lichtmenschen, und er erleuchtet die ganze
Welt. Wenn er nicht leuchtet, ist Finsternis."

### ³ Neteru

Medhananda erläutert ‚Neter' ausführlich in *Der Weg des Horus*, Kap. ‚Jene
ewigen Bewegungen in uns', S. 43 ff.

### ⁴ Nazaräerevangelium

‚Aus Ägypten habe ich meinen Sohn' gerufen und ‚Man wird ihn Nazaräer
nennen'. Siehe Edgar Hennecke, *Neutestamentliche Apokryphen*, Kapitel III,
„Judenchristliche Evangelien", 1. Das Nazaräerevangelium. Siehe auch Matthäusevangelium 2,15 und 2,23.

[5] **Seraphim**
*Torah*, 4. Mose (Numeri) 21,6-8 und 5. Buch Mose (Deuteronomium) 8,15, auch Buch Isaiah (6,2-6, 14,29), nahash ist ein Urwort für Schlange, 30,6 (efeh ein Wort für Viper).

[6] **Die Elohim sprachen zur Erde**: „Lasset uns Menschen schaffen nach unserem Bilde". *Bibel*, Buch Mose 1, 26

[7] **Perlenkette der Hathor**
Siehe auch Medhananda *Das altägyptische Senet-Spiel*, S. 260

[8] Siehe auch Medhananda, *Die Königliche Elle*, S. 118, und seine Interpretationen im Märchen *Die goldene Gans*.

[9] **Ring, Zeit, Shenring**
Die Ring-Zeit, die immer wiederkehrende, kreisende, zyklische Zeit war im Matriarchat von großer Bedeutung, vor allem durch das Wahrnehmen des menstruellen Zyklus, der mit dem des Mondes übereinstimmte, dann auch durch den Zyklus von Tag und Nacht, den Jahreskreis der Sonne, der Sterne, der vier Jahreszeiten. Jean Gebser sagt: „Der Ring umfasst alles Polare und bindet es ausgleichend ineinander, so wie im ewigen Kreislauf das Jahr über seine polaren Erscheinungsformen von Sommer und Winter in sich zurückkehrt." Später, in der patriarchalen Epoche, wurde der Ring, die ewig kreisende Zeit ‚zerschnitten', man stellte sie sich als gerade Linie vor.
Siehe auch: Medhananda, *Die Königliche Elle,* S. 202; Jutta Voss, *Das Schwarzmondtabu, die kulturelle Bedeutung des weiblichen Zyklus'.*

[10] „Wenn ihr die Zwei zu Einem macht, werdet ihr Söhne des Menschen sein", *Thomsevangelium*, Logion 106.

[11] **Hexen/weise Frauen**
Hebammen werden in der französischen Sprache immer noch ‚Sages-femmes' genannt. Sie waren es, die in früherer Zeit über die geheimen Zusammenhänge von Zeugung und Geburt Bescheid wussten und die Geburtenzahlen bei den Frauen regeln konnten. Das war den patriarchalen Fürsten ein Dorn

im Auge, sie wollten eine zahlreiche Bevölkerung, die in Kriegen bestehen konnte. Und so wurden diese ‚Sages-femmes' verfolgt und als Hexen verbrannt. Siehe auch die Erläuterungen zum Märchen *Frau Trude*.

## [12] Die drei Raben

In der nordischen Mythologie wird erzählt, dass Odin (auch Wotan genannt) die Raben Hugin und Munin (der „Sehende" und der „Wissende") auf seinen Schultern trägt. Sie flüstern ihm Weisheit (alle auf ihren Flügen erkundeten Geheimnisse) zu. Das Symbol Rabe erscheint auch in anderen Grimms Märchen, z.B. in *Die Rabe* oder in *Die sieben Raben*.

## [13] Das Evangelium der Eva

ist durch den Kirchenvater Epiphanius überliefert worden. Siehe Edgar Hennecke, *Neutestamentliche Apokryphen*. Siehe auch Medhananda, *Archetypen der Befreiung*, Kapitel „Das Evangelium der Nephthys", S. 127.

## [14] einsammeln, alles, das All

Das englische Wort *God* lässt sich auf die indoeuropäische Wortwurzel *ghadh* zurückführen. Ghadh hängt zusammen mit den englischen Worten *to gather*: sammeln, einsammeln, versammeln, und *together*: zusammen, miteinander. Dieser Etymologie zufolge ist Gott also das Miteinander, die Gesamtheit aller Dinge, das All, das Ganze. Es gibt noch einen anderen Ausdruck, der in der Bibel (den Evangelien) vorkommt: *Logos*; dieses Wort kommt von *legein*, was ebenso zusammenhängt mit sammeln, zusammenlesen (die Weinlese), einsammeln.

## [15] Ameisen als Helfer

Dieses Motiv finden wir auch im Grimms Märchen *Die Bienenkönigin* und ebenso im antiken Märchen *Amor und Psyche*, das Lucius Apuleius (125-170 n. Chr.) im Roman *Metamorphosen – Der goldene Esel* aufgeschrieben hat. Die Psyche muss verschiedene lebensgefährliche Aufgaben für die Göttin Venus erledigen. Dank der Hilfe von Ameisen, sprechenden Schilfrohren oder Türmen gelingt es ihr, sie zu vollbringen.

## [16] Zusammenarbeit

Darwins Theorie, dass in der Natur alle gegen alle kämpfen, kann als überholt angesehen werden. Es gibt zwar Kampf, Selbstbehauptung, Gefressenwerden, doch – subtiler und weniger sichtbar – lassen sich förderliche Austauschbeziehungen und gegenseitige Unterstützungen erkennen. Die Systembiologie lehrt heute, dass Kooperation unter den Lebewesen viel bedeutender ist als Konkurrenz. Zusammenleben bedeutet Austausch, gegenseitige Ergänzung, Zusammenwirken.

[17] **schwere Aufgaben**

Auch die Mutter Hera hat ihr Kind Herakles vor schwere Aufgaben gestellt, damit es ein Heldenkind werde. Im Märchen *Die wahre Braut* ist es die ‚Stiefmutter‘, die von ihrem Kind immer schwerere Aufgaben verlangt, im Märchen *Der Trommler* ist es die ‚Alte‘, die dem Trommler schwere Arbeiten zuweist. Siehe auch Medhananda, *Verborgene Weisheit,* Kap. ‚Das Evangelium des Herakles‘, S. 21.

[18] **gegangen, gegangen, darüber hinaus gegangen**

Das buddhistische Mantra ‚Gaté-gaté, pāragaté, pārasamgaté‘ steht im *Maha-Prajna-Paramita-Hridaya-Sutra.* Das Wort ‚para‘ (in paragaté, parasamgaté) heißt: ‚darüber hinaus‘, so wie es auch im Wort ‚Parapsychologie‘ gemeint ist. Das Adverb ‚sam‘ ist eine Intensivierung im Sinne von ‚sehr‘, ‚viel‘.

Siehe dazu auch Medhananda, *Die Pyramiden und die Sphinx,* Kapitel „Der dritte Schritt“, S. 101.

# Der Teufel mit den drei goldenen Haaren

Schon der Titel dieses Märchens verrät uns, dass es sich hier um etwas ganz Besonderes handelt. ‚Der Teufel mit den drei goldenen Haaren' hat nichts mit dem christlichen Teufel zu tun, denn dieser hat keine goldenen Haare. Wer hat denn goldene Haare? Der Sonnengott. Aber auch in uns gibt es etwas, von dem man sagen kann, dass es goldene Haare hat: unser Denken, wenn es ganz nahe an die Intuition kommt, an die Eingebung, wenn es nicht mehr ein mechanisches oder dualistisches Denken ist, sondern ein Entdecken, das in uns spontan Freude auslöst, weil es überall Zusammenhänge statt nur Teile sieht. Goldenes Haar ist ein Symbol für intuitives Wahrnehmen, für Weisheit, für ein inneres Wissen – es hat nichts mit dem sogenannten Schulwissen zu tun.

> Es war einmal eine arme Frau, die gebar ein Söhnlein, und weil es eine Glückshaut um hatte, als es zur Welt kam, so ward ihm geweissagt, es werde im vierzehnten Jahr die Tochter des Königs zur Frau haben.

Was ist denn eine Glückshaut? Wer mit indischer Psychologie vertraut ist, weiß, dass der Mensch aus verschiedenen ‚Schalen' besteht. Die innerste, die die Inder *Anna-maya-kosha* nennen, ist diejenige, die wir ernähren, wenn wir etwas essen: unser physischer Körper. Größer als dieser sind die vitale und die mentale Hülle, und die schönste und größte ist *Ananda-maya-kosha*, die Hülle der Seligkeit, des Glücks. [1] Wenn du ganz glücklich bist, wenn du dich freust – manchmal ohne jeden Grund –, wenn du den Sonnenaufgang erlebst oder schöne Musik hörst, wo fühlst du das? Kannst du lokalisieren, wo du glücklich bist?

*Das kann man nicht genau sagen, man fühlt sich einfach weit, leicht, groß...*

Die Glückshaut ist etwas, das um unseren Körper herumliegt als ein größerer Körper. Wenn du selig bist, spürst du deine Glückshaut. Schmerzen empfinden wir an bestimmten Stellen: in den Zehen oder in den Ohren, sie werden innen, oft als Verengung gespürt. Das Glücksgefühl hingegen liegt um uns herum. Wer voll Freude ist, kann das wahrnehmen.

Das Märchen erzählt also von einem Kind mit einer Glückshaut, dem geweissagt wird, es werde im vierzehnten Jahr die Tochter des Königs zur Frau bekommen. Kinder, die diesen größeren Körper fühlen, sind schon früh reif und erwachsen. Und die Tochter des Königs zur Frau haben, heißt, mit der Seele eins geworden zu sein. Ein Kleinkind übt seine Körperfunktionen, es übt zu gehen und präzise Bewegungen mit den Händen zu machen. Danach, vom siebten bis zum vierzehnten Jahr, entwickelt es sein Denken, sein Mental. Und wenn es dieses lange genug geschult hat, kann es das, was über das Mentale hinausgeht, entwickeln; das heißt, sich mit der Tochter des Königs verheiraten. Das sind Ausdrücke des inneren Lebens, das hat nichts mit dem äußeren Leben zu tun.

> Es trug sich zu, dass der König bald darauf ins Dorf kam und niemand wusste, dass es der König war ...

Wir werden später hören, dass er gar kein wahrer König ist. Kennen wir den in uns, der behauptet: „Ich bin hier der König", und dem niemand gehorcht, weil er kein wahrer König ist? Es ist das Ego. Dieser Schein-König drückt sich meist durch das Vitale oder Mentale aus, aber in Wirklichkeit kann er nicht viel ausrichten. Wenn du z.B. Bauchschmerzen hast, kann dieser König sie nicht wegbefehlen.

> ... und als er die Leute fragte, was es Neues gäbe, so antworteten sie: „Es ist in diesen Tagen ein Kind mit einer Glückshaut geboren; was so eines unternimmt, das schlägt ihm zum Glück aus. Es ist ihm auch vorausgesagt, in seinem vierzehnten Jahre solle es die Tochter des Königs zur Frau haben." Der König, der ein böses Herz hatte und über die Weissagung sich ärgerte, ging zu den Eltern, tat ganz freundlich und sagte: „Ihr armen Leute, überlasst mir euer Kind, ich will es versorgen." Anfangs weigerten sie sich; da aber der fremde Mann schweres Geld dafür bot und sie dachten: „Es ist ein Glückskind, es muss doch zu seinem Besten ausschlagen", so willigten sie

endlich ein und gaben ihm das Kind. Der König legte es in eine Schachtel und ritt damit weiter, bis er zu einem tiefen Wasser kam; da warf er die Schachtel hinein und dachte: „Vor dem unerwarteten Freier habe ich meine Tochter bewahrt."

Die Schachtel ist ein Symbol. Wann wird ein Mensch in eine Schachtel gelegt? Wenn er gestorben ist. Es ist ein Sarg. Auch im ägyptischen Mythos von Osiris wird der Held in einer Schachtel ins Wasser geworfen. Dieses tiefe Wasser ist ein Bild für das Wellenreich, die vibrierende Realität. Im alten Ägypten heißt die Hieroglyphe für Wasser Mu (mit drei Wellenbewegungen gemalt) und bedeutet sowohl Leben als auch Tod und ebenso Mutter. [2] Wenn der Nil alljährlich das Land überschwemmte, brachte er für viele Pflanzen und Tiere den Tod, doch aus diesem Wasser wuchs auch wieder neues Leben heran. Auch jedes Neugeborene kommt aus den mütterlichen Geburtswassern. In den deutschen Märchen werden die Kinder vom Klapperstorch, vom Seelenvogel aus dem Wasser herausgeholt: Dieses symbolische Bild hat seinen Ursprung ebenfalls im alten Ägypten. Wir gehen immer wieder in die Wasser (ins Wellenreich) hinein und werden daraus wieder herausgezogen. Und psychologisch gesehen geschieht das sogar jede Nacht: Wir gehen in den Tiefschlaf und kommen jeden Morgen wieder aus diesem ‚Wellenbad' heraus.

Die Schachtel aber ging nicht unter, sondern schwamm wie ein Schiffchen, und es drang auch kein Tröpfchen Wasser hinein.

Es ist eben eine ganz besondere Schachtel. Sie schwimmt wie ein Schifflein. Im alten Ägypten gab es einen Segensspruch, den man dem Verstorbenen mitgab: „Mögest du die Wasser der Unendlichkeit durchqueren, ohne nass zu werden." [3] Alle deine Seelenkräfte hast du in deinem Seelenschiff (deinem Bewusstsein) zu versammeln, damit du in den Fluten (wenn du ohne Körper bist) nicht untergehst und aufgelöst wirst. Diese psychologische Weisheit finden wir nicht nur im alten Ägypten, sie steckt auch im Mythos von Noah, der sich ein Schiff gebaut hat und alle Tiere (Symbol der verschiedenen Seelenkräfte) darin versammelt, um in den Fluten nicht unterzugehen.

Sterben und Werden liegen nahe beieinander: Hier im Märchen liegt ein Kind in der Schachtel.

> So schwamm sie bis zwei Meilen von des Königs Hauptstadt, wo eine Mühle war, an dessen Wehr sie hängen blieb.

Das Wasser ist ein Symbol, und die Mühle ist auch ein Symbol. Es sind die Wasser des Lebens, die das große Mühlrad mit seinen vielen Speichen antreiben und drehen. Unablässig bewegt es sich, so wie sich auch in uns verschiedene Bewusstseinszustände dauernd wandeln: Einmal bist du oben, dann wieder unten, einmal bist du in einem paradiesischen Zustand, dann sitzt du in der Hölle, einmal bist du bei den Tieren, dann wieder bei den Dämonen oder Halbgöttern. [4] Auch im Tag- und Nachtkreis sind wir einmal im Traum-, dann im Tiefschlaf-, dann im Wachbewusstsein, und eines Tages vielleicht im Erleuchtungszustand. Im Ägypterevangelium [5] gibt es eine schöne Aussage: „Sie sagen aber, dass die Seele sehr schwer zu finden sei, denn sie bleibt nicht immer in derselben Beschaffenheit oder Gestalt oder in *einem* Zustand…" Die inneren Zustände wechseln, das zeigt uns das Mühlrad, das von den Wassern des Lebens – den großen Energien – gedreht wird. Hier bleibt nun die Schachtel hängen.

> Ein Mahlbursche, der glücklicherweise dastand und sie bemerkte, zog sie mit einem Haken heran und meinte, große Schätze zu finden, als er sie aber aufmachte, lag ein schöner Knabe darin, der ganz frisch und munter war.

Hier wird er also zum zweiten Mal geboren. Diese zweite Geburt kennt man in Indien. „Die zweimal Geborenen" ist eine Bezeichnung für die Brahminen. Gemeint ist mit dieser zweiten Geburt ein spirituelles Erwachen in ein höheres Bewusstsein. Diese Episode im Märchen erinnert auch an Moses, der – so wird in der Bibel berichtet – in einem Körblein auf dem Nilwasser schwamm und von einer ägyptischen Prinzessin aus dem Wasser geholt wurde. Sein Name Moses heißt *geboren von* oder *Geburt* und kommt von dem ägyptischen Stammwort *mes*, das von den Griechen *Mosis* ausgesprochen wurde. Die gesamte ägyptische Königsfamilie hieß

Moses: Ahmose, Tuthmosis (der von Toth Geborene), Ramoses (der von Ra Geborene), Amenmose (der von Amun Geborene). [6]

> Er brachte ihn zu den Müllersleuten, und weil diese keine Kinder hatten, freuten sie sich und sprachen: „Gott hat es uns beschert." Sie pflegten den Findling wohl, und er wuchs in allen Tugenden heran.

Die Eltern, die er auf der Erde findet, sind Müllersleute. Der Müller, der ja in vielen Märchen vorkommt, mahlt die Körner zu Mehl; ein Symbol für das mechanische und analytische Denken, das alles in kleine Stücke teilt. Leider finden die meisten Kinder in Elternhaus, Schulen und Umwelt nur eine psychologisch armselige ‚Müller-Erziehung'.

> Es trug sich zu, dass der König einmal bei einem Gewitter in die Mühle trat und die Müllersleute fragte, ob der große Junge ihr Sohn wäre. „Nein", antworteten sie, „es ist ein Findling, er ist vor vierzehn Jahren in einer Schachtel ans Wehr geschwommen, und der Mahlbursche hat ihn aus dem Wasser gezogen." Da merkte der König, dass es niemand anders als das Glückskind war, das er ins Wasser geworfen hatte, und sprach: „Ihr guten Leute, könnte der Junge nicht einen Brief an die Frau Königin bringen, ich will ihm zwei Goldstücke zum Lohn geben?" – „Wie der Herr König gebietet", antworteten die Leute und hießen den Jungen sich bereithalten. Da schrieb der König einen Brief an die Königin, worin stand: „Sobald der Knabe mit diesem Schreiben angelangt ist, soll er getötet und begraben werden, und das alles soll geschehen sein, ehe ich zurückkomme."

Dieser König ist kein wahrer König. Er symbolisiert das Ego in uns; das haben wir schon zu Beginn der Geschichte gesehen.

> Der Knabe machte sich mit diesem Brief auf den Weg, verirrte sich aber und kam abends in einen großen Wald. In der Dunkelheit sah er ein kleines Licht, ging darauf zu und gelangte zu einem Häuschen. Als er hineintrat, saß eine alte Frau beim Feuer, ganz allein.

Die alte Frau am Feuer kommt in den deutschen Märchen häufig vor. Es ist die Göttin des Feuers, die große Mutter.

Sie erschrak, als sie den Knaben erblickte, und sprach: „Wo kommst du her und wo willst du hin?" – „Ich komme von der Mühle", antwortete er, „und will zur Frau Königin, der ich einen Brief bringen soll – weil ich mich aber in dem Wald verirrt habe, so wollte ich hier gerne übernachten." – „Du armer Junge", sprach die Frau, „du bist in ein Räuberhaus geraten, und wenn sie heimkommen, so bringen sie dich um." – „Mag kommen wer will", sagte der Junge, „ich fürchte mich nicht; ich bin aber so müde, dass ich nicht weiterkann", streckte sich auf eine Bank und schlief ein. Bald hernach kamen die Räuber und fragten zornig, was da für ein fremder Knabe läge. „Ach", sagte die Alte, „es ist ein unschuldiges Kind, es hat sich im Walde verirrt, und ich habe ihn aus Barmherzigkeit aufgenommen – er soll einen Brief an die Frau Königin bringen." Die Räuber erbrachen den Brief und lasen ihn, und es stand darin, dass der Knabe sogleich, wie er ankäme, sollte ums Leben gebracht werden. Da empfanden die hartherzigen Räuber Mitleid, und der Anführer zerriss den Brief und schrieb einen anderen, und es stand darin, sowie der Knabe ankäme, sollte er sogleich mit der Königstochter vermählt werden. Sie ließen ihn dann ruhig bis zum anderen Morgen auf der Bank liegen, und als er aufgewacht war, gaben sie ihm den Brief und zeigten ihm den rechten Weg.

Selbst wenn wir in ein Räuberhaus geraten, selbst Lebensumstände, die uns schlecht erscheinen, können dazu beitragen, uns auf den rechten Weg zu bringen, uns zu unserer wahren Bestimmung zu führen. Wer aber ist ganz tief in uns, der uns immer den rechten Weg zeigt? Der Schutzengel! Doch dieser nimmt manchmal merkwürdige Formen an und kann uns in seltsame Situationen führen. So erscheint er hier in der Gestalt des Räubers, er kann aber auch in Tierformen zu uns kommen. Und oft erst hinterher, wenn du gemerkt hast, dass dir der rechte Weg gezeigt worden ist, fällt dir ein: ach, das war ja mein Schutzengel, der mir geholfen hat!

Die Königin aber, als sie den Brief empfangen und gelesen hatte, tat, wie darin stand, hieß ein prächtiges Hochzeitsfest anstellen, und die Königstochter ward mit dem Glückskind vermählt; und da der Jüngling schön und freundlich war, so lebte sie vergnügt und zufrieden mit ihm.

Nach einiger Zeit kam der König wieder in sein Schloss und sah, dass die Weissagung erfüllt und das Glückskind mit seiner Tochter vermählt war. „Wie ist das zugegangen?", sprach er. „Ich habe in meinem Brief einen ganz anderen Befehl erteilt." Da reichte ihm die Königin den Brief und sagte, er möchte selbst sehen, was darin stände. Der König las den Brief und merkte wohl, dass er mit einem andern war vertauscht worden.

Er fragte den Jüngling, wie es mit dem anvertrauten Briefe zugegangen wäre, warum er einen anderen dafür gebracht hätte. „Ich weiß von nichts", antwortete er, „er muss mir in der Nacht vertauscht worden sein, als ich im Walde geschlafen habe." Voll Zorn sprach der König: „So leicht soll es dir nicht werden; wer meine Tochter haben will, der muss mir aus der Hölle drei goldene Haare von dem Haupte des Teufels holen; bringst du mir, was ich verlange, so sollst du meine Tochter behalten." Damit hoffte der König, ihn auf immer loszuwerden.

Die goldenen Haare weisen über das Mentale hinaus, es sind die ‚Sonnenstrahlen' der Intuition, die Blitze der Erleuchtung. Sie gehen über die gewöhnliche Funktion des entzweienden, rationalen Denkens hinaus. Im französischen Wort ‚Diable' steckt ja das Wort ‚zwei', in ‚Teufel' das Wort ‚Zweifel'. Die goldenen Haare aber symbolisieren höhere mentale Fähigkeiten. Sri Aurobindo spricht vom ‚Overmind' oder ‚mind of light' [7], ein Denken, ein Wahrnehmen, das alles mit allem (wie Sonnenstrahlen) verbinden kann. Statt alles einzuteilen und in Stückchen zu schneiden, müssen wir wieder lernen, alles zu verbinden und in seiner Ganzheit zu sehen. Danach sehnt sich der König und verlangt nach den goldenen Haaren. Er selbst kann sie nicht holen, es ist das Glückskind in uns, das dies vollbringen kann.

Das Glückskind aber antwortete: „Die goldenen Haare will ich wohl holen, ich fürchte mich vor dem Teufel nicht."

Darauf nahm er Abschied und begann seine Wanderschaft. Der Weg führte ihn zu einer großen Stadt, wo ihn der Wächter an dem Tore ausfragte, was für ein Gewerbe er verstände und was er wüsste. „Ich weiß alles", antwortete das Glückskind.

Was ist es denn in uns, das alles weiß?

> „So kannst du uns einen Gefallen tun", sagte der Wächter, „wenn du uns
> sagst, warum unser Marktbrunnen, aus dem sonst Wein quoll, trocken ge-
> worden ist und nicht einmal mehr Wasser gibt."

Alles, was jetzt passiert, sind Geschehnisse in uns, nicht irgendwo in der
Außenwelt. Die Stadt, das sind wir, eine Stadt mit vielen Häusern (viele
Funktionen in uns), und der Marktbrunnen, der Wein und das Wasser
sind Bilder für die Wasser des Lebens, die Wasser der Gesundheit, der
Energien, der seelischen Kräfte, die wir brauchen, um leben zu können.
Und plötzlich ist der Brunnen trocken. Die Quelle ist versiegt.

> „Das sollt ihr erfahren", antwortete er, „wartet nur, bis ich wiederkomme."
> Da ging er weiter und kam vor eine andere Stadt, da fragte der Torwächter
> wiederum, was für ein Gewerbe er verstünde und was er wüsste. „Ich weiß
> alles", antwortete er. „So kannst du uns einen Gefallen tun und uns sagen,
> warum ein Baum in unserer Stadt, der sonst goldene Äpfel trug, jetzt nicht
> einmal mehr Blätter hervortreibt."

Der Baum ist ein Symbol für unsere vielfältige Innenwelt: die Wurzeln,
der Stamm und die Zweige, die bis an die Sterne reichen. Und der Baum
hat früher goldene Äpfel getragen. Sie bedeuten Unsterblichkeit, Seligkeit. Jeder Apfel ist eine Seelenkraft in uns, eine Energie, ein Leben. Und
jetzt hat der Baum noch nicht einmal mehr Blätter.

> „Das sollt ihr erfahren", antwortete er, „wartet nur, bis ich wiederkomme."
> Da ging er weiter und kam an ein großes Wasser, über das er hinüber musste.

Das große Wasser haben wir ja schon oft kennengelernt, es ist die Wellenwirklichkeit, die vibratorische Realität.

> Der Fährmann fragte ihn, was er für ein Gewerbe verstünde und was er
> wüsste. „Ich weiß alles", antwortete er, „So kannst du mir einen Gefallen
> tun", sprach der Fährmann, „und mir sagen, warum ich immer hin- und

herfahren muss und niemals abgelöst werde." „Das sollst du erfahren", antwortete er, „warte nur, bis ich wiederkomme." Als er über das Wasser hinüber war, so fand er den Eingang zur Hölle.

Die Hölle ist ein Symbol. Sie ist nicht ein Platz irgendwo, sondern ein dunkler Bewusstseinsbereich in uns, das sogenannte Unterbewusstsein, in dem aber auch Wissen schlummert.

Es war schwarz und rußig darin, und der Teufel war nicht zuhaus, aber seine Ellermutter saß da in einem breiten Sorgenstuhl.

Eller ist ein altes deutsches Wort; die Ellermutter oder auch Eldermutter ist die Groß(e)-Mutter, eine der großen Mütter der Welt; sie symbolisiert hier das Traumbewusstsein, das tiefere Sehen und Wissen in uns.

„Was willst du?", sprach sie zu ihm, sah aber gar nicht so böse aus. „Ich wollte gerne drei goldene Haare von des Teufels Kopf", antwortete er, „sonst kann ich meine Frau nicht behalten."

Er will sich also die höheren intuitiven Fähigkeiten erwerben, denn nur so kann er ‚seine Frau behalten', nur so kann er ganz sein, d.h. alle seine höheren Seelenkräfte entwickeln und integrieren.

„Das ist viel verlangt", sagte sie, „wenn der Teufel heimkommt und findet dich, so geht dir's an den Kragen; aber du dauerst mich, ich will sehen, ob ich dir helfen kann."
Sie verwandelte ihn in eine Ameise und sprach: „Kriech in meine Rockfalten, da bist du sicher." „Ja", antwortete er, „das ist schon gut, aber drei Dinge möchte ich gerne noch wissen, warum ein Brunnen, aus dem sonst Wein quoll, trocken geworden ist, jetzt nicht einmal mehr Wasser gibt; warum ein Baum, der sonst goldene Äpfel trug, nicht einmal mehr Laub treibt, und warum ein Fährmann immer herüber- und hinüberfahren muss und nicht abgelöst wird."
„Das sind schwere Fragen", antwortete sie, „aber halte dich nur still und ruhig, und hab Acht, was der Teufel spricht, wenn ich ihm die drei goldenen

Haare ausziehe."

Als der Abend einbrach, kam der Teufel nach Haus. Kaum war er eingetreten, so merkte er, dass die Luft nicht rein war. „Ich rieche Menschenfleisch", sagte er, „es ist hier nicht richtig." Dann guckte er in alle Ecken und suchte, konnte aber nichts finden. Die Ellermutter schalt ihn aus: „Eben ist erst gekehrt", sprach sie, „und alles in Ordnung gebracht, nun wirfst du mir's wieder untereinander; immer hast du Menschenfleisch in der Nase! Setze dich nieder und iss dein Abendbrot." Als er gegessen und getrunken hatte, war er müde, legte der Ellermutter seinen Kopf in den Schoß und sagte, sie sollte ihn ein wenig lausen. Es dauerte nicht lange, so schlummerte er ein, blies und schnarchte. Da fasste die Alte ein goldenes Haar, riss es aus und legte es neben sich. „Autsch!" schrie der Teufel. „Was hast du vor?" „Ich habe einen schweren Traum gehabt", antwortete die Ellermutter, „da habe ich dir in die Haare gefasst." „Was hat dir denn geträumt?", fragte der Teufel.

So ist der Teufel; er ist all das in uns, was neugierig ist auf solche Dinge wie Träume, innere Erfahrungen.

„Mir hat geträumt, ein Marktbrunnen, aus dem sonst Wein quoll, sei versiegt und es habe nicht einmal Wasser daraus quellen wollen; was ist wohl schuld daran?" „He, wenn sie's wüssten!", antwortete der Teufel. „Es sitzt eine Kröte unter einem Stein im Brunnen; wenn sie die töten, so wird der Wein schon wieder fließen."

Das sind lauter Symbole, Dinge, die in uns selbst geschehen. Kennen wir das in uns, was da unter einem schweren Stein sitzt, hast du das schon erlebt? Hast du noch nie Angst gehabt? Die Angst in uns, das ist die Kröte, die unter einem Stein sitzt und unsere Energien blockiert. Diese Kröte müssen wir loswerden, sonst können das Wasser und der Wein nicht fließen, die Freude kann nicht strömen.

Die Ellermutter lauste ihn wieder, bis er einschlief und schnarchte, dass die Fenster zitterten. Da riss sie ihm das zweite Haar aus. „Hu! was machst du?", schrie der Teufel zornig. „Nimm's nicht übel", antwortete sie, „ich habe es im

Traume getan." „Was hat dir wieder geträumt?", fragte er. „Mir hat geträumt, in einem Königreiche ständ ein Obstbaum, der hätte sonst goldene Äpfel getragen und wollte jetzt nicht einmal Laub treiben. Was war wohl die Ursache davon?" – „He, wenn sie's wüssten!", antwortete der Teufel. „An der Wurzel nagt eine Maus: wenn sie die töten, so wird er schon wieder goldene Äpfel tragen, nagt sie aber noch länger, so verdorrt der Baum gänzlich."

Ist dir das auch schon einmal passiert? Du wachst nachts auf, so um drei Uhr morgens, und fühlst plötzlich, wie innen an deiner Wurzel eine Maus nagt, und du kannst nicht wieder einschlafen. Wenn du Sorgen hast und Kummer, oder auch nur so ein ungutes Gefühl, vage Befürchtungen, dann ist das die Maus, die an deiner Wurzel nagt. Manchmal spürt man sie auch als Eifersucht oder Neid oder Besitzsucht. Und solange du erlaubst, dass sie da nagt, können natürlich oben keine goldenen Äpfel wachsen. Die Maus muss weg.

„Aber lass mich mit deinen Träumen in Ruhe; wenn du mich noch einmal im Schlafe störst, so kriegst du eine Ohrfeige." Die Ellermutter sprach ihm gut zu und lauste ihn wieder, bis er eingeschlafen war und schnarchte. Da fasste sie das dritte goldene Haar und riss es ihm aus. Der Teufel fuhr in die Höhe, schrie und wollte übel mit ihr wirtschaften, aber sie besänftigte ihn nochmals und sprach: „Wer kann für böse Träume!" – „Was hat dir denn geträumt?" fragte er und war doch neugierig. „Mir hat von einem Fährmann geträumt, der sich beklagte, dass er immer hin- und herfahren müsste und nicht abgelöst würde. Was ist wohl Schuld?" – „He, der Dummbart!" antwortete der Teufel. „Wenn einer kommt und will überfahren, so muss er ihm die Stange in die Hand geben, dann muss der andere überfahren, und er ist frei."

Der Fährmann [8] ist ein Symbol für den Lenker des Seelenschiffs in uns. Wir müssen von der Geburt zum Tod, vom Tod zur Geburt immer hin- und herfahren. Wir fahren aber auch jede Nacht in andere Bewusstseinszustände, in unser Traum- und Tiefschlafbewusstsein. Wenn du den in dir findest, der immer auf die andere Seite will, der, wenn es Morgen ist, schon den Abend herbeiwünscht, und am Abend ungeduldig schon den nächsten Morgen herbeisehnt, dann gibst du ihm schnell die Stange in die Hand, und du brauchst nicht mehr zu fahren. Das bedeutet, dass du dich nicht identifizieren darfst mit dem in dir, der immer hin- und herfährt, der getrieben und ruhelos von einem Ereignis zum anderen, von einem Seelenzustand zum andern wechseln will. Das ist eine Befreiungsübung. Du stehst darüber, du stehst über den treibenden Kräften, über dem Wandel, über den stets sich ändernden Zuständen deines Bewusstseins. Du bist zum unbewegten inneren Zeugen geworden.

> Da die Ellermutter ihm die drei goldenen Haare ausgerissen hatte und die drei Fragen beantwortet waren, so ließ sie den alten Drachen in Ruhe, und er schlief, bis der Tag anbrach.
> Als der Teufel wieder fortgezogen war, holte die Alte die Ameise aus der Rockfalte und gab dem Glückskind die menschliche Gestalt zurück. „Da hast du die drei goldenen Haare", sprach sie, „was der Teufel zu deinen drei Fragen gesagt hat, wirst du wohl gehört haben." – „Ja", antwortete er, „ich habe es gehört und will's wohl behalten."

So etwas darf man nicht vergessen, das ist sehr wichtig, wichtiger als all das, was man in der Schule lernt.

> „So ist dir geholfen", sagte sie, „und nun kannst du deiner Wege ziehen." Er bedankte sich bei der Alten für die Hilfe in der Not, verließ die Hölle und war vergnügt, dass ihm alles so wohl geglückt war.
> Als er zu dem Fährmann kam, sollte er ihm die versprochene Antwort geben. „Fahr mich erst hinüber", sprach das Glückskind, „so will ich dir sagen, wie du erlöst wirst." Und als er auf dem jenseitigen Ufer angelangt war, gab er ihm des Teufels Rat: „Wenn wieder einer kommt und will übergefahren sein, so gib ihm nur die Stange in die Hand." Er ging weiter und kam zu der Stadt, worin der unfruchtbare Baum stand und wo der Wächter auch Antwort haben wollte. Da sagte er ihm, wie er vom Teufel gehört hatte: „Tötet die Maus, die an seiner Wurzel nagt, so wird er wieder goldene Äpfel tragen." Da dankte ihm der Wächter und gab ihm zur Belohnung zwei mit Gold beladene Esel, die mussten ihm nachfolgen. Zuletzt kam er zu der Stadt, deren Brunnen versiegt war. Da sprach er zu dem Wächter, wie der

Teufel gesprochen hatte: „Es sitzt eine Kröte im Brunnen unter einem Stein, die müsst ihr aufsuchen und töten, so wird er wieder reichlich Wein geben." Der Wächter dankte und gab ihm ebenfalls zwei mit Gold beladene Esel.

Endlich langte das Glückskind daheim bei seiner Frau an, die sich herzlich freute, als sie ihn wiedersah und hörte, wie wohl ihm alles gelungen war. Dem König brachte er, was er verlangt hatte, die drei goldenen Haare des Teufels, und als dieser die vier Esel mit dem Golde sah, ward er ganz vergnügt und sprach: „Nun sind alle Bedingungen erfüllt und du kannst meine Tochter behalten."

„Aber lieber Schwiegersohn, sage mir doch, woher ist das viele Gold? Das sind ja gewaltige Schätze!" – „Ich bin über einen Fluss gefahren", antwortete er, „und da habe ich es mitgenommen, es liegt dort statt des Sandes am Ufer." – „Kann ich mir auch davon holen?", sprach der König und war ganz begierig. „Soviel ihr nur wollt", antwortete er, „es ist ein Fährmann auf dem Fluss, von dem lasst euch überfahren, so könnt ihr drüben eure Säcke füllen." Der habsüchtige König machte sich in aller Eile auf den Weg, und als er zu dem Fluss kam, so winkte er dem Fährmann, der sollte ihn übersetzen. Der Fährmann kam und hieß ihn einsteigen, und als sie an das jenseitige Ufer kamen, gab er ihm die Ruderstange in die Hand und sprang davon. Der König aber musste von nun an fahren zur Strafe für seine Sünden.

„Fährt er wohl noch?" – „Was denn? Es wird ihm niemand die Stange abgenommen haben."

## Warum ist das nun ein falscher König?

Niemand gehorcht ihm, er behauptet nur immer, er sei der König. Das Ego in uns gibt immer vor, der König zu sein, es will alles beherrschen und dirigieren. Aber in Wirklichkeit kann es das nicht. Es gibt viele andere Kräfte und Energien in uns, es gibt viele verschiedene ‚Ichs' in uns. Das Ego tut aber so, als ob es das einzige ‚Ich' in uns wäre. In Wirklichkeit sind wir aber eine Vielheit – und das wollen die Märchen uns zeigen. Alle Figuren sind Kräfte in uns. Der wahre innere König in uns ist das Glückskind mit seiner Glückshaut. Und der falsche König, das Ego, muss dienen, es muss jetzt die Arbeit verrichten. Das Wissen des wahren Königs ist die Intuition, die ‚goldenen Haare'.

Haare sind *über* dem Kopf, die Intuition ist *über* dem logischen Denken.

*Die Frage stellt sich: Woher kommt dieses Märchen?*

Es enthält Symbole, die man bis in das alte Ägypten zurückverfolgen kann, die vielleicht bis in prähistorische Zeit zurückgehen.

*Konnten die alten Weisen aus der goldenen Zeit Dinge ‚sehen‘, die wir nicht mehr zu sehen vermögen?*

Die Wurzel des Wortes Wissen ist *vid* – (von *videre)*, was ‚sehen‘ heißt. Nur was wir sehen, können wir wirklich verstehen. In der heutigen Erziehung werden den Kindern Tausende von Worten gegeben, Namen, Etiketten, Begriffe, hinter denen sie nichts sehen können, und so ist schließlich ihr Weltbild bedeutungslos, sinnlos, abstrakt. Sie haben das Gefühl, nichts Wirkliches zu wissen. „Habe nun, ach ...durchaus studiert, mit heißem Bemühn ... und sehe, dass wir nichts wissen können!“ So drückt es Goethe im Faust aus. [9]

Das Glückskind jedoch äußert: „Ich weiß alles“, „das sollt ihr erfahren“, „wartet nur, bis ich wiederkomme“.

Wie ganz anders klingt diese sogenannte Märchenbotschaft, in der sich eine tiefe Psychologie kundtut: Durch Intuition, durch Traumwissen, durch inneres Wissen [10] kann das Glückskind – wir – die Rätsel und Probleme des eigenen Seins lösen und wahrer König im Königreich werden.

# Anmerkungen

### [1] Fünf Koshas

Die indische Psychologie kennt 5 Körper-Hüllen, die sogenannten Koshas:
anna-maya-kosha, der physische Körper
prana-maya-kosha, der vitale Energie-Körper
mana-maya-kosha, der mentale Körper
vijnana-maya-kosha, der Körper der Intuition und Erleuchtung
ananda-maya-kosha, der Körper der Glückseligkeit

### [2] ägyptische Hieroglyphe Mu = Wasser, Mutter, Tod

Wasser, mit einer Wellenbewegung gemalt, ist nach den Angaben der Zeichen-liste von Gardiner die Hieroglyphe N 35, Phon: N; Wasser mit drei Wellen-bewegungen gemalt ist die Hieroglyphe N 35a, Phon: Mw (Mu oder Mo oder Ma, wie die Vokale ausgesprochen wurden, wissen wir ja nicht). In unseren Buchstaben N und M ist die Wellenbewegung / das Wasser / das vibrierende Element immer noch bildlich zu sehen.

### [3] altägyptischer Segensspruch

„Mögest du die Gewässer der Unendlichkeit durchqueren, ohne dich zu be-netzen".

Dieser ägyptische Spruch ist psychologisch zu verstehen: Unsere Wesensteile, unsere verschiedenen Seelenkräfte sollen sich nicht auflösen in den ‚Gewäs-sern‘ des Todes, sondern wie in einem großen Schiff (ein Bild für Selbstge-wahrsein, Bewusstsein) beieinander bleiben.

Auch Gilgamesch wurde angewiesen, sich ein Schiff zu bauen, um damit über die Wasser zu fahren. (Siehe auch Anmerkung 7, S. 146)

### [4] Rad

Es ist ein Symbol für den Kreislauf der Zeit, den Kreislauf des Lebens (San-skrit *Bhava-cakra*; tibetisch: *srid pa'i 'khor lo*) und für den Wechsel ver-schiedener Bewusstseinszustände in uns. Auf buddhistischen Meditations-bildern wird dieses Rad von einem großen Wesen, Yama (Herr des Todes), umklammert: Damit soll die Zeit mit ihrem zugleich verschlingenden und ewigen Aspekt symbolisiert werden. Im Radinnern zeigen verschiedene Bilder psychologische Seins-Zustände, eine Darstellung der Kette des bedingten Entstehens, die – nach buddhistischer Auffassung – den Kreislauf der ewigen Wiedergeburt zur Folge hat. Buddha, so wird überliefert, soll kurz vor seiner Erleuchtung diesen ewigen Kreislauf des Lebens und den Weg der Befreiung daraus erkannt haben.

[5] **Ägypter Evangelium**
Siehe Edgar Hennecke, *Neutestamentliche Apokryphen, Wilhelm Schneemelcher, 1. Band Evangelien*, Seite 109.

[6] **Der Name Mose**s
kommt von der ägyptischen Wortwurzel *mśj* = gebären. Dieser Name wurde für die Pharaonen oft mit einem Gottesnamen, z.B. Ra/Re (das Licht) oder Toth oder Amon verbunden. In ägyptischen Inschriften findet man sie auch ohne die Ergänzung mit dem Gottesnamen geschrieben, also einfach: Moses (*Mś-św / Mś*).

[7] **das Übermentale**
Siehe *Allgemeine Anmerkungen* S. 212.

[8] **Bereits im Gilgamesch-Epos** soll der Fährmann Ur-sanabi Gilgamesch über das Wasser des Todes zur Insel der Seligen fahren. Die alten Griechen haben ihren Verstorbenen einen Obolus in den Mund gelegt, damit diese vom Fährmann gut hinüber gefahren würden.

[9] **Das vollständige Goethezitat aus dem Faust I lautet:**
„Habe nun, ach! Philosophie,
Juristerei und Medizin,
Und leider auch Theologie
Durchaus studiert, mit heißem Bemühn.
Da steh ich nun, ich armer Tor!
Und bin so klug als wie zuvor;
Heiße Magister, heiße Doktor gar,
Und ziehe schon an die zehen Jahr

Herauf, herab und quer und krumm
Meine Schüler an der Nase herum –
Und sehe, dass wir nichts wissen können!
Das will mir schier das Herz verbrennen."

**[10] Intuition, Traumwissen, inneres Wissen**

Auf prähistorischen Felszeichnungen (das Bild unten links zeigt eine Felszeichnung in Australien) werden vor allem die *Augen* und die *Haare* hervorgehoben, Symbole für inneres Sehen, intuitives Wissen. Auch das chinesische Symbol Tao (Bild unten Mitte) zeigt als uraltes Symbolbild: rechts ein Gesicht mit drei aufgerichteten Haaren (ursprünglich wohl eine Muttergöttin), links einen Fuss, darüber Fußspuren. Symbolisch kann man es so verstehen: Mit Hilfe der Intuition, der Inspiration (den drei Haaren) die Spuren des eigenen Weges finden und gehen, d.h. sein inneres Programm (das, was die Inder Sva-Dharma nennen) finden und erfüllen. Später traten anstelle der ‚goldenen Haare' Kronen (siehe das griechische Bild unten rechts). Im alten Ägypten nahmen die Kronen vielerlei Gestalt an. Sie symbolisieren verschiedene seelische Qualitäten, ‚über-mentale' Fähigkeiten, die auch in jedem von uns schlummern, und die es zu entwickeln gilt.

Steinzeitbild        Tao        Sonnengott Helios

# Die goldene Gans
ein Initiationsmärchen

‚Initiation' und der ‚Initiierte' sind in Europa wieder wichtige Worte geworden. Wir hören gelegentlich: ‚Das ist ein Initiierter'. Und es gibt sogar Leute, die von sich sagen: ‚Ich bin initiiert'.

Als Europäer erkennen wir vielleicht am besten bei den Naturvölkern, was Initiation ist. Bei den Indianern Nordamerikas wurden der Junge oder das Mädchen im Alter von 12, 13 oder 14 Jahren hinausgeführt in die Prärie, weit weg vom Dorf, zu besonderen Initiationsstätten. Das waren Plätze, wo die Häuptlinge, die großen Medizinmänner und Priester der Vergangenheit beerdigt lagen. In der germanischen Vorzeit waren es die sogenannten Hünengräber, die künstlichen Hügel, in die man hineingeführt wurde. Initiation heißt hineingehen – in die Tiefe seines eigenen Wesens gehen.

Der junge Mensch, der bis dahin immer in der Familie gelebt hat, der sozusagen nie allein war, immer umgeben von seiner großen Sippe, wird jetzt in die Einsamkeit geführt. Zum ersten Mal ist er ganz allein, nur umgeben von seinen Vorfahren, den großen Vätern und Müttern der Vergangenheit. Hier in dieser Einsamkeit muss er nun bleiben, ohne zu essen, und in den ersten Nächten natürlich auch ohne zu schlafen, denn wenn man zum ersten Mal plötzlich ganz alleine ist und all die mysteriösen Geräusche des nächtlichen Waldes oder der Prärie um sich hört, von denen man vielleicht nur unheimliche Geschichten kennt, fordert das zu einer ganz besonderen Wachsamkeit auf. Der junge Mensch sitzt jetzt da, und zum ersten Mal in seinem Leben wird das Hören zu einem Lauschen, zu einer Wachsamkeit, die sozusagen an einer inneren Schwelle stattfindet. Einerseits hat er das Bedürfnis, in den Schlaf zu fallen, andererseits haben ihn die Geräusche ängstlich gemacht. Er kämpft also gegen den Schlaf, und selbst wenn er einen Augenblick einnickt, wacht er bei dem nächsten kleinen Geräusch wieder auf. Er befindet sich in einem ganz besonderen seelischen Zustand, den er bis jetzt nicht gekannt hat: demjenigen der Wachsamkeit. In der Nacht, auf der Schwelle zum Schlaf, kann man Wachsamkeit üben. Dann, nach zwei, drei, vier oder fünf Tagen hat er vielleicht sein großes Erlebnis, auf das er gewartet hat. Er wurde hierher geschickt, um seinen eigenen Namen und seine eigene Mission auf dieser Erde zu finden, oder wie seine Onkel und Tanten es ausdrückten: er muss sich selbst finden. Bis jetzt hat er immer nur an der Oberfläche seines Seins gelebt, hat auf die Gespräche der Menschen um ihn herum gehört, und nun kommt er in eine Situation, wo diese menschliche Kommunikation aufgehört hat. Jetzt kommuniziert er mit der Natur. Es gehört also zur Initiation, einsam zu sein – nicht mehr nur an der Oberfläche des Wesens zu funktionieren.

So kann es also sein, dass er plötzlich ein wunderbares Erlebnis hat. Das kann auch eine besondere Traumerfahrung sein: Er begegnet seinem Totemtier, er begegnet seinen Vorfahren, er fährt hinauf in den Himmel zu den großen Müttern... Alles was er jetzt sieht und erlebt, gräbt sich in sein Herz ein.

Wenn der junge Mensch wieder zu seinem Stamm zurückkehrt und von seinen Erlebnissen erzählt, wenn er von Wesen, Bildern und Träumen berichtet, denen er begegnet ist, so helfen ihm die Medizinmänner oder Priester des Stammes, diese Erlebnisse zu deuten und lassen ihn erkennen, dass dieses oder jenes Totemtier von jetzt an sein neuer Name ist. Dieses Tier, dem er begegnet ist, entspricht einer Seelenkraft in ihm, ist sein Schutzengel, der Verbündete, den er rufen kann, wenn er in Schwierigkeiten ist.

Bei den Polynesiern traf ich einmal den Tahua von Rimatara, den Dorfzauberer, auf einer ganz einsamen Insel im Süden Polynesiens. Als ich ihn fragte, ob er keine Schüler als zukünftige Dorfzauberer ausbilde, antwortete er: „Ich habe das oft versucht, aber ich habe keinen gefunden, der Mut genug hat, auf ein *Marae* (Ahnenplatz) zu gehen und dort die ganze Nacht zu sitzen."

Dieses Sitzen auf einem einsamen Platz gehört zur Initiation. Unser aberglubisches Wesen ängstigt sich an dem Platz der Toten, dem Ort, wo Menschen vielleicht geopfert wurden. Und wer zum ersten Mal alleine in der Nacht an solch einem Platz weilt, der kann nicht einschlafen; ständig sind da Geräusche, und ständig reagiert sein Körper, er hat Angst, die Haare sträuben sich, und er läuft weg, nach Hause.

In Europa, zur Ritterzeit, musste ein Junge, der am nächsten Morgen zum Ritter geschlagen werden wollte, die ganze Nacht alleine in der Schlosskapelle verbringen. Rings um ihn herum lagen die Toten seiner Familie, und er saß zum ersten Mal in seinem Leben nachts allein, und vor ihm lagen das Schwert und die Rüstung, die ihm verliehen werden sollten. Solche Wege, die zur Initiation hinführen sollen, gibt es bei uns nicht mehr.

Was machte der ,Rattenfänger von Hameln' [1] mit den Kindern? Er führte sie in den Berg, in das Innere, zur Mutter Erde, in die Höhle.

Die Höhlen der Steinzeit mit ihren wunderbaren Malereien, die dreißig tausend Jahre alt sind, waren Initiationsstätten. Rund um solch eine Höhle herum wohnte der Stamm, dem sie gehörte, verteilt auf einem ausgedehnten Gebiet von Hunderten von Kilometern. Die Toten wurden in der Höhle beerdigt, und die Jungen und Mädchen wurden wohl zu ihrer Initiation dorthin geschickt. Sie mussten dem Tod begegnen, der eigenen Tiefe, lernten, wachsam in die Traumwelt hineinzugehen.
Bei dem Initiierten ist die Welt, ist Leben und Tod, wieder eins geworden, während bei uns alles getrennt ist.

Im alten Ägypten schreibt man ,Initiation' mit drei Hieroglyphenzeichen: einem Fuß (ein Symbol für Seele), einem über den Arm gelegten Kleidungsstück (ein Symbol für Aktivität) und einem Fisch mit Beinen (ein Symbol für unsere Wellennatur). Initiation bedeutet: aktiv ins Wellenreich, ins Reich der Vibrationen hineinzugehen, um sich der Schwingungen, der verschiedenen Seelenkräfte, bewusst

zu werden. Wir sind ja nicht nur Korpuskel, sondern eben auch Welle, wie uns die Quantenphysik lehrt.

Initiationsgeschichten gibt es noch heute in Europa, aber wir erkennen sie oft nicht. „Das ist ein Märchen, eine komische Geschichte", urteilen wir schnell, weil wir die alte Symbol- und Bildersprache nicht mehr verstehen. Trotzdem haben sich die Symbole, die aus der fernen Steinzeit zu uns gekommen sind, bis in unsere Zeit erhalten. So gibt es das Märchen von der goldenen Gans.

Die Gans ist ein altes Symbol für Seele, für seelische Wahrheit. Und es wird uns hier erzählt, wie wir diese finden können.

> Es war ein Mann, der hatte drei Söhne, davon hieß der jüngste der Dummling und wurde verachtet und verspottet und bei jeder Gelegenheit zurückgesetzt.

Eine ganze Reihe von Märchen spricht von dem Mann oder dem König, der drei Söhne hat. Diese drei Söhne symbolisieren drei Aspekte unseres Seins: unser mentales Wesen, unser vitales Wesen und unseren Körper. Es sind aber auch drei Typen von Menschen: der erste ist der mentale, denkende Typ, der zweite ist der vitale, immer auf seinen Vorteil bedachte Typ (z.B. der Handelsmann oder Krieger), und der dritte ist sozusagen der Mensch, der ganz auf seinen Körper eingestellt ist. Die zwei ersten halten sich für sehr gescheit und lebenstüchtig, der dritte wird nur verächtlich ‚Dummling' genannt. Wenn jener auszieht, lachen die beiden anderen und trauen ihm nichts zu, jedoch ist er es, der die goldene Gans findet und schließlich das Reich erobert und sich mit seiner Braut, der Prinzessin – auch ein Symbol für Seele – vermählen kann.

Der Körper ist mit allem Seelischen viel näher verbunden als das Vitale oder das Mentale. Uns Europäer wird das vielleicht wundern, weil wir glauben, dass Spiritualität vor allem mit unseren mentalen Fähigkeiten zusammenhängt. Doch Spiritualität ist das Erlebnis der Ganzheit, und dazu gehört auch, mit dem Körper eins zu sein.

*Wenn ich mich so sehr mit meinem Körper identifiziere, sinke ich dann nicht wieder auf eine tiefere Ebene herab?*

Im europäischen Mittelalter wurde spirituelle Bemühung mit harter körperlicher Askese gleichgesetzt. Der Körper war die Sünde: „Der Geist ist willig, das Fleisch aber ist schwach" hieß es. Doch bei genauer Betrachtung verhält es sich genau umgekehrt: nichts ist so willig wie der Körper. Alles, was wir von ihm verlangen, tut er sofort für uns. Es ist ein großer Fehler, dass wir die Verbindung mit unserem Körper weitgehend verloren haben. Wir wissen nicht, was in ihm vor sich geht; wir leben in unserer mentalen Welt der Einbildungen und Vorstellungen. Das Mentale liebt es, Weisheit in Form abstrakter Begriffe und Theorien zu lesen, zu diskutieren; aber dadurch finden wir die ‚goldene Gans' nicht. Die eigentliche Askese (dieses griechische Wort heißt ja einfach ‚Übung') richtet sich an das Mentale und nicht an den Körper. Auf der Suche nach der inneren Wahrheit füttert man das Mentale nicht immerfort mit dicken Büchern, sondern sagt ihm: „Jetzt sei mal ganz still und sieh dir das Licht an", und nicht: „Lies noch schnell das neue Weisheitsbuch, das eben herausgekommen ist."

In unseren Schulen wird Gehirntätigkeit trainiert. Aber dieses mentale, rationale, dualistische, abstrakte Denken, das sozusagen auf die Gehirnsynapsen konzentriert ist, ist in Wirklichkeit ein oberflächliches Denken, ein Denken, das von oberflächlichen Fragestellungen ernährt wird. Das Tiefendenken, das subliminale Denken, das unterbewusste Denken dagegen geschieht mit dem Körper, mit den Körperzellen: hier ist es der ganze Mensch, der ‚denkt'. Körperzellen sind viel enger verbunden mit dem Seelischen (dem ‚psychic being', wie es Sri Aurobindo nennt) als das Mentale. Das Mentale ist ein Umweg. Dieser Umweg hat wahrscheinlich seine Berechtigung, doch werden wir diese wohl erst entdecken, wenn sich das Mentale wieder mit unseren anderen Bewusstseinsebenen verbunden hat – mit dem Physischen und dem Vitalen, wie auch mit dem ‚Übermental' und ‚Supramental' (wie Sri Aurobindo diese hohen Bewusstseinsebenen nennt) –, wenn es sich als ein Instrument in diese große Gemeinsamkeit, die wir sind, integriert und sich nicht mehr als

Allein-Herrscher (und Tyrann) aufspielt. Vorläufig ist das Mentale der Sünder, der sich ‚abgesondert' hat. Es ist unser mentales Ego, das sagt: „Ich bin von allem getrennt", nicht der Körper.

Das Initiationserlebnis geht immer über den Körper. Die Haare stehen dir zu Berge, du bekommst Gänsehaut, weil du dich plötzlich in einer Atmosphäre befindest, die heilig (heil, heilsam), lebendig ist. Deshalb sind vielleicht auch die ‚Initiations'-Übungen im Yoga zunächst ganz auf den Körper ausgerichtet: die Pranayamas (Atemübungen), die Asanas (Körperstellungen) usw., die natürlich eine seelische Wirkung haben. Das erste, was sich bei solchen Übungen bemerkbar macht, ist der Unwille des Vitalen und des Mentalen, ruhig und inaktiv zu sein: Die Gedanken kommen und gehen, man möchte Dinge erledigen, sich bewegen, man verliert sich wieder in Gedanken, die Haut juckt... usw.

Wir müssen wieder lernen, mit unserem Körper eins zu sein, auf ihn zu hören, ihn als ein wertvolles Instrument – und nicht als einen Dummling – zu erkennen.

*Ja, wenn wir auf ihn hören, kann er uns viele wichtige Botschaften geben. Das Märchen erzählt uns nun zuerst, wie es dem ältesten Sohn erging.*

Es geschah, dass der Älteste in den Wald gehen wollte, Holz hauen …

Holzhauen ist ein germanisches Symbol. Viele Märchen fangen so an: „Es war einmal ein armer Holzhacker...". Was steht hinter diesem Gleichnis, hinter diesem Symbol, wozu braucht man Holz? Das Holz, das hier gehauen wird, ist nicht ein Holz zum Bau von Häusern, sondern ein Holz, das brennen soll: es ist das Feuerholz, der Brennstoff für das heilige Feuer in uns – das Seelenfeuer. Der älteste Sohn geht jetzt in den Wald, in die Einsamkeit; er wird dahin geschickt, um sich initiieren zu lassen. Die alten Germanen gingen nicht in den Wald, um spazieren zu gehen, sondern um dort ihre Götter zu treffen (oder zu jagen).

… Und eh er ging, gab ihm noch seine Mutter einen schönen feinen Eierkuchen und eine Flasche Wein mit, damit er nicht Hunger und Durst litte.

Diese Mutter weiß nicht, dass man bei einer Initiation nichts essen soll.

Als er in den Wald kam, begegnete ihm ein altes graues Männlein. Das
Männlein bot ihm einen guten Tag und sprach: „Gib mir doch ein Stück
Kuchen aus deiner Tasche und lass mich einen Schluck von deinem Wein
trinken, ich bin so hungrig und durstig."

Das ist die erste Begegnung auf dem Weg zur Initiation: Das alte graue
Männlein ist einer seiner Vorfahren. Die Vorfahren spielen in der heutigen Zeit in Europa nur noch eine geringe Rolle, obwohl sie in gewissem
Sinne in jeder unserer Zellen, in den Genen weiterleben. Es ist das, was
man wissenschaftlich DNS-Gedächtnis nennt. Unsere verschiedenen
Zellen haben ein Programm: Herzzellen müssen sich kontrahieren, die
Leberzelle muss ihre Enzyme produzieren, die Gehirnzelle ihre Synap-
sen herstellen … und all diese Programme kommen zu uns, geprägt auch
durch die Erfahrungen unserer Vorfahren.

Was jetzt in uns lebt, ist nicht nur das Einzelwesen, das wir zu sein
glauben, sondern es sind die Vorfahren in jeder unserer Zellen. Diese
Vorfahren sind natürlich auch hungrig und durstig. In alten Zeiten gab es
bestimmte Tage (ähnlich den heutigen Totengedenktagen ‚Allerheiligen'
und ‚Allerseelen'), wo sie eingeladen wurden, symbolisch an Speise und
Trank teilzunehmen.

Vielleicht ist das graue Männlein auch der Meinung, es sei besser, der
Jüngling teile jetzt das Essen, das er irrtümlicherweise mitgenommen
hat, mit ihm, damit die Initiation schneller und besser vor sich gehen
könne. Aber der älteste Sohn hat das nicht verstanden.

Der kluge Sohn aber antwortete: „Geb ich dir meinen Kuchen und meinen
Wein, so habe ich selber nichts."

133

Er versteht nicht, dass er einem Aspekt seiner selbst begegnet, und dass, wenn er den ‚Vorfahren' in seinen Zellen Energie gibt, er sich sozusagen selber ernährt und stärkt. So sagt er denn zu dem grauen Männlein:

„Pack dich deiner Wege!", ließ das Männlein stehen und ging fort.

Damit hat er sich den Weg in die Initiation abgeschnitten: das heilige Brennholz konnte er auf diese Weise nicht bekommen.

Als er nun anfing, einen Baum zu behauen, dauerte es nicht lange, so hieb er fehl, und die Axt fuhr ihm in den Arm, dass er musste heimgehen und sich verbinden lassen. Das war aber von dem grauen Männchen gekommen.

Also eine verfehlte Initiation.

Darauf ging der zweite Sohn in den Wald, und die Mutter gab ihm, wie dem ältesten, einen Eierkuchen und eine Flasche Wein. Dem begegnete gleichfalls das alte graue Männchen und hielt um ein Stückchen Kuchen und einen Trunk Wein an. Aber der zweite Sohn sprach ganz verständig: „Was ich dir gebe, das geht mir selber ab, pack dich deiner Wege!", ließ das Männlein stehen und ging fort. Die Strafe blieb nicht aus; als er ein paar Hiebe am Baum getan, hieb er sich ins Bein, dass er musste nach Hause getragen werden.

Wieder eine verfehlte Initiation. Jetzt kommt der Dummling an die Reihe. Er steht in enger Verbindung mit seinem Körper, mit den Zellen und dem Wissen seines Körpers.

Da sagte der Dummling: „Vater, lass mich einmal hinausgehen und Holz hauen." Antwortete der Vater: „Deine Brüder haben sich Schaden dabei getan, lass du davon, du verstehst nichts davon." Der Dummling aber bat so lange, bis er endlich sagte: „Geh nur hin, durch Schaden wirst du klug werden." Die Mutter gab ihm einen Kuchen, der war mit Wasser in der Asche gebacken, und dazu eine Flasche saures Bier. Als er in den Wald kam, begegnete ihm gleichfalls das alte graue Männchen, der grüßte ihn und sprach: „Gib mir ein Stück von deinem Kuchen und einen Trunk aus deiner Flasche, ich bin so hungrig und durstig." Antwortete der Dummling: „Ich habe aber nur Aschenkuchen und saures Bier; wenn dir das recht ist, so wollen wir uns setzen und essen." Da setzten sie sich, und als der Dummling seinen Aschenkuchen herausholte, so war's ein feiner Eierkuchen, und das saure Bier war ein guter Wein. Nun aßen und tranken sie, und danach sprach das Männlein: „Weil du ein gutes Herz hast und von dem deinigen gerne austeilst, so will ich dir Glück bescheren. Dort steht ein alter Baum, den hau ab, so wirst du in den Wurzeln etwas finden." Darauf nahm das Männlein Abschied.

Also ein schöner Anfang in die Initiation: „Weil du ein gutes Herz hast" – bei den Naturvölkern denkt man mit dem Herzen – „und weil du das deinige gern teilst" – bei den sogenannten Primitiven war das Ego (und damit verbunden der Besitzsinn) nicht so ausgeprägt und im Vordergrund wie bei uns ‚Kultur'-Menschen. Die Initiation geschah da leichter.

Der Dummling ging hin und hieb den Baum um, und wie er fiel, saß in den Wurzeln eine Gans, die hatte Federn von reinem Gold.

Tief in den Wurzeln seines Bewusstseins findet er eine goldene Gans [2] – ein Symbol für Seele. Tief in den Geheimnissen seines Seins erlebt er also etwas ganz Besonderes, Kostbares – erfährt eine ‚Initiation': er begegnet seiner seelischen Wahrheit.

*Bei uns wird Gans eher als Schimpfwort gebraucht: „Du dumme Gans", obwohl Wissenschaftler festgestellt haben, dass die Gans über eine ausgeprägte soziale Intelligenz verfügt, so wie wir sie von uns Menschen kennen. Wie aber kommt es dazu, dass dieses Tier in früherer Zeit ein Symbol der Seele darstellte?*

Im alten Ägypten waren nach der jährlichen Nilflut die wassergetränkten Felder voll von Gänsen und Enten. Diese in Federn von strahlendem Weiß oder schillernden Farben gekleideten Tiere wurden bewundert, weil sie sowohl dem Wasser-, dem Luft- und dem Erd-Element angehörten. Gänse, Enten, Ibisse, Störche, Schwäne … sie alle leben in einem materiellen

Körper und bleiben doch in steter Verbindung zum Wellenreich. Deshalb wurden sie als ‚Seelenvögel' verehrt; als ein Bild für das in uns, was in einem Erdenkörper herumspaziert und doch zur vibratorischen Welt gehört. Selbst die ‚Erde' – GEB [3] genannt – wurde im alten Ägypten

hie und da als Gans (Entenvogel) dargestellt und ‚Herr der Schlangen' (Herr der vibratorischen Kräfte) genannt. „Komm herein und geh hinaus" heißt eine mit einer Gans dargestellte Hieroglyphe, was sagen will: „Komm, Seele, in den Erdenkörper herein und geh wieder aus ihm heraus."

So erstaunt es auch nicht, dass der Name des Pharaos, ‚Sohn des RE' (Sohn des Lichts, des Bewusstseins) – es war jeweils einer seiner fünf Namen der Königstitulatur – mit einer Gans und dem RE-Symbol dargestellt wurde.

Auch in Indien wird die Seele als Gans, als ‚Hamsa' [4] symbolisiert. Paramahamsa – ein Name Vivekanandas – bedeutet, dass unsere Seele wie eine Wildgans über die höchsten Berge hinwegfliegen kann. Hamsa heißt auch: ‚Ich bin' oder ‚Ich bin das'. Damit wird die Identifikation mit dem höchsten Bewusstsein ausgedrückt, einem Bewusstsein, das alles als sich selbst sieht, das realisiert: „Ja, auch das bin ich." [5]

*Es ist interessant, dass Hausgänse das Fliegen verlernen. Wenn man sie aussetzt und sie verwildern lässt, lernen sie wieder fliegen.*

Auch wir sind ‚Hausgänse', die durch die Gewöhnung an das ‚Haus' – unsere Gesellschaft, unsere Normen, unsere Bildungsinstitutionen, unser veräußerlichtes Großstadtleben – das Fliegen verlernt haben oder es gar nie lernen konnten. Die große Wandergans aber ist die befreite Seele. Sie kann über die höchsten Berge, über unsere mentalen Gedankenkonstruktionen, ja über alle Hindernisse und Schwierigkeiten, hinwegfliegen. Die Gans ist ja auch der Vogel Brahmas – ein Bild für die Seligkeit. Wahrheit und Seligkeit gehören zusammen.

*Von der Gans hier im Märchen wird erzählt, dass sie goldene Federn hat.*

Gold, so wie auch die Feder, sind Symbole für Wahrheit, für Gnosis: Wenn wir von Wahrheit erfüllt sind, fühlen wir uns leicht, weit, als ob wir fliegen könnten. Sie nimmt uns unsere Schwere. Wer fühlt sich denn schwer in uns? Es ist das Ego, das sich von allem getrennt sieht und sich immer furchtbar ernst nimmt! Deshalb muss man immer wieder üben, das Herz nicht schwer werden zu lassen – z.B. durch Selbstvorwürfe, Selbsturteile, Komplexe, mentale Konstruktionen, gesellschaftliche Konventionen etc. Jesus sagt über die Wahrheit etwas Schönes: „Die Wahrheit wird euch *frei* machen." Ein leichtes, freies Herz ist nicht gebunden an Wünsche, Begierden, Vorstellungen, Egoformationen. Es ist ‚frei' von all dem – einzig erfüllt von Wahrheit.

Federn gehen über die Haut hinaus, sie sind deine Antennen in das Weltall hinein: Goldene Federn sind ein Symbol für das, was Wahrheit und Seligkeit empfängt (genauso wie das goldene Vlies, das nur ein anderes, ein griechisches Bild ist, welches aber das gleiche ausdrückt). [6]

*Erstaunlich, welch eine Symbolfülle im Bild der goldenen Gans steckt.*

Ja, der Dummling hat in den Wurzeln seines Seins etwas ganz Wunderbares erlebt, und das möchte er nun mitnehmen.

> Er hob sie heraus, nahm sie mit sich und ging in ein Wirtshaus, da wollte er übernachten.

Nun kehrt er zurück zu den Menschen, zurück in den Alltag – in das, was wir die Noosphäre nennen, die Sphäre des menschlichen Denkens, der Kultur, der Sprache.

> Der Wirt hatte aber drei Töchter, die sahen die Gans, waren neugierig, was das für ein wunderlicher Vogel wäre, und hätten gar gern eine von seinen goldenen Federn gehabt.

137

Die drei Töchter repräsentieren hier sozusagen die gewöhnliche Menschheit, die Nicht-Initiierten, und auch die hätten gerne ein tieferes Erlebnis, hätten gerne eine der goldenen Federn der Gans, eine Feder der Wahrheit. Man kann auch vermuten, dass diese drei Töchter, diese jungen Mädchen, in sich den Wunsch nach einem ‚goldenen' Kind haben. Die goldene Gans, der Seelenvogel, ist bei ihnen nur eine dunkle Ahnung, eine Sehnsucht, und sie glauben, diese Sehnsucht am besten befriedigen zu können, indem sie von ihr ein ‚Kind' bekommen. Das erklärt vielleicht die Szene, die nun folgt.

Die älteste dachte: „Es wird sich schon eine Gelegenheit finden, wo ich mir eine Feder ausziehen kann", und als der Dummling einmal hinausgegangen war, fasste sie die Gans beim Flügel, aber Finger und Hand blieben ihr daran festhängen. Bald danach kam die zweite und hatte keinen anderen Gedanken, als sich eine goldene Feder zu holen: Kaum aber hatte sie ihre Schwester angerührt, so blieb sie festhängen. Endlich kam auch die dritte in gleicher Absicht; da schrien die anderen: „Bleib weg, um Himmelswillen, bleib weg." Aber sie begriff nicht, warum sie wegbleiben sollte, dachte: „Sind die dabei, so kann ich auch dabeisein", und sprang herzu, und wie sie ihre Schwester angerührt hatte, so blieb sie an ihr hängen. So mussten sie die Nacht bei der Gans verbringen. Am anderen Morgen nahm der Dummling die Gans in den Arm, ging fort und bekümmerte sich nicht um die drei Mädchen, die daran hingen. Sie mussten immer hinter ihm drein laufen, links und rechts, wie's ihm in die Beine kam. Mitten auf dem Felde begegnete ihnen der Pfarrer, und als er den Aufzug sah, sprach er: „Schämt euch, ihr garstigen Mädchen, was lauft ihr dem jungen Bursch durchs Feld nach, schickt sich das?" Damit fasste er die jüngste an der Hand und wollte sie zurückziehen; wie er sie aber anrührte, blieb er gleichfalls hängen und musste selber hinterdrein laufen. Nicht lange, so kam der Küster daher und sah den Herrn Pfarrer, der drei Mädchen auf dem Fuße folgte. Da verwunderte er sich und rief: „Ei Herr Pfarrer, wo hinaus so geschwind? Vergesst nicht, dass wir heute noch eine Kindtaufe haben", lief auf ihn zu und fasste ihn am Ärmel, blieb aber auch festhängen. Wie die fünf so hintereinander hertrabten, kamen zwei Bauern mit ihren Hacken vom Feld; da rief der Pfarrer sie an und bat, sie möchten ihn und den Küster losmachen. Kaum aber hatten sie den Küster angerührt, so blieben sie hängen und waren ihrer nun siebene, die dem Dummling mit der Gans nachliefen.

All das sind falsche Wege in die Initiation. Der Initiierte, der sozusagen selbst die Wahrheit (der heilige Seelenvogel) geworden ist, fasziniert die Menschen. Er wirkt anziehend auf andere, doch es genügt nicht, hinter ihm – hinter der goldenen Gans – herzulaufen. Jeder soll sie – die lebende Wahrheit – ja selbst in sich realisieren.

Er kam darauf in eine Stadt, da herrschte ein König, der hatte eine Tochter, die war so ernsthaft, dass sie niemand zum Lachen bringen konnte. Darum hatte er ein Gesetz gegeben, wer sie könnte zum Lachen bringen, der sollte sie heiraten. Der Dummling, als er das hörte, ging mit seiner Gans und ihrem Anhang vor die Königstochter, und als diese die sieben Menschen immer hintereinander herlaufen sah, fing sie überlaut an zu lachen und wollte gar nicht wieder aufhören.

Die Königstochter durchschaut alles. Erkenntnis wirkt befreiend. Wenn uns Ursachen und Zusammenhänge bewusst werden, wenn uns gesellschaftliche Phänomene – wenn wir uns selbst gegenüber – transparent werden, können wir lachen. Aus der ernsten Tochter ist eine wahre Prinzessin geworden.

Da verlangte sie der Dummling zur Braut. Aber dem König gefiel der Schwiegersohn nicht, er machte allerlei Einwendungen und sagte, er müsste ihm erst einen Mann bringen, der einen Keller voll Wein austrinken könnte.

*Einen Keller voll Wein austrinken, was ist das für ein Symbol?*

Ein Symbol für die geheimen Kräfte und Fähigkeiten, die in uns schlummern. Wein wird in uns umgewandelt in Energie. ‚Einen Keller voll Wein austrinken‘ ist ein Bild für eine sehr große Aufnahmefähigkeit von Energien und ihre Umwandlung in Seligkeit – eine Transformationsarbeit.

Der Dummling dachte an das graue Männchen, das könnte ihm wohl helfen, ging hinaus in den Wald, und auf der Stelle, wo er den Baum abgehauen hatte, sah er einen Mann sitzen, der machte ein gar betrübtes Gesicht. Der Dummling fragte, was er sich so zu Herzen nähme. Da antwortete er: „Ich habe so großen Durst und kann ihn nicht löschen; das kalte Wasser vertrage ich nicht, ein Fass Wein habe ich zwar ausgeleert, aber was ist ein Tropfen auf einem heißen Stein?"

Die Weisheit dieser alten Märchen ist immer sehr humorvoll, gar nicht moralisch, oder was der moderne Mensch heilig nennt. Es gehört zu unserem Sein und Werden, im Laufe des Lebens ungeheure Mengen aufzunehmen, zu verdauen, zu transformieren.

„Da kann ich dir helfen", sagte der Dummling, „komm nur mit mir, du sollst satt haben." Er führte ihn darauf in des Königs Keller, und der Mann machte sich über die großen Fässer, trank und trank, dass ihm die Hüften weh taten, und ehe ein Tag herum war, hatte er den ganzen Keller ausgetrunken.

Die Transformationsarbeit geschieht mit unglaublicher Intensität. (‚Ein Tag' kann hier auch die Dauer eines ganzen Lebens symbolisieren).

Der Dummling verlangte abermals seine Braut, der König aber ärgerte sich, dass ein schlechter Bursch, den jedermann einen Dummling nannte, seine Tochter davontragen sollte, und er machte neue Bedingungen: er müsste erst einen Mann schaffen, der einen Berg voll Brot aufessen könnte. Der Dummling besann sich nicht lange, sondern ging gleich hinaus in den Wald.

Er kennt jetzt den Weg, er ist initiiert.

Da saß auf demselben Platz ein Mann, der schnürte sich den Leib mit einem Riemen zusammen, machte ein grämliches Gesicht und sagte: „Ich habe einen ganzen Backofen voll Raspelbrot gegessen, aber was hilft das, wenn man so großen Hunger hat, wie ich: mein Magen bleibt leer, und ich muss mich nur zuschnüren, wenn ich nicht des Hungers sterben soll."

Wieder eine groteske, humorvolle Situation.

Der Dummling war froh darüber und sprach: „Mach dich auf und geh mit mir, du sollst dich satt essen." Er führte ihn an den Hof des Königs, der hatte alles Mehl aus dem ganzen Reich zusammengefahren und einen ungeheuren Berg Brot davon backen lassen: der Mann aber aus dem Walde stellte sich davor, fing an zu essen, und in einem Tag war der ganze Berg verschwunden. Der Dummling forderte zum dritten Mal seine Braut, der König aber suchte noch einmal Ausflucht und verlangte ein Schiff, das zu Land und zu Wasser fahren könnte: „Sowie du aber damit angesegelt kommst", sagte er, „sollst du gleich meine Tochter zur Gemahlin haben."

Nach dem Wein, dem Blut des Gottes Dionysos, und nach dem Brot, dem Leib der Demeter, der Ceres, der großen Mutter, das der Initiierte aufnehmen, absorbieren und transformieren konnte, kommt jetzt ein neues Symbol: ‚ein Schiff, das zu Lande und zu Wasser fahren kann'. Dieses Schiff war unseren Vorfahren sehr gut bekannt, es ist das Sonnenschiff. Wenn wir mit einem Reiseführer eine europäische Kirche, Kathedrale oder einen Dom ansehen, ist da plötzlich die Rede von einem Kirchenschiff. Uns wird vielleicht erklärt, dass das so heiße, weil es ungefähr die Form eines Schiffes habe. Aber ein Schiff ist natürlich dazu da, uns die Reise über die Wasser (das Wellenreich) zu ermöglichen.

Im alten Ägypten hieß dieses Schiff: *die Barke Millionen Jahre*. Wenn wir uns fragen, wie wir in der langen Evolutionszeit bis zum Menschen gereist sind, so war das in einem ‚Seelenschiff', einem Traumschiff.

In der alten Steinzeit wurden die Menschen in Fötusstellung beerdigt und bekamen ein aus Holz geschnitztes Schiff neben sich gelegt. So wurde der Tote daran erinnert, dass er jetzt wieder reisen musste. [7] Und es ist noch gar nicht so lange her, da hat man neben der Cheopspyramide in einer Grube ein großes Schiff entdeckt: das ‚Seelenschiff' des Pharao.

Auf dem Papyrus von Khonsu-Renep sehen wir, dass ein Kind in diesem Schiff sitzt (erkennbar an der Jugendlocke, mit welcher der königliche Prinz dargestellt wurde), begleitet von seiner Maat, seiner Wahrheit. Wir fahren also nicht als alter Mann oder alte Frau, sondern wir sitzen als

Kind im Schiff. Seit vielen Millionen Jahren sitzen wir als ‚ewiges Kind‘ in unserem Seelenschiff und fahren von einem Spielplatz zum anderen. Dieses Schiff muss der Initiierte erobern und – mit Hilfe seiner Wahrheit (MAAT, dargestellt mit der Feder auf dem Kopf) – steuern lernen.

Der Dummling ging geradenwegs in den Wald, da saß das alte graue Männchen, dem er seinen Kuchen gegeben hatte, und sagte: „Ich habe für dich getrunken und gegessen, ich will dir auch ein Schiff geben; das alles tu ich, weil du barmherzig gegen mich gewesen bist.“

Der Dummling hat sich zu Beginn seiner Initiation mit dem grauen Männchen (seinen eigenen genetischen ‚Wurzeln‘) identifiziert, mit seinem Hunger und seinem Durst.

Da gab er ihm das Schiff, das zu Land und zu Wasser fuhr, und als der König das sah, konnte er ihm seine Tochter nicht länger vorenthalten. Die Hochzeit ward gefeiert.

Die Vermählung mit der Prinzessin, seiner Ergänzung (seiner Anima), führt zur Fülle und zur Ganzheit des Seins.

*Hochzeit in den Märchen ist also ein Symbol für ein Ganzwerden?*

Ja, der Sucher der Wahrheit wird eins mit seiner ‚Seele‘. Im Thomasevangelium spricht Jesus auch von dieser Realisation, er nennt es das ‚Eingehen ins Brautgemach‘. [8]

*Von der goldenen Gans ist am Schluss nicht mehr die Rede?*

Die Prinzessin ist jetzt an ihre Stelle getreten, sie ist ja auch ein Symbol des Seelischen. Für uns, die wir von der Schule her im ‚Entweder-oder'-Denken (der linken Gehirnhälfte) trainiert wurden, ist es schwierig, diesen Wandel der Symbolbilder zu verstehen. Symbolsprache (die Sprache auch der Mystiker) richtet sich nicht an den Intellekt, sondern an unsere Tiefe, Höhe, Weite, an unsere Ganzheit. Wollen wir Märchen verstehen, müssen wir uns immer wieder in Erinnerung rufen, dass diese nicht von Dingen berichten, sondern von Seelenkräften, von Erfahrungen, inneren Reifeprozessen, Bewusstseinsbewegungen, mystischen Erlebnissen. Dinge kann man klar und eindeutig voneinander unterscheiden, Seelenkräfte jedoch lassen sich nicht scharf abgrenzen, sie fließen ineinander über, gehören alle zur *einen* großen Energie.

> Nach des Königs Tod erbte der Dummling das Reich, und lebte lange Zeit vergnügt mit seiner Gemahlin.

Es ist dasselbe Reich, von dem Jesus spricht. Es ist das Reich des Bewusstseins, das Reich der Einheit, das Reich der Seligkeit.

**Anmerkungen**

[1] Die Geschichte vom *Rattenfänger von Hameln* interpretiert Medhananda in Band II, S. 149.

[2] **zum Symbol Gans**
Siehe auch die Märchen *Hans im Glück* und *Die Gänsemagd*, und auch Medhananda, *Die Königliche Elle*, S. 118, und *Archetypen der Befreiung*, S. 40.

[3] **GEB, die Erde**
Das ägyptische Symbol für die Erde, wurde unter anderem auch mit der Gans und einem Fuß (ägyptisch BA) dargestellt.

[4] **Hamsa**
Das Sanskritwort *Hamsa* bedeutet sowohl Gans als auch Schwan. (Für unsere Vorfahren war es nicht so wichtig, ob es eine Gans, ein Schwan, ein Ibis oder ein Storch war; die genaue, zoologische Unterscheidung kam erst in späterer Zeit.) Sie sahen in diesen großen weißen Vögeln ein Symbol für das in uns, was auch über das Wasser (das Wellenreich) gehen kann, für das, was sich erheben und fliegen kann – ein Bild für das Seelische. Interessanterweise wurden die französischen Märchen unter dem Titel „*Les Contes de ma Mère l'Oie*" herausgegeben. (L'oie = Gans!) Ein Roman von Anatole France trägt den Titel: „*La rôtisserie de la reine Pédauque*". Diese legendäre Königin soll Gänsefüße gehabt haben, was ebenfalls symbolisch zu verstehen ist.

[5] **‚Ich bin das.'**
In Indien wird solch eine kurze, meist nur in drei Worten formulierte Aussage Mahāvākya (großes Wort, großer Ausspruch) genannt.

[6] **die Feder, Symbol der Wahrheit**
Siehe auch Medhananda, *Der Weg des Horus*, S. 103-107, und *Archetypen der Befreiung*, S. 48-51.

### [7] Schiff

Auch im Gilgamesch-Epos aus sumerischer Zeit taucht das Motiv des Schiffes auf, mit dem man über die Wasser des Todes (die Sintflut) fährt – zusammen mit allen Tieren, all dem genetischen Material, all den Seelenkräften, die man nicht verlieren will. Auch in der biblischen Geschichte von Noah finden wir dieses psychologische Lehrbild.

Siehe auch Medhananda, *Archetypen der Befreiung,* S. 150, und *Das altägyptische Senet-Spiel,* S. 277.

### [8] Eingehen ins Brautgemach

„Viele stehen vor der Tür, die Monachoi aber werden eingehen ins Brautgemacht", sagt Jesus im Thomasevangelium, Logion 75. (Das griechische Wort ‚Monachoi' wird im Deutschen oft mit die ‚Einsamen' übersetzt, es bedeutet aber die ‚Einsgewordenen', das heißt; diejenigen, die aus den Vielen, die wir sind, eins geworden sind, die sich – symbolisch gesprochen – zu Einem ‚zusammengebunden' haben. (Vergleiche dazu auch die Erläuterungen von Medhananda im Märchen *Die Bremer Stadtmusikanten.*)

# Der Königssohn, der sich vor nichts fürchtet

Es war einmal ein Königssohn, dem gefiels nicht mehr daheim in seines Vaters Haus, und weil er vor nichts Furcht hatte, so dachte er ‚ich will in die weite Welt gehen, da wird mir Zeit und Weile nicht lang, und ich werde wunderliche Dinge genug sehen.'

In dieser Geschichte kann der Königssohn als unser ‚psychisches Wesen' gesehen werden, das sich auf den Weg zu neuen Erfahrungen macht [1]. Es gefällt ihm nicht mehr in ‚seines Vaters Haus'. Haus ist ein altes Symbol für Bewusstsein, und ‚seines Vaters Haus' deutet auf ein patriarchalisches Bewusstsein hin, in dem es ihm nicht mehr gefällt.

Also nahm er von seinen Eltern Abschied und ging fort, immerzu, von Morgen bis Abend, und es war ihm einerlei, wo hinaus ihn der Weg führte. Es trug sich zu, dass er vor eines Riesen Haus kam, und weil er müde war, setzte er sich vor die Türe und ruhte. Und als er seine Augen so hin- und hergehen ließ, sah er auf dem Hof des Riesen Spielwerk liegen: das waren ein paar mächtige Kugeln und Kegel, so groß als ein Mensch. Über ein Weilchen bekam er Lust, stellte die Kegel auf und schob mit den Kugeln danach, schrie und rief, wenn die Kegel fielen, und war guter Dinge. Der Riese hörte den Lärm, streckte seinen Kopf zum Fenster heraus und erblickte einen Menschen, der nicht größer war als andere, und doch mit seinen Kegeln spielte. ‚Würmchen', rief er, ‚was kegelst du mit meinen Kegeln? Wer hat dir die Stärke dazu gegeben?' Der Königssohn schaute auf, sah den Riesen an und sprach: ‚O du Klotz, du meinst wohl, du hättest allein starke Arme? Ich kann alles, wozu ich Lust habe.'

Auf dem Weg der Bewusstwerdung begegnet der Königssohn einem Riesen. Kennen wir den in uns, der meint, er alleine sei stark und groß und sich wundert, dass außer ihm noch einer Stärke zeigen kann? Dieser Riese ist unser Ego. [2]

Der Riese kam herab, sah dem Kegeln ganz verwundert zu und sprach: ,Menschenkind, wenn du der Art bist, so geh und hol mir einen Apfel vom Baum des Lebens.' ,Was willst du damit?' sprach der Königssohn. ,Ich will den Apfel nicht für mich,' antwortete der Riese, ,aber ich habe eine Braut, die verlangt danach; ich bin weit in der Welt umhergegangen und kann den Baum nicht finden.'

Der Baum des Lebens und seine Äpfel stehen für eine Bewusstseinsebene der Unsterblichkeit und Seligkeit; diese tiefere Seinsebene kann das Ego – obwohl schon weit in der Welt umhergegangen – nicht ,finden', das kann nur das Königskind in uns.

,Ich will ihn schon finden', sagte der Königssohn, ,und ich weiß nicht, was mich abhalten soll, den Apfel herunterzuholen.' Der Riese sprach: ,Du meinst wohl, das wäre so leicht? Der Garten, worin der Baum steht, ist von einem eisernen Gitter umgeben, und vor dem Gitter liegen wilde Tiere, eins neben dem andern, die halten Wache und lassen keinen Menschen hinein.'

Der eiserne Gitterzaun ist ein Sinnbild für unser Trennungsdenken mit seinen Einteilungen, Gesetzen und Doktrinen. Die wilden Tiere sind ein Sinnbild für unsere noch ,ungezähmten' vitalen Kräfte. Beide – eiserne Gitter und wilde Tiere – stehen uns vor der Seligkeit und hindern uns daran, in den inneren Paradiesgarten einzutreten. [3]

,Mich werden sie schon einlassen', sagte der Königssohn. ,Ja, gelangst du auch in den Garten und siehst den Apfel am Baum hängen, so ist er doch noch nicht dein; es hängt ein Ring davor, durch den muss einer die Hand stecken, wenn er den Apfel erreichen und abbrechen will, und das ist noch keinem geglückt.' ,Mir solls schon glücken', sprach der Königssohn.

*Was ist gemeint mit der Hand, die einer durch den Ring strecken muss?*

Hand hängt zusammen mit Handlung, Aktivität. Wir handeln oft routinemäßig, seelenlos, lediglich zukunftsgerichtet oder vergangenheitsbezogen. Die Gegenwart wird dabei außer Acht gelassen. Wer den Apfel, das Symbol der Seligkeit, erlangen will, muss sein Tun, seine Hand durch den Ring strecken; das bedeutet einen Wechsel aus dem einteilenden, geradlinigen Uhrenzeit-Bewusstsein in eine umfassendere, intensivere Seinsweise – in das ewige Jetzt. [4]

*Könnten wir auch sagen, er muss aus der Zeithaftigkeit in die Zeitfreiheit [5] durchstoßen?*

Ja. Wenn wir ganz gegenwärtig sind – verbunden mit unserem immerwährenden Ursprung, unserem göttlichen Zentrum – bekommt die Zeit eine andere Qualität; wir erfahren sie als Dynamik, psychische Energie, Intensität. Mit diesem Bewusstseinswandel kann die Aufgabe gelingen.

*Dann bekommen wohl auch unsere Handlungen eine andere Qualität?*

So ist es. In der chinesischen Weisheit kennt man das Prinzip: *Wu-Wei*, handeln, ohne zu handeln. Man handelt, tut seinen Auftrag in der Welt, doch nicht getrieben durch ein Begehren, ein Verlangen nach Ruhm, Ehre oder Lohn etc. Es ist kein absichtsvolles, ichhaftes Handeln, das schnell leerer Ablauf, seelenlose Routine wird, sondern es geschieht aus einem ichfreien Bewusstsein, das ganz in der Gegenwart, der Unendlichkeit, dem Ursprung verankert ist. Es ist Ruhe in der Bewegung und Bewegung in der Ruhe. Etwas Ähnliches meinte wohl auch Jesus, als er zu den Jüngern sagte: „Wenn man euch fragt: ‚Was ist das Zeichen eures Vater in euch?‘, sagt zu ihnen: ‚da ist eine Bewegung und eine Ruhe.‘" [6]

> Da nahm er Abschied von dem Riesen, ging fort über Berg und Tal, durch Felder und Wälder, bis er endlich den Wundergarten fand. Die Tiere lagen ringsumher, aber sie hatten die Köpfe gesenkt und schliefen. Sie erwachten auch nicht, als er herankam, sondern er trat über sie weg, stieg über das Gitter und kam glücklich in den Garten.

Der innere Wundergarten ist am leichtesten zu betreten, wenn die wilden vitalen Kräfte (Tiere) schlafen, wenn sie also nicht aktiv sind. Die mentalen Gitterkonstruktionen müssen überstiegen werden.

Da stand mitten inne der Baum des Lebens, und die roten Äpfel leuchteten an den Ästen. Er kletterte an dem Stamm in die Höhe, und wie er nach einem Apfel reichen wollte, sah er einen Ring davorhängen, aber er steckte seine Hand ohne Mühe hindurch und brach den Apfel. Der Ring schloss sich fest an seinen Arm, und er fühlte, wie auf einmal eine gewaltige Kraft durch seine Adern drang.

Wenn unsere Hand, unser Handeln und Sein, im Ring (der unendlichen Gegenwart) ist, werden wir mit Kraft, mit Intensität, mit Energie erfüllt [7].

Als er mit dem Apfel von dem Baum wieder herabgestiegen war, wollte er nicht über das Gitter klettern, sondern fasste das große Tor und brauchte nur einmal daran zu schütteln, so sprang es mit Krachen auf. Da ging er hinaus, und der Löwe, der davor gelegen hatte, war wach geworden und sprang ihm nach, aber nicht in Wut und Wildheit, sondern er folgte ihm demütig als seinem Herrn.

Im Bewusstseinszustand der Gegenwart, der Unendlichkeit und Seligkeit öffnen sich uns die Tore, und die wilden Kräfte (Löwe) gehorchen uns. Ja, sie dienen uns nun.

Der Königssohn brachte dem Riesen den versprochenen Apfel und sprach: ‚Siehst du, ich habe ihn ohne Mühe geholt.‘ Der Riese war froh, dass sein Wunsch so bald erfüllt war, eilte zu seiner Braut und gab ihr den Apfel, den sie verlangt hatte. Es war eine schöne und kluge Jungfrau, und da sie den Ring nicht an seinem Arm sah, sprach sie: ‚Ich glaube nicht eher, dass du den Apfel geholt hast, als bis ich den Ring an deinem Arm erblicke.‘

Die Braut, eine schöne und kluge Jungfrau, durchschaut den Riesen und glaubt nicht, dass er, das Ego, ihr den Apfel, die Seligkeit, bringen kann.

Der Riese sagte: ‚Ich brauche nur heimzugehen und ihn zu holen‘, und mein-te, es wäre ein Leichtes, dem schwachen Menschen mit Gewalt wegzuneh-men, was er nicht gutwillig geben wollte. Er forderte also den Ring von ihm, aber der Königssohn weigerte sich. ‚Wo der Apfel ist, muss auch der Ring sein', sprach der Riese, ‚gibst du ihn nicht gutwillig, so musst du mit mir darum kämpfen.'

Das Ego will sich das nehmen, was es zu erreichen selbst nicht fähig ist. Kampf ist seine Art, sich etwas anzueignen.

Sie rangen lange Zeit miteinander, aber der Riese konnte dem Königssohn, den die Zauberkraft des Ringes stärkte, nichts anhaben. Da sann der Riese auf eine List und sprach: ‚Mir ist warm geworden bei dem Kampf, und dir auch, wir wollen im Flusse baden und uns abkühlen, eh wir wieder anfangen.'

Der Königssohn, unser seelisches Wesen, ist stark – voll gegenwärtiger Kraft –, so dass es vom Riesen nicht besiegt und zu Fall gebracht werden kann. Jener will sich nun das, was er nicht durch Kampf erlangen kann, durch List aneignen.

Der Königssohn, der von Falschheit nichts wusste, ging mit ihm zu dem Wasser, streifte mit seinen Kleidern auch den Ring vom Arm und sprang in den Fluss.

Er springt in den Fluss der Zeit, ist nun im Zustand eines weniger wachen Bewusstseins, ungeschützt, ohne Kleider, die ein Symbol sind für das, was in Indien mit Koshas ausgedrückt wird, unseren subtilen Hüllen. [8]

*Aber diese Hüllen sind doch immer mit uns, sie konstituieren uns doch?*

Ja, aber bewusstseinsmäßig sind wir nicht immer gleich stark mit ihnen verbunden.

*Dann schwimmen wir im Strom der Zeit, sind auch ohne Ring, ohne waches Gewahrsein der Gegenwart.*

Alsbald griff der Riese nach dem Ring und lief damit fort, aber der Löwe, der den Diebstahl bemerkt hatte, setzte dem Riesen nach, riss den Ring ihm aus der Hand und brachte ihn seinem Herrn zurück. Da stellte sich der Riese hinter einen Eichbaum, und als der Königssohn beschäftigt war, seine Kleider wieder anzuziehen, überfiel er ihn und stach ihm beide Augen aus. Nun stand da der arme Königssohn, war blind und wusste sich nicht zu helfen.

Unsere Seelenkräfte Mut, Treue, Tapferkeit und Stärke, die der Löwe symbolisiert [9], kämpfen mit dem Ego-Riesen, der sich aneignen will, was ihm nicht gehört. Es ist ein Kampf von unterschiedlichen Bewusstseinsebenen in uns selbst. In einem Moment der Unaufmerksamkeit unterliegt das Königskind den Egokräften, es wird blind. Damit ist natürlich ein psychologisches Blindsein gemeint: Es gibt Situationen im Leben, in denen wir unseren Weg, unser inneres Programm, unsere Bestimmung nicht mehr sehen.

Da kam der Riese wieder herbei, fasste ihn bei der Hand wie jemand, der ihn leiten wollte, und führte ihn auf die Spitze eines hohen Felsens. Dann ließ er ihn stehen und dachte: ‚Noch ein paar Schritte weiter, so stürzt er sich tot, und ich kann ihm den Ring abziehen.'

Das Ego führt nun an. Es führt unser für Bewusstseinsfortschritte blind gewordenes seelisches Wesen auf eine Höhe, doch diese ist umgeben von Abgründen, von Unbewusstheit.

Aber der treue Löwe hatte seinen Herrn nicht verlassen, hielt ihn am Kleide fest und zog ihn allmählich wieder zurück. Als der Riese kam und den Toten berauben wollte, sah er, dass seine List vergeblich gewesen war. ‚Ist denn ein so schwaches Menschenkind nicht zu verderben!' sprach er zornig zu sich selbst, fasste den Königssohn und führte ihn auf einem anderen Weg nochmals zu dem Abgrund: aber der Löwe, der die böse Absicht merkte, half seinem Herrn auch hier aus der Gefahr. Als sie nahe zum Rand gekommen waren, ließ der Riese die Hand des Blinden fahren und wollte ihn allein zurücklassen, aber der Löwe stieß den Riesen, dass er hinabstürzte und zerschmettert auf den Boden fiel.

Im Kampf mit der Macht des Egos erwarten uns einerseits Abgründe, es stehen uns aber auch Helferkräfte bei.

Das treue Tier zog seinen Herrn wieder von dem Abgrund zurück und leitete ihn zu einem Baum, an dem ein klarer Bach floss. Der Königssohn setzte sich da nieder, der Löwe aber legte sich und spritzte mit seiner Tatze ihm das Wasser ins Antlitz. Kaum hatten ein paar Tröpfchen die Augenhöhlen benetzt, so konnte er wieder etwas sehen und bemerkte ein Vöglein, das flog ganz nah vorbei, stieß sich aber an einem Baumstamm; hierauf ließ es sich in das Wasser herab und badete sich darin, dann flog es auf, strich ohne anzustoßen zwischen den Bäumen hin, als hätte es sein Gesicht wiederbekommen. Da erkannte der Königssohn den Wink, neigte sich herab zu dem Wasser und wusch und badete sich darin das Gesicht. Und als er sich aufrichtete, hatte er seine Augen wieder so hell und rein, wie sie nie gewesen waren.

Im Zustand innerer Ruhe und heiteren Friedens erlangt er – mit Hilfe seiner Schutzengel, seiner Seelenkräfte (Löwe und Vogel) das Sehen wieder, das Erkennen seines wahren Programms, das, was man in Indien Sva-Dharma nennt. [10]

Der Königssohn dankte für die große Gnade

Die Dankbarkeit ist eine der wichtigsten Seelenkräfte in uns.

und zog mit seinem Löwen weiter in der Welt herum.

Jetzt kann er weiterschreiten zu neuen Aufgaben. Nicht mehr das Ego, sondern das seelische Wesen übernimmt nun die Führung auf dem Weg der Entwicklung.

Nun trug es sich zu, dass er vor ein Schloss kam, welches verwünscht war. In dem Tor stand eine Jungfrau von schöner Gestalt und feinem Antlitz, aber sie war ganz schwarz. Sie redete ihn an und sprach: ‚Ach könntest du mich erlösen aus dem bösen Zauber, der über mich geworfen ist.‘ ‚Was soll ich tun?' sprach der Königssohn. Die Jungfrau antwortete: ‚Drei Nächte musst du in dem großen Saal des verwünschten Schlosses zubringen, aber es darf keine Furcht in dein Herz kommen. Wenn sie dich auf das Ärgste quälen und du hältst es aus, ohne einen Laut von dir zu geben, so bin ich erlöst; das Leben dürfen sie dir nicht nehmen.'

Die Jungfrau symbolisiert die komplementären Seelenanteile des Königssohns: Sie sind noch schwarz, das heißt unbewusst. Auch das ganze Reich dieser Jungfrau ist verwünscht, es unterliegt dunklen, unbewussten Kräften. Um dieses Reich zu erobern, braucht es furchtlose Wachsamkeit.

Da sprach der Königssohn: ‚Ich fürchte mich nicht, ich wills mit Gottes Hilfe versuchen.' Also ging er fröhlich in das Schloss, und als es dunkel ward, setzte er sich in den großen Saal und wartete. Es war aber still bis Mitternacht, da fing plötzlich ein großer Lärm an, und aus allen Ecken und Winkeln kamen kleine Teufel herbei. Sie taten, als ob sie ihn nicht sähen, setzten sich mitten in die Stube, machten ein Feuer an und fingen an zu spielen. Wenn einer verlor, sprach er: ‚Es ist nicht richtig, es ist einer da, der nicht zu uns gehört, der ist schuld, dass ich verliere.' ‚Wart, ich komme, du hinter dem Ofen', sagte ein anderer. Das Schreien ward immer größer, so dass es niemand ohne Schrecken hätte anhören können. Der Königssohn blieb ganz ruhig sitzen und hatte keine Furcht; doch endlich sprangen die Teufel von der Erde auf und fielen über ihn her, und es waren so viele, dass er sich ihrer nicht erwehren konnte. Sie zerrten ihn auf dem Boden herum, zwickten, stachen, schlugen und quälten ihn, aber er gab keinen Laut von sich.

Die dunklen Kräfte – negative Gedanken, Sorgen, Befürchtungen, Ängste, schlechte Gefühle etc. – tauchen gerne zur Nachtzeit aus unserem Unterbewussten auf. Wenn sie von einer höheren Bewusstseins-Instanz – dem inneren Beobachter, dem stillen Zeugen in uns – wahrgenommen werden, fühlen sich diese dunklen Kräfte in ihrem ‚Spiel' bedroht. Sie wissen, dass ein unbeteiligtes Beobachten ihnen ihre Energie nimmt. Nur wenn wir uns mit ihnen identifizieren, wenn wir uns auf ihre Ebene begeben und Furcht zeigen, sind wir angreifbar. Wenn wir aber keinen

Laut von uns geben, das heißt, wenn wir unbeteiligter Beobachter [11] bleiben – innerlich also nicht teilnehmen, nicht mitspielen –, können sie uns zwar weiterhin zwicken und zwacken, können uns aber nicht auf ihre Ebene hinunterziehen. Auch wenn sie anfänglich scheinbar stärker, quälender werden – das gehört mit zum schmerzhaften Prozess der Bewusstwerdung, des Erkennens des Schattens – kämpfen wir nicht an gegen sie, sondern halten ihnen Stand, nehmen eine Haltung ein [12].

Gegen Morgen verschwanden sie, und er war so abgemattet, dass er kaum seine Glieder regen konnte; als aber der Tag anbrach, da trat die schwarze Jungfrau zu ihm herein. Sie trug in ihrer Hand eine kleine Flasche, worin Wasser des Lebens war, damit wusch sie ihn, und alsbald fühlte er, wie alle Schmerzen verschwanden und frische Kraft in seine Adern drang. Sie sprach: ‚Eine Nacht hast du glücklich ausgehalten, aber noch zwei stehen dir bevor.‘ Da ging sie wieder weg, und im Weggehen bemerkte er, dass ihre Füße weiß geworden waren.

Der Prozess des Bewusstwerdens ist anstrengend. Aber wie heißt es so schön bei Hölderlin: „Wo Gefahr ist, wächst das Rettende auch". Da ist auch Hilfe, da wird das Wasser des Lebens gebracht, neue Energie geschenkt – von der Jungfrau, der polaren seelischen Ergänzung. Es ist ein Wechselspiel von aktiv und passiv, zwischen der geforderten, anstrengenden Übung der Wachsamkeit und dem Beschenktwerden mit neuen Energien.
Und in diesem Prozess bemerkt er, wie gewisse seelische komplementäre Anteile seiner selbst – die Füße der Jungfrau – jetzt hell, das heißt, bewusst, geworden sind.

In der folgenden Nacht kamen die Teufel und fingen ihr Spiel aufs Neue an: sie fielen über den Königssohn her und schlugen ihn viel härter als in der vorigen Nacht, dass sein Leib voll Wunden war. Doch da er alles still ertrug, mussten sie von ihm lassen, und als die Morgenröte anbrach, erschien die Jungfrau und heilte ihn mit dem Lebenswasser. Und als sie wegging, sah er mit Freuden, dass sie schon weiß geworden war bis zu den Fingerspitzen.

Je mehr wir im Bewusstsein wachsen, desto stärker erleben wir auch seine noch unbewussten Schattenanteile, desto mehr bäumen sich diese auf und wehren sich gegen den Bewusstseinsprozess, da dieser ja ihr Ende bedeutet. Wenn wir uns einer dunklen Kraft bewusst werden, wenn wir Licht – Bewusstseinslicht – auf sie werfen, sie also erkennen, dann verliert diese ihre Macht über uns. Stilles Standhalten und nicht-eingreifendes Gewahrsein – wir identifizieren uns nicht mit diesen Kräften, reagieren nicht auf sie, geben ihnen keine Energie– lassen uns schlussendlich stärker und lebendiger werden. Und diese Lebendigkeit, diese Erneuerung kommt, so paradox das auch erscheinen mag, von der anfänglich so schwarzen Jungfrau selbst: Sie bringt wieder Wasser des Lebens. Die komplementären Seelenanteile werden zunehmend heller, bewusster; schon bis zu den Fingerspitzen ist die Jungfrau jetzt weiß.

> Nun hatte er nur noch eine Nacht auszuhalten, aber die war die schlimmste. Der Teufelsspuk kam wieder: ‚bist du noch da?' schrien sie, ‚du sollst gepeinigt werden, dass dir der Atem stehen bleibt.' Sie stachen und schlugen ihn, warfen ihn hin und her und zogen ihn an Armen und Beinen, als wollten sie ihn zerreißen: aber er duldete alles und gab keinen Laut von sich. Endlich verschwanden die Teufel, aber er lag da ohnmächtig und regte sich nicht: er konnte auch nicht die Augen aufheben, um die Jungfrau zu sehen, die hereinkam und ihn mit dem Wasser des Lebens benetzte und begoss. Aber auf einmal war er von allen Schmerzen befreit und fühlte sich frisch und gesund, als wäre er aus einem Schlaf erwacht, und wie er die Augen aufschlug, so sah er die Jungfrau neben sich stehen, die war schneeweiß und schön wie der helle Tag. ‚Steh auf,' sprach sie, ‚und schwing dein Schwert dreimal über die Treppe, so ist alles erlöst.' Und als er das getan hatte, da war das ganze Schloss vom Zauber befreit, und die Jungfrau war eine reiche Königstochter.

Mit innerer Wachsamkeit und Unterscheidungskraft [dem Schwert], die uns befähigen, die verschiedenen Bewusstseinsebenen – die Treppe – wahrzunehmen, ist das Königskind jetzt fähig, das innere Bewusstseinsreich [das Schloss] von den dunklen unbewussten Kräften (Teufeln) zu befreien.

Die Diener kamen und sagten, im großen Saale wäre die Tafel schon zubereitet und die Speisen aufgetragen. Da setzten sie sich nieder, aßen und tranken zusammen, und abends ward in großen Freuden die Hochzeit gefeiert.

Hochzeit ist ein Bild der Vereinigung: die komplementären Seelenanteile sind zu einer Ganzheit geworden. Diese unio mystica ist Seligkeit und Freude.

## Anmerkungen

### [1] Das psychische Wesen (psychic being)

Mit diesem von Sri Aurobindo eingeführten Ausdruck ist die göttliche Essenz oder Wesenheit im Individuum gemeint, die in die Manifestation herunterkommt und die Evolution des Individuums in seiner Entwicklung zu einem voll bewussten Wesen unterstützt. Das ‚psychische Wesen' wird im Menschen durch vielfältige Erfahrungen von Leben zu Leben stärker, deshalb strahlt es in dem einen Menschen durch seine Person hindurch wie eine große Flamme, im anderen ist es erst ein kleiner Funke. Bei dem einen Menschen stehen Körper, Vital und Mental bereits unter dem Einfluss des psychischen Wesens, bei dem anderen noch nicht, seine verschiedenen Kräfte machen sich selbstständig, wirken noch unbewusst, sind noch unter der Herrschaft des Egos.

### [2] Riese als Symbol für das Ego

In anderen Märchen kann auch die Figur des Königs oder die des großen Geists (wie im Märchen *Der Geist im Glas*) das Ego symbolisieren. Symbole sind schillernd; dieselbe psychologische Kraft kann in verschiedenen Bildern dargestellt werden.

### [3] Trennungsdenken

Der Kulturphilosoph Jean Gebser verwendet den ähnlichen Ausdruck ‚Käfigdenken' und schreibt im Vorwort seines Buches *Verfall und Teilhabe:* „Die innere Sicherheit haben wir verloren, die Käfigsicherheit gewonnen."
Mirra Alfassa (Die Mutter) hat einmal gesagt: „Die Seligkeit steht immer vor den ‚Türen' unseres Seins, aber wir sind nicht bereit, sie zu öffnen und die Seligkeit hereinzulassen."

### [4] Apfel und Ring

Apfel: siehe auch Medhanandas Interpretationen von ‚Die weiße Schlange' und ‚Der goldene Vogel', oder im Buch *Verborgene Weisheit*, Kapitel „Das Evangelium des Herakles" oder in *Der Garten des Menschen,* Kapitel „Die Botschaft des Baums".

Ring: Im alten Ägypten war der Shenring ein Symbol für das Verbinden der Zeit (des zeitlichen Ablaufs = horizontaler Stab) mit der Unendlichkeit, Ewigkeit (= Kreis). Das Zusammenbinden beider weist auf das ‚ewige Jetzt' hin. Siehe dazu auch Medhanandas Interpretationen des Rings in *Die weiße Schlange* und *Die drei Federn*.

## [5] Zeithaftigkeit und Zeitfreiheit

Diese Begriffe hat der Kulturphilosoph Jean Gebser eingeführt. Er schreibt in *Ursprung und Gegenwart*: Im magisch-mythischen Bewusstsein lebte der Mensch in ‚Zeitlosigkeit‘, im mentalen Bewusstsein lebt er in ‚Zeithaftigkeit‘ (die Uhrenzeit teilt alles ein), im integralen (sich anbahnenden) Bewusstsein wird er in ‚Zeitfreiheit‘ leben. Analog dazu hat Jean Gebser auch die Begriffe ‚Ichlosigkeit‘, ‚Ichhaftigkeit‘, ‚Ichfreiheit‘ eingeführt.

Zeit ist ein Grundphänomen des Universums, und wir müssen fähig werden, alle Phänomene der Zeit in uns wahrzunehmen und frei über sie zu verfügen. Dazu gehören z. B.: biologische Zeitdauer; Rhythmen, Metrik; vitale Dynamik; psychische Energie; die Zeit als das Schöpferische. Jean Gebser erläutert diese verschiedenen Zeitphänomene ausführlich in seinem Hauptwerk *Ursprung und Gegenwart*. Sri Aurobindo schreibt darüber in *Die Synthese des Yoga*, Kapitel „Auf dem Weg zur supramentalen Zeitschau".

## [6] Ruhe in der Bewegung und Bewegung in der Ruhe

Die dem Wu-Wei entsprechende Aussage von Jesus steht im Thomasevangelium, Logion 50.

## [7] Gegenwart

Über die Bedeutung der Gegenwart schreibt Jean Gebser: „Die Gegenwart ist nicht ein Zeit-teil, sondern eine ganzheitliche Leistung, und damit auch immer ursprünglich. Wer es vermag, Ursprung und Gegenwart als Ganzheit zu Wirkung und Wirklichkeit zu bringen, sie zu konkretisieren, der überwindet Anfang und Ende und die bloß heutige Zeit." Im Vorwort seines Buchs *Verfall und Teilhabe* lesen wir: „Manchmal erschließt es sich, dass Ursprung und Gegenwart einfach und unwiderruflich weder Zweiheit noch Folgezustände sind, sondern das Gleiche, sondern das Ganze."

## [8] Kleider, Koshas

In der indischen Psychologie kennt man 5 Körper-Hüllen, die im Sanskrit Koshas genannt werden und verschiedenen Bewusstseins-Ebenen (-Welten) angehören:

anna-maya-kosha, der physische Körper

prana-maya-kosha, der vitale Energie-Körper

mano-maya-kosha, der mentale Körper
vijnana-maya-kosha, der Körper der Intuition und Erleuchtung
ananda-maya-kosha, der Körper der Seligkeit;
Letzterer ist unsere größte Hülle, und weil diese als Matrix den Aufbau aller anderen Körperhüllen bewirkt, spricht man auch vom ‚Kausalkörper‘. Wir sind bewusstseinsmäßig nicht immer gleich stark in Verbindung mit unseren verschiedenen Hüllen, fühlen uns manchmal nackt, schutzlos, arm an Seligkeit, obwohl die Seligkeit (nach altem indischem Wissen) das Fundament unseres Seins ist. Siehe auch Sri Aurobindo, SABCL, XXX, *Die Synthese des Yoga.*

## [9] Löwe

Siehe auch Medhanandas Interpretationen in *Verborgene Weisheit,* Kapitel „Das Evangelium des Herakles, ein griechischer Mythos".

## [10] Sva Dharma

ist ein Sankrit-Ausdruck: *Sva* = eigen, innewohnend, und *Dharma* = Wesensgesetz, inneres Programm, persönliche Aufgabe, Verantwortung. Das innerlich wahrgenommene Wesensgesetz ist bei jedem Menschen anders. Das Erkennen seines *Sva-Dharmas* führt zu einem Handeln, das von der Art des Selbst-Seins eines jeden Menschen bestimmt wird. Es führt zu einer individuellen, selbstbestimmten Verhaltens- und Lebensweise. In der Bagavad Gita steht: ‚Besser du tust dein eigenes Programm (Sva Dharma) und sei es noch so unvollkommen, als dass du das Programm eines andern auf dich nimmst, auch wenn du es noch so gut erfüllst. Besser du stirbst in Erfüllung deines eigenen Weges, und führe er noch so sehr über Umwege‘.
Der Dichter R. M. Rilke hat es so ausgedrückt: „Wenn ich in mein Gewissen schaue, sehe ich nur ein Gesetz, unerbittlich befehlend: mich in mich selbst einschließen und in einem Zuge die Aufgabe beenden, die mir im Zentrum meines Herzens diktiert wurde. Ich gehorche."

## [11] innerer Beobachter, Zeuge

In der indischen Philosophie wird unterschieden zwischen Puruscha, dem unbewegten inneren Zeugen, dem stillen Beobachter in uns, und Prakriti, der Natur in uns mit ihrem bewegten Spiel von Sinnesempfindungen, Emotionen,

Gefühlen, Gedanken.

## [12] eine Haltung einnehmen

Hier wird in Symbolbildern ausgedrückt, was z. B. Eckart Tolle in seinem Buch *Jetzt, Die Kraft der Gegenwart* (*The Power of Now*) beschreibt: es geht um die Haltung, die man dem ‚Painbody‘ (den unbewussten, negativen, emotionalen Kräften) gegenüber einzunehmen hat.

Auf diese innere Haltung hat auch Jean Gebser immer wieder hingewiesen: „Wer durch seine Haltung, die vorzüglich eine innere ist, wirkt – und auf dieses Wirken kommt es an – wirkt mehr, als er durch Handlung bewirken könnte." „Jede Ideologie ist Absicht und strebt ein Ziel an. Jede echte Haltung ist Einsicht und Substanzsicherheit; sie trägt das Ziel in sich selber." „Grundbedingung für das Leben jedes Einzelnen ist und bleibt, dass er selbst versuche, sich zu wandeln."

# Frau Trude

Dieses Märchen muss sehr alt sein; das lässt sich daran erkennen, dass es so kurz und prägnant ist, ganz ohne Ausschmückungen. Lesen wir einmal den ganzen Inhalt:

Es war einmal ein kleines Mädchen, das war eigensinnig und vorwitzig, und wenn ihm seine Eltern etwas sagten, so gehorchte es nicht: wie konnte es dem gut gehen? Eines Tages sagte es zu seinen Eltern: „Ich habe so viel von der Frau Trude gehört, ich will einmal zu ihr hingehen, die Leute sagen, es sehe so wunderlich bei ihr aus, und erzählen, es seien so seltsame Dinge in ihrem Hause, da bin ich ganz neugierig geworden." Die Eltern verboten es ihr streng und sagten: „Die Frau Trude ist eine böse Frau, die gottlose Dinge treibt, und wenn du zu ihr hingehst, so bist du unser Kind nicht mehr." Aber das Mädchen kehrte sich nicht an das Verbot seiner Eltern und ging doch zu der Frau Trude. Und als es zu ihr kam, fragte die Frau Trude: „Warum bist du so bleich?" „Ach", antwortete es und zitterte am Leibe, „ich habe mich so erschrocken über das, was ich gesehen habe." „Was hast du gesehen?" „Ich sah auf Eurer Stiege einen schwarzen Mann." „Das war ein Köhler." „Dann sah ich einen grünen Mann." „Das war ein Jäger." „Danach sah ich einen blutroten Mann." „Das war ein Metzger." „Ach, Frau Trude, mir grauste, ich sah durchs Fenster und sah Euch nicht, wohl aber den Teufel mit feurigem Kopf." „Oho", sagte sie, „so hast du die Hexe in ihrem rechten Schmuck gesehen: ich habe schon lange auf dich gewartet und nach dir verlangt, du sollst mir leuchten." Da verwandelte sie das Mädchen in einen Holzblock und warf ihn ins Feuer. Und als er in voller Glut war, setzte sie sich daneben, wärmte sich daran und sprach: „Das leuchtet einmal hell!"

Zwei Zeitalter stoßen in diesem Märchen aufeinander: die ‚Steinzeit' [1] mit ihren vielen Symbolen – und die spätere Zeit der Kirchen mit ihren Dogmen, Geboten und Moralvorschriften, ihren eifrigen Missionaren und Staatsbeamten.

Ein kleines Mädchen will zur Frau Trude gehen. ‚Trude‘ ist ein bedeutsames Wort, das auf die uralte indogermanische Wortwurzel ‚dru‘ zurückgeht. Auf ‚dru‘ lassen sich auch die Worte ‚Treue‘, ‚trauen‘, ‚vertrauen‘ zurückführen, ebenso die englischen Worte ‚truth‘ (Wahrheit) und ‚tree‘ (Baum) und auch das Wort Druide. Die Druiden (die sog. ‚Baumleute‘), waren weise Seher, die hinter der Vielheit der Welt die Einheit des Seins – den einen großen Baum – erkennen konnten. So wie viele Blätter, viele Zweige und viele Wurzeln zu *einem* großen Baum gehören, so sahen sie die Vielheit der Dinge in ihrer verwobenen Zusammengehörigkeit, in ihrer Ganzheit [2].

Frau ‚Trude‘ heißt also ‚Wahrheit‘, und an diesem Namen erkennen wir den tiefen Gehalt der Geschichte und erfahren etwas über die alte Weisheit der Steinzeit. Auch das Feuer, von dem im Märchen die Rede ist, ist nicht das gewöhnliche Küchenfeuer, sondern das Seelenfeuer, das innere Feuer der Sehnsucht, der Aspiration, das uns transformiert. Das Feuer ist also ein Symbol, Frau Trude ist ein Symbol, der schwarze, der grüne und der rote Mann, das alles sind Symbole. Weil diese alte Symbolsprache im Zeitalter der ‚Großkirche‘ nicht mehr verstanden wurde, und das Märchen als nur phantasievolle, religiös-moralische Erzählung gewertet wurde, blieb es praktisch unverändert, wurde während vieler Jahrhunderte weitererzählt und schließlich von den Gebrüdern Grimm in ihre Märchensammlung aufgenommen. Niemand hat den Namen ‚Trude‘ näher untersucht, man hat ihn für den Namen der Hexe gehalten. Die im Märchen enthaltene Lehrbotschaft blieb unerkannt.

*Vielleicht können wir sie jetzt wieder ‚ent-decken‘?*

Es war einmal ein kleines Mädchen, das war eigensinnig und vorwitzig…

‚Sinnig‘ ist ein schönes Wort, und ‚eigen-sinnig‘ heißt, es wollte wissen: ‚Wer bin ich?‘ Es dachte über sich nach, suchte nach dem ‚Sinn‘ seines Daseins. Im Wort ‚vorwitzig‘ steckt ‚wit‘, das kommt von sehen, ‚videre‘. Es hatte also die Fähigkeit, Dinge zu sehen, die die anderen nicht sehen konnten.

Und wenn ihm seine Eltern etwas sagten, so gehorchte es nicht. Wie konnte es dem gut gehen?

Es folgt den Anweisungen der Eltern nicht, und zu den Eltern gehören auch andere ältere Leute im Dorf oder im Stamm oder in der Familie; also Großeltern, Tanten, Onkel, die Lehrer. Es will sich von den Traditionen der Sippe lösen, es sucht seinen eigenen Weg – doch schon wird ihm gedroht.

Eines Tages sagte es zu seinen Eltern: „Ich habe soviel von der Frau Trude gehört, ich will einmal zu ihr hingehen, die Leute sagen, es sehe so wunderlich bei ihr aus, und erzählen, es seien so seltsame Dinge in ihrem Hause, da bin ich ganz neugierig geworden."

Alle diese Aussagen können positiv gesehen werden. Negativ erscheinen sie nur, wenn sie oberflächlich verstanden werden, doch bei tieferem Betrachten entdeckt man lauter positive Inhalte: da ist eine Seele, ein Mädchen, das die Wahrheit – dru, true, Trude – kennenlernen will. Es hat bis jetzt immer nur von der Wahrheit erzählen gehört, nun möchte es sie selbst erfahren. Es sucht sie deshalb, will zu ihr gehen, sie direkt wahrnehmen.

Die Eltern verboten es ihr streng und sagten: „Die Frau Trude ist eine böse Frau, die gottlose Dinge treibt, und wenn du zu ihr hingehst, so bist du unser Kind nicht mehr."

Wenn du deinen eigenen Weg gehst, wirst du plötzlich von deiner Familie, deiner Sippe, der Gemeinschaft ausgeschlossen. Du gehörst nicht mehr zur Kirche, zur Gemeinde… Du bist ein Außenseiter…

Aber das Mädchen kehrte sich nicht an das Verbot seiner Eltern und ging doch zu der Frau Trude.

Dennoch geht das Mädchen seinen Weg – alleine – und geht jetzt zur Frau Trude.

Und als es zu ihr kam, fragte die Frau Trude: „Warum bist du so bleich?"
„Ach", antwortete es und zitterte am Leibe, „ich habe mich so erschrocken
über das, was ich gesehen habe." „Was hast du gesehen?" „Ich sah auf Eurer
Stiege einen schwarzen Mann." „Das war ein Köhler." „Dann sah ich einen
grünen Mann." „Das war ein Jäger." „Danach sah ich einen blutroten Mann."
„Das war ein Metzger."

Der Weg der Selbsterforschung geht stufenweise den ‚Berg' des Bewusstseins hinauf. Und auf dieser Treppe zu den höheren Bewusstseinsebenen
erlebt es Ungewohntes: Während des inneren Aufstiegs trifft es drei
‚Figuren'.

Die erste ist ein schwarzer Mann. Wenn wir uns tiefer erkennen wollen,
wenn wir die inneren Vorgänge in den verschiedenen Bewusstseinsebenen unseres Seins wahrzunehmen versuchen – am Tag ebenso wie in
der Nacht –, werden wir bei der Selbsterforschung auf etwas stoßen, was
die Psychologen und Psychotherapeuten das Unbewusste nennen; das ist
der ‚schwarze Mann'. Er steht auf unserem Weg, ihn müssen wir erobern,
dieses Unbewusste muss bewusst werden. Auch in anderen Märchen finden wir Hinweise, wie man das Unbewusste erobert. Zum Beispiel muss
der Jüngling im Märchen *Der Eisenhans* lernen, sich vollkommen still an
den Teich zu setzen und zu warten, bis er in diesem unbewegten Wasser
– dem Spiegel seiner selbst – die umherschwimmenden goldenen und
silbernen Fische und Schlangen entdeckt.

Der schwarze Mann war ein Köhler [3], einer, der aus Holz Holzkohle
zubereitet. Er stellt also den Brennstoff her für das Feuer – das Seelenfeuer. Jesus sagt: „Wer mir nahe ist, ist dem Feuer nahe." [4] Er vergleicht
sich also mit dem Feuer und evoziert damit, dass auch jeder von uns ein
transformierendes Feuer sein soll.

Und was ist der Brennstoff dazu? Das bist auch du. Du bist sowohl das
Feuer, als auch die vielen kleinen Ichs, die Egoformationen, die begrenzten Wesensteile (Wünsche, Begierden, Gewohnheiten…), die in diesem

Feuer verbrannt werden. Das Feuer ist der große Transformationsprozess der Evolution, welcher uns zu unserer Bestimmung führt.

Auf einer anderen Stufe trifft es den grünen Mann. Grün ist das Leben, dein vitales Wesen, die Energien, die alles immer wieder erneuern. Es ist der Jäger in dir – auf der Suche nach sich selbst.

Danach sieht es einen blutroten Mann, den Metzger; es ist der Tod. Auch den musst du kennen lernen auf dem inneren Weg, dem Yogaweg, dem Weg der Bewusstwerdung und Einung all deiner verschiedenen Aspekte. Du kannst ja nicht eins mit dir selbst sein, solange du vor irgendetwas in dir Angst hast. Und in jedem von uns ist dieser rote Mann, der Metzger, der Tod, der uns immer begleitet, – in Ägypten wird er als Anubis [5] dargestellt. Der ist aber gleichzeitig auch dein Lehrer und Schutzengel.

Diese drei großen Kräfte – die schwarze, grüne, rote –, denen das Mädchen auf seinem inneren Weg begegnet, symbolisieren drei Urprinzipien. Wenn du sie erkennst, sind es drei Schutzengel. Wenn du sie nicht kennst, hast du Angst vor ihnen. Dann stehst du da und bist vollkommen blass.

„Warum bist du so bleich?"

heißt es im Märchen. Das Mädchen hat zum ersten Male diese Kräfte in sich gesehen: das Unbewusste, das Vitale und den Tod. Was es da sieht, scheint zunächst bedrohlich zu sein. Solange du Angst vor diesen Kräften hast, empfindest du sie als gefährlich und feindlich. Wenn du sie aber kennen lernst und sie zu deinen ‚Bundesgenossen' machen kannst, zu deinen ‚Alliierten', dann werden sie deine besten Freunde und Helfer auf deinem Weg.

Das Unbewusste ist ein Freund, weil seine ganzen Schätze in dir begraben liegen. Alles, was du aus vergangenen Leben sorgfältig gesammelt hast, ist dort. Jedesmal, wenn du ein großes Erlebnis gehabt hast und zu dir gesagt hast: „Aha, wie ist das schön, das will ich nicht vergessen", liegt es da.

Und genauso ist es mit deinen grünen Kräften. Sie sind die Kräfte der Erneuerung. Grün ist das Leben, das ständig aufersteht. Jesus sagt: „Ich bin das Leben." [6] Er sagt nicht: „Ich bin ein Lebewesen, das eine begrenzte Lebensdauer hat", sondern er identifiziert sich mit dem immer wieder sich erneuernden Leben. Und so bist auch du eingeladen, dich mit den Energien zu identifizieren, die dich immer wieder neu aufbauen. Es sind die großen Seelenkräfte deines wahren Wesens, die dich ständig verjüngen können. Aufmerksam wie ein Jäger wollen wir eine Begegnung mit ihnen nicht verpassen. Jeder Augenblick kann ein Erwachen in ein intensiveres Bewusstsein bringen, kann uns lebendiger machen – wenn wir die wachsame Haltung des Jägers einnehmen.

Und schließlich ist da der blutrote Mann, der Metzger, der Tod. Er ist dein bester Freund, dein Lehrer. Aber Menschen ohne tiefere Selbsterkenntnis, die nie ihr Bewusstsein mit all seinen verschiedenen Ebenen erforscht haben, glauben an der Oberfläche, der Tod sei der Feind des Lebens, der gehöre nicht zum ,lieben Gott'. Und das kann man ja verstehen. Doch der blutrote Mann, den wir den Tod nennen, gehört insgeheim auch zu diesem Leben. Damit du immer wieder leben kannst, musst du durch den Tod hindurchgehen, musst alte Formen loslassen, festgefahrene Egoformationen ablegen, die Veränderung und den Wechsel annehmen. Nur so kann es Transformation geben, nur so kannst du dich ständig erneuern, denn das Leben will ja nicht alte Leute produzieren, sondern junge Menschen, die in der Evolution einen Schritt weiter gehen, die ,Sohn' oder ,Tochter' des ,Menschen' werden, die bewusstseinsmäßig über den jetzigen Menschen hinauswachsen.

Es gibt Märchen, in denen der Tod ,der Herr Gevatter' genannt wird. Gevatter ist ein altes Wort für Pate, welcher in der englischen Sprache ,God-father', in der schweizerdeutschen Sprache ,Götti' genannt wird, denn der eigentliche Sinn des Paten ist es, dem heranwachsenden Kind ein spiritueller Lehrer zu sein.

*Aber warum wird er hier Metzger genannt?*

In alten Zeiten musste man – um sich zu ernähren – ein Tier töten. Und das war ja an sich etwas Schreckliches, denn man zerstörte eine lebende Form. Um das schlechte Gewissen dabei zu entlasten, ‚opferte' man das getötete Tier, lud Ahnen und Götter ein, sich auch davon zu ernähren. Es entstanden rituelle Opferhandlungen. Diese gelten in unserem Unterbewussten als etwas Grausames, Schreckliches. Wir vergessen, dass das lateinische Wort für Opfer ‚sacrificium' heißt. Das kommt von ‚sacer facere' und heißt ‚heilig machen'. Das ist nicht ein Opfern, das weh tut oder das jemanden schädigt, sondern es ist eine Übung: etwas Dingliches zurückzugeben an das, was der Urgrund des Dinglichen ist. Alle Dinge sind aus Schwingungen entstanden, aus einem Energiefeld. Und sie bewusst wieder an dieses Energiefeld zurückzugeben, bedeutet ‚sacrificium', ‚heilig machen'. Wenn wir eine gelbe Rübe essen und uns daran erinnern, dass diese ja aus der Sonnenenergie kommt, und wir sie innerlich wieder diesem Licht weihen, so ist das ein ‚sacrificium'. Und in früheren Zeiten waren die einzigen so genannten Metzger, die es gab, Priester. Jede Ziege, jedes Schaf oder jeder Ochse, all diese Tiere, die schließlich gegessen wurden, gingen durch ihre Hände. Und niemand aß Fleisch oder trank einen Tropfen Wein, der nicht vorher geopfert – also heilig gemacht wurde. Und es ist diese Art Opfer, von dem Jesus spricht, wenn er sagt: „Dies ist mein Fleisch, dies ist mein Blut." Er identifiziert sich mit dem Energiefeld, aus dem alles kommt.

Der Tod ist auch der Engel, der uns begleitet, und der weiß, wann der Augenblick gekommen ist, diesen Körper wieder zurückzunehmen in das Energiefeld, aus dem er gekommen ist. Das mag grausam erscheinen. Bei den alten Ägyptern wurde das Wort ‚Tod' nie erwähnt. Das Grab war das ‚Haus der Erneuerung': dieses wurde sehr sorgfältig durch ein ganzes Leben hindurch gebaut. So lernte der Lebende, den unvermeidbaren Weg, der zu seiner Erneuerung führt, zu akzeptieren und sich darauf vorzubereiten.

Nach diesen drei Erfahrungen auf der Treppe des Bewusstseins trifft das Mädchen nun Frau Trude selbst. Es heißt:

„Ach, Frau Trude, mir grauste, ich sah durchs Fenster und sah Euch nicht, wohl aber den Teufel mit feurigem Kopf."

Das Fenster, das sind die Schleier, die zwischen uns und der Wahrheit stehen. Und wenn du plötzlich deine eigene Wahrheit siehst, dann ist das etwas so Ungewohntes: du siehst den ‚Teufel mit feurigem Kopf'. Feurig weist auf den Transformationsprozess alles Seienden hin. Die Wahrheit ist nicht nur das, was alles Leben hervorbringt, sie ist auch das, was dieses wieder zu sich zurücknimmt. Die Wahrheit ist andauernde Geburt, aber auch andauerndes Sterben, ewige Wandlung. Und das erscheint fürchterlich. Und jeder, der nicht vorbereitet ist, reagiert wie dieses Mädchen, das sieht die Wahrheit als etwas zunächst Furchterregendes.

Der schöne Satz von Jesus: „Ich habe Feuer auf die Welt geworfen, und siehe, ich hüte es, bis die Welt entflammt ist", wurde von seinen Nachfolgern nicht verstanden und deshalb prompt von der Zensur gestrichen, ebenso der Satz: „Wer mir nahe ist, ist dem Feuer nahe" [7]. Frau Trude nimmt ein trockenes Stück Holz und verwandelt es in Feuer, in Licht. Das Holz (das Ding, die Materie) verschwindet, es wird Flamme und Wärme, so wie auch das Wachs der Kerze sich in Licht, in Energie verwandelt. Wenn du aus dem Licht gekommen bist, dann weißt du ja, dass du wieder in dieses Licht zurückkehren wirst. „Wir sind von daher gekommen, von dort, wo das Licht geworden ist aus sich selbst" [8], sagt Jesus.

Und Frau Trude antwortet:

„Oho", sagte sie, „so hast du die Hexe in ihrem rechten Schmuck gesehen."

Das Wort Hexe kommt vom ägyptischen ‚HEKA' und wird mit zwei Hieroglyphen dargestellt: *HE* (oder *HU*) ist der Docht, der das Öl, das Brennmaterial für die Lampen, aus der Tiefe in die Höhe führt, und KA sind zwei in die Höhe gehaltene Arme und Hände.
HEKA symbolisiert Sehnsucht, Aspiration, Verwandlungskraft.

*Sehnsucht, Aspiration, Verwandlungskraft? Das ist Heka, die Hexe?*

Ja, das ist Heka, die Hexe [9], die Kraft, die rasche Verwandlung bringt. Später, im Zeitalter der christlichen Großkirchen, wurde das alles verteufelt: Das Feuer der Transformation wurde zum Fegefeuer ...

*... zum ewigen Höllenfeuer. Es wurde also nur noch negativ gesehen.*

Ja. Doch Feuer bedeutet einfach Verwandlungsprozess. Wenn du von einem Leben in das nächste gehst, musst du einen sehr schnellen Transformationsprozess durchmachen, musst all das loswerden, was nicht wert ist, mitgenommen zu werden. All die begrenzten, negativen Gefühle, die Sorgen, die Ängste, die ‚Phobien‘, die ‚Minderwertigkeitskomplexe‘, die ‚Ödipuskomplexe‘, die ‚Mutterfixierungen‘ – und wie heißt das noch alles bei den Psychoanalytikern – das alles willst du ja nicht mitnehmen, das wirfst du ins Feuer und lässt es verbrennen.

Und die ‚Wahrheit‘ (Frau Trude) spricht:

„Ich habe schon lange auf dich gewartet und nach dir verlangt, du sollst mir leuchten.“

Wenn du durch deine Aspiration zur ‚Wahrheit‘ gelangen kannst, dann deshalb, weil die Wahrheit dich gerufen hat, weil sie dich bereits ausgesucht hat. Das wirkt gegenseitig, das ist ein gegenseitiges Sich-Aussuchen. Genauso sagt Jesus zu seinen Jüngern: „Ich wählte euch aus, bevor die Erde entstand.“ [10] Du bist die Amöbe, die durch die Evolution hindurch Mensch geworden ist, dein höheres Programm hat dich gerufen, dich ausgesucht, schon auf der Stufe.

*Jetzt kommt etwas, das schrecklich erscheint:*

Da verwandelte sie das Mädchen in einen Holzblock und warf ihn ins Feuer.

Das klingt schockierend, das wollen wir nicht. Wir sehnen uns alle nach dem Licht, jedoch selbst Licht zu werden und durch das Feuer der Transformation zu gehen, das erscheint uns schmerzhaft.

> Und als er voller Glut war, setzte sie sich daneben, wärmte sich daran und sprach: „Das leuchtet einmal hell."

Ein kurzes, abstrus klingendes Märchen. Ich glaube nicht, dass es viele Eltern gibt, die das ihren Kindern abends vorlesen. Aber welch kolossales Lehrmaterial liegt darin verborgen!

*Ja, auch im letzten Satz: „Das leuchtet einmal hell!"*

Weil das Märchen als fantasievolle Grusel-Kindergeschichte getarnt blieb, wurde es – auch während der zweitausend Jahre Christentum – weiter überliefert, so dass wir es heute noch in einer Märchensammlung finden können. Was hier zum Vorschein kommt, ist die Gnosis der Steinzeit.

Diese Geschichte erhält nur Sinn, wenn wir sie psychologisch verstehen. Wenn wir sie mythologisch betrachten, wird die Geschichte unverständlich. Wenn wir sie religiös auffassen, wird es eine grausame, moralische Erzählung.

Sie wird aber lebendige Lehrbotschaft, wenn wir sie als Psychologie in Bildern erkennen; alle Elemente der Geschichte sind Wesensteile in dir. Das kleine Mädchen ist in dir, der Eigensinn, der Vorwitz – ‚es gehorcht nicht' –, all das ist in dir, ebenso die Aspiration. Es sind die vielfältigen Kräfte und Bewusstseinsbewegungen in dir. Und alles, was du auf deinem Entwicklungsweg triffst – der Köhler, der Jäger und der Metzger –, sie alle sind ebenso in dir. Auch Frau Trude ist in dir; es ist deine Wahrheit. Dieser Wahrheit musst du treu sein, truth, true, treu, vertrauen – im Sinne von fides: Treue geloben. Von Geloben kommt das Wort Glaube. Das ist nicht ein Glaube an irgendetwas, an etwas, das irgendjemand anderer gesagt hat, sondern das ist der Glaube an deine eigene Wahrheit; Treue, dir selbst gegenüber – deine eigene Wahrheit finden – ihr vertrauen und ihr treu bleiben.

So gesehen bekommt alles einen tiefen, psychologischen Sinn. Das Mädchen wird nicht bestraft, sondern es wird durch seinen eigens gewählten und herbeigesehnten Transformationsprozess befreit, befreit von seinem Unwissen, befreit von den Vorurteilen seiner Gesellschaft, befreit von seiner Schwere, befreit von all dem, was es so im Leben angesammelt hat und wieder loswerden will. Das ist die ‚frohe Botschaft' dieser Geschichte.

„Die Wahrheit wird euch frei machen" [11], lehrt Jesus. Diese Botschaft ist – wie wir z.B. bei diesem Märchen sehen – auch schon in vorchristlicher Zeit zu finden, doch wurde sie immer nur von ganz wenigen verstanden und realisiert.

*Leider wird die befreiende Lehrbotschaft, welche uns die großen Lehrer der Menschheit gebracht haben, durch die danach (in deren Namen) gegründeten Religionen meist wieder verengt, verkleinert und verzerrt. Statt des Suchens nach der eigenen Wahrheit und Befreiung durch Aspiration, stehen bei den Kirchen Abhängigkeit und ein dualistisches Glaubensbild im Vordergrund...*

Ja, statt Selbsterforschung und Transformation werden vor allem Gebote gelehrt.

*Jetzt kann ich auch verstehen, warum dieses Märchen trotz der Zensur der Kirche erhalten geblieben und weiter überliefert worden ist. Die Kirche hat die Botschaft der Befreiung gar nicht erkannt, und das Ganze als Bestrafung verstanden; das Mädchen hat nicht gehorcht, und deshalb kommt es zum Teufel und wird in der Hölle verbrannt.*

Ja, so klingt die Sprache der Bibel. Die Symbolinhalte der einstigen Gnosis aus einer matriarchalisch geprägten Zeit (die Wahrheit wird da als weiblich gesehen) wurden in der späteren, patriarchalischen Zeit, wo Gesetze und Dogmen vorherrschten, geradezu umgedreht und ins Gegenteil verzerrt. Das ist mit vielen alten Geschichten geschehen, so z.B. auch mit dem griechischen Mythos von Pandora. Der Name Pandora heißt: ‚Die Alles-Gebende'; ihr Bewusstsein enthält alles, das Ganze, das All. Später, in patriarchalischer Zeit, wurde Pandora zu derjenigen, von der nur Krankheit und Gift kommt. Deshalb ist es so wichtig, die tiefere Bedeutung eines Namens zu erkennen, denn durch ihn lässt sich der ursprüngliche Gehalt einer alten Geschichte oft noch wahrnehmen.

## Anmerkungen

### [1] Steinzeit

Medhananda zählt die alten Hochkulturen, wie z.B. das alte Ägypten mit seinen gewaltigen, aus Steinen erbauten Pyramiden, Obelisken, Statuen, auch zur ‚Steinzeit‘. Der Mensch jener Epoche hatte ein anderes Bewusstsein als wir: Nicht das Denken stand im Vordergrund, sondern das ‚Sehen‘ seelischer Vorgänge. Was man durch Träume oder innere Erfahrungen über die Fragen zu Geburt, Tod und Leben wahrzunehmen vermochte, versuchte man in Symbolbildern darzustellen.

Siehe auch Medhananda, *Verborgene Weisheit,* Kapitel „Steinzeit-Weisheit in Märchen“, S. 55.

### [2] Druide

Das Wort Druide lässt sich von der indogermanischen Wurzel *dru-wido* herleiten.

*Dru* benennt einerseits den Baum ‚Eiche‘, heißt aber auch ‚dicht‘, ‚kräftig‘, ‚tief‘, ‚viel‘. Im Keltischen kann *dru* auch als Verstärkungswort gebraucht werden.

*Wido* geht auf die indogermanische Wurzel *weid* zurück und steht so mit dem griechischen *eidon* („ich erblickte / erkannte“), dem lateinischen *video* (‚ich sehe‘) und auch dem deutschen *wissen* in Zusammenhang.

Ein Druide wäre demnach ein besonders *tief Sehender,* einer, der das ‚Baumsehen‘ hat, der also hinter der Vielheit der Welt (den vielen Blättern, vielen Ästen, vielen Wurzeln) die Einheit des Seins (den einen großen Lebensbaum) erkennt, und alles in seinen Zusammenhängen wahrnehmen kann.

### [3] Köhler

Die Herstellung von Holzkohle kennt man seit dem Altertum. Sie wurde zur Verarbeitung von Edelmetallen gebraucht, zur Eisenverhüttung, später auch zur Glasherstellung (lauter Prozesse, die eine hohe Temperatur benötigten). Leider wurden, um Holzkohle herzustellen, ganze Wälder abgeholzt: Man stapelte Holzscheite um Pfähle herum zu einem kegelförmigen Haufen (Meiler), legte darin einen mit Reisig und Spänen gefüllten Feuerschacht an, und schüttete Gras, Moos und Erde zu einer luftdichten Decke darüber. Im Feuerschacht wurde dann das Feuer entzündet. Bei Temperaturen von 300 bis 350 °C setzte der Verkohlungsprozess ein. Dieser konnte mehrere Wochen lang dauern, und der Köhler musste dabei andauernd den Windzug durch Aufstechen und Wiederverschließen von kleinen Löchern regeln, so dass der Meiler weder erlöschen, noch in hellen Flammen aufgehen konnte. Diese Arbeit brachte sicher Ängste, Schlafmangel und auch Brandnarben mit sich. (Im 18. Jahrhundert löste dann die Steinkohle die Holzkohle ab.)

[4] Thomasevangelium, Logion 82: „Es sprach Jesus so: Wer mir nahe ist, ist dem Feuer nahe…"

[5] Anubis trägt im alten Ägypten die Maske eines Wolfes (Fuchses oder Schakals). Siehe auch Medhananda, *Archetypen der Befreiung*, S. 21-24, und die Interpretation von Anubis im Märchen *Der goldene Vogel*.

[6] Johannes 14, 6: „Ich bin der Weg, die Wahrheit und das Leben."

[7] Thomasevangelium, Logion 10: „Es sprach Jesus so: Ich habe Feuer auf die Welt geworfen, und siehe, ich hüte es, bis die Welt entflammt ist." Thomasevangelium 82: „Wer mir nahe ist, ist dem Feuer nah, und wer mir fern ist, ist dem Reich fern."

[8] Thomasevangelium, Logion 50: Es sprach Jesus so: „Wenn sie zu euch sagen: ‚Woher seid ihr geworden?', sagt ihnen: ‚Wir sind aus dem Licht gekommen, dem Ort, wo das Licht geworden ist aus sich selbst.'"

[9] **Heka, Hexe**
Das Prinzip der Verwandlungskraft wurde im alten Ägypten nebst HEKA auch noch mit der froschköpfigen HEKET dargestellt. Der Frosch zeigt in seiner Entwicklung vom Ei zur Kaulquappe und dann zum adulten Tier enorme Verwandlungsvorgänge; aus dem Wassertier wird ein Wesen, das auch auf dem Land leben kann. Diese magisch erscheinende Transformationskraft (Zauberkraft), die ja auch in der Entwicklung von der menschlichen Eizelle zum Fötus, zum Kind wirkt, wurde bewundert, ja verehrt. HEKET (in

Griechenland HEKATE) war bei der Bildung des Kindes im Mutterschoß dabei und half als ‚Entbinderin' bei der Geburt. In Frankreich wird die Hebamme heute noch Sage-femme (weise Frau) genannt.

### [10] „Ich wählte Euch aus, bevor die Erde entstand"

ist ein apokryphes Wort (das heißt: ein nicht in die Bibel übernommenes Wort Christi), das uns durch den Syrer Ephraem überliefert wurde.

Siehe *Die versprengten Worte Jesu,* hrsg. von Benedikt Godeschalk, München 1922. S. 104.

### [11] „Die Wahrheit wird euch frei machen"

Johannesevangelium 8,32.

# Der goldene Vogel

Es war vor Zeiten ein König, der hatte einen schönen Lustgarten hinter seinem Schloss, darin stand ein Baum, der goldene Äpfel trug. Als die Äpfel reiften, wurden sie gezählt, aber gleich den nächsten Morgen fehlte einer. Das ward dem König gemeldet, und er befahl, dass alle Nächte unter dem Baume Wache sollte gehalten werden.

„Es war vor Zeiten", so fängt das Märchen an. Es spielt sich nicht in Zeit und Raum ab, sondern erzählt von seelischem Geschehen, erzählt von uns selbst. Der König – eine regierende Instanz in uns, unser Ich – hat einen Lustgarten, darin ein Baum goldene Äpfel trägt. Kennen wir diesen Baum, der in so vielen Mythen und Märchen vorkommt? Er ist ein uraltes Symbol für die große Verbundenheit aller Wesen, in der die Vielen Eines und das Eine gleichzeitig Viele sind. An diesem großen Baum des Lebens wachsen goldene Äpfel, zahlreiche Freuden und Seligkeiten, die uns das Leben schenkt: der Duft des Flieders, der Gesang der Amsel, die Süße des Honigs, die Kühle des Wassers, die Köstlichkeit des Essens. Diese goldenen Früchte lässt der König zählen, er möchte sie ‚haben‘, doch Seligkeit kann man immer nur ‚sein‘. Solange wir noch nicht Herr unseres Seins geworden sind, kann sie uns immer wieder genommen werden. Haben wir nicht schon erlebt, dass wir an einem Tag voller Freude waren, und am anderen Morgen ist sie weg?

Um nun herauszufinden, was denn da in der Nacht – in den tieferen, dem König noch nicht zugänglichen Bewusstseinsschichten – am Baum des Lebens geschieht, lässt jener Wache halten.

Der König hatte drei Söhne, davon schickte er den ältesten bei einbrechender Nacht in den Garten; wie es aber Mitternacht war, konnte er sich des Schlafes nicht wehren, und am nächsten Morgen fehlte wieder ein Apfel. In der folgenden Nacht musste der zweite Sohn wachen, aber dem erging es nicht besser: als es zwölf Uhr geschlagen hatte, schlief er ein, und morgens fehlte ein Apfel. Jetzt kam die Reihe zu wachen an den dritten Sohn, der war auch bereit, aber der König traute ihm nicht viel zu und meinte, er würde noch weniger ausrichten als seine Brüder; endlich aber gestattete er es doch.

Die drei Söhne, die ja in vielen Märchen auftauchen, sind Wesenszüge, Aspekte des Königs selbst (Aspekte unseres Ichs). Zuerst soll das Mentale (der älteste Sohn) herausfinden, was denn da in der Nacht, im Unbewussten, vorgeht. Doch das Mentale schläft ein und merkt nicht, was geschieht. Auch der zweite Sohn, das Vitale, ist unfähig, die geheimnisvollen Bewusstseinsvorgänge zu ergründen. Nun kommt der dritte Sohn an die Reihe: unser Körper. Diesem traut man nicht viel zu, obwohl seine Zellen, Nerven, Organe oder sein Immunsystem hochkomplizierte Aufgaben vollbringen können und über ein unglaubliches Gedächtnis und Wissen verfügen, das unserem Verstand kaum zugänglich ist. Man glaubt, er könne nicht viel ausrichten, obwohl er von zahlreichen Energien durchdrungen und mit unserem seelischen Wesen viel enger verbunden ist als das Mentale oder das Vitale.

Der Jüngling legte sich also unter den Baum, wachte und ließ den Schlaf nicht Herr werden.

Der Jüngling will sich der nächtlichen Vorgänge bewusst werden, er lässt ‚den Schlaf nicht Herr' werden. Das muss nicht unbedingt bedeuten, sich des Schlafs zu berauben, sondern heißt auch, bewusst zu schlafen. Eine Instanz – ein stiller Zeuge und Beobachter – kann in uns selbst während des Träumens und Tiefschlafs ‚wach' bleiben. Sri Aurobindo nennt dieses bewusste Schlafen den ‚leuchtenden Schlaf'. Die meisten Menschen jedoch fallen in unbewussten Schlaf, so auch die beiden Brüder. Die großen Lehrer jedoch raten uns immer wieder, Wachsamkeit zu üben. „Achtet darauf, was in Euch vorgeht", sagt Buddha, und auch Jesus betont in vielen Gleichnissen die Wachsamkeit, die nicht nur am Tage, sondern auch in der Nacht geübt werden soll.

Als es zwölf schlug, so rauschte etwas durch die Luft, und er sah im

Mondschein einen Vogel daherfliegen, dessen Gefieder ganz von Gold glänzte. Der Vogel ließ sich auf dem Baume nieder und hatte eben einen Apfel abgepickt …

*Warum wohl holt der goldene Vogel die goldenen Äpfel?*

Die Früchte, die am Baum des Lebens wachsen, gehören nicht dem König (unserer vordergründigen Persönlichkeit), sondern der tieferen Wahrheit in uns. Unsere Begabungen, Fähigkeiten, Aspirationen, die geleisteten Aufgaben und Werke sind Früchte, die nicht dem Ich (der Egoformation), sondern dem seelischen Wesen (dem goldenen Vogel) in uns gehören. In der Bhagavad Gita sagt Krishna zu Arjuna: „Ein Recht zu handeln hast du, aber du hast kein Recht auf die Ergebnisse, auf die Früchte." Wenn wir das Resultat unserer Bemühungen der größeren Wahrheit in uns übergeben, bleibt unser Handeln losgelöst von ichhaften Absichten, losgelöst von Zweckdenken, von Wünschen oder Begehren. Die Chinesen nennen es „handeln ohne zu handeln" (Wu Wei).

… als der Jüngling einen Pfeil nach ihm abschoss. Der Vogel entflog, aber der Pfeil hatte sein Gefieder getroffen, und eine seiner goldenen Federn fiel herab. Der Jüngling hob sie auf, brachte sie am anderen Morgen dem König und erzählte ihm, was er in der Nacht gesehen hatte.

Der Jüngling kann den goldenen Vogel – seine seelische Wahrheit – erkennen und schießt einen Pfeil auf ihn ab. Das erinnert an das Sternbild des Schützen, der uns lehrt, unsere Konzentration ganz auf das Ziel (die Wahrheit) zu lenken – oder an Herakles, der einen Pfeil in die Sonne schießt, um sie ‚anzuhalten', um mit ihr zu reisen, eins mit ihr zu sein [1].

Von dieser für kurze Augenblicke erfahrenen Wahrheit kann nun der dritte Sohn dem König etwas mitteilen, ihm die goldene Feder zeigen.

Der König versammelte seinen Rat, und jedermann erklärte, eine Feder wie diese sei mehr wert als das gesamte Königreich.

Wahrheit ist wertvoller als alle Schätze der Welt. Sie macht unser Herz so leicht wie eine Feder. Auf zahlreichen altägyptischen Bildern sehen wir eine Waage, auf der das Herz des Verstorbenen mit einer Feder gewogen wird, um zu prüfen, ob diese spirituelle Leichtigkeit des Herzens im Leben erreicht worden ist [2]. „Die Wahrheit wird euch frei machen", sagt Jesus (im Johannesevangelium 8, 32). Sie ist die Kraft, die uns Flügel gibt und in Bewusstseinshöhen fliegen lässt.

> „Ist die Feder so kostbar", erklärte der König, „so hilft mir auch die eine nichts, sondern ich will und muss den ganzen Vogel haben."

Der König (unser Ich) will nun den *ganzen* Vogel – seine verborgene Wahrheit – finden „… ich will und muss den ganzen Vogel haben." Seine Aufmerksamkeit ist immer noch auf das *Haben* und nicht auf das *Sein* gerichtet. Dinge dieser Welt kann man besitzen, doch Wahrheit, Freude, Schönheit gehören zur Welt der Vibrationen, zur Welt der Energien; und diese kann man immer nur *sein*. Vor dem König liegt noch ein langer Weg.

> Der älteste Sohn machte sich auf den Weg, verließ sich auf seine Klugheit und meinte, den goldenen Vogel schon zu finden. Wie er eine Strecke gegangen war, sah er an dem Rande eines Waldes einen Fuchs sitzen, legte seine Flinte an und zielte auf ihn. Der Fuchs rief: „Schieß mich nicht, ich will dir dafür einen guten Rat geben. Du bist auf dem Weg nach dem goldenen Vogel, und wirst heut abend in ein Dorf kommen, wo zwei Wirtshäuser einander gegenüberstehen. Eins ist hell erleuchtet, und es geht darin lustig her: Da kehr aber nicht ein, sondern geh ins andere, wenn es dich auch schlecht ansieht." „Wie kann mir wohl so ein albernes Tier einen vernünftigen Rat erteilen!", dachte der Königssohn und drückte los, aber er fehlte den Fuchs, der den Schwanz streckte und schnell in den Wald lief.

Der König schickt also zuerst wieder seinen ersten Sohn, sein Mental, hinaus in die Welt, den Vogel zu finden. Doch dieser verlässt sich nur auf seine Verstandes-Klugheit, macht sich über die Ratschläge des Fuchses lustig und schlägt sie in den Wind.

Darauf setzte er seinen Weg fort und kam abends in das Dorf, wo die beiden Wirtshäuser standen: in dem einen ward gesungen und gesprungen, das andere hatte ein armseliges, betrübtes Ansehen. „Ich wäre wohl ein Narr", dachte er, „wenn ich in das lumpige Wirtshaus ginge und das schöne liegen ließ." Also ging er in das lustige ein, lebte da in Saus und Braus, und vergaß den Vogel, seinen Vater und alle guten Lehren.

*Was sind das für zwei Wirtshäuser?*

Ja, das sind zwei Möglichkeiten des Seins: das eine ist die Welt des Vergnügens, der Genüsse, der Unterhaltung und Zerstreuung. Davon werden wir angezogen. Wenn wir aber in diese Welt eingehen, vergessen wir gerne den inneren Auftrag, die Suche nach der Wahrheit. In den apokryphen Thomasakten (im Märchen ‚Das Perlenlied') gibt es eine ähnliche Aussage. Dort wird der Prinz von seinen himmlischen Eltern beauftragt, auf der Erde die Perle der Vollkommenheit zu suchen. Als er aber irdische Nahrung zu sich nimmt, vergisst er diesen Auftrag und schläft (bewusstseinsmäßig) ein. Und so vergisst der älteste Sohn auch hier im Märchen in der Welt des Vergnügens und der Unterhaltung alles: woher er gekommen, wohin er gehen, was er erwerben wollte, alles verschwindet aus seinem Bewusstsein. Das andere Wirtshaus, das äußerlich nach gar nichts aussieht, ist die Welt der Disziplin und der Konzentration aller Kräfte auf das eine Ziel – unsere Wahrheit zu finden.

Als eine Zeit verstrichen und der älteste Sohn immer und immer nicht nach Haus gekommen war, so machte sich der zweite auf den Weg und wollte den goldenen Vogel suchen. Wie dem ältesten begegnete ihm der Fuchs und gab ihm den guten Rat, den er nicht achtete. Er kam zu den beiden Wirtshäusern, wo sein Bruder am Fenster des einen stand, aus dem der Jubel erschallte, und ihn anrief. Er konnte nicht widerstehen, ging hinein und lebte nur seinen Lüsten.

Nun macht sich also der zweite Sohn, unser Vitales, auf den Weg. Doch auch er beachtet die Ratschläge nicht.

Wiederum verstrich eine Zeit, da wollte der jüngste Königssohn ausziehen und sein Heil versuchen, der Vater aber wollte es nicht zulassen. „Es ist vergeblich", sprach er, „der wird den goldenen Vogel noch weniger finden als seine Brüder, und wenn ihm ein Unglück zustößt, so weiß er sich nicht zu helfen; es fehlt ihm am Besten." Doch endlich, wie keine Ruhe mehr da war, ließ er ihn ziehen. Vor dem Walde saß wieder der Fuchs, bat um sein Leben und erteilte den guten Rat. Der Jüngling war gutmütig und sagte: „Sei ruhig, Füchslein, ich tue dir nichts zuleid." „Es soll dich nicht gereuen", antwortete der Fuchs, „und damit du schneller fortkommst, so steig hinten auf meinen Schwanz." Und kaum hatte er sich aufgesetzt, so fing der Fuchs an zu laufen, und da gings über Stock und Stein, dass die Haare im Winde pfiffen.

Immer noch traut der König dem jüngsten Sohn, dem Körper, nicht viel zu, doch gerade dieser ist mit seinen Seelenkräften eng verbunden, und so kommuniziert er mit dem Fuchs und hört auf seinen Rat.

*Was symbolisiert denn der Fuchs?*

Einen Schutzengel, eine Helferkraft! Haben wir nicht alle schon erlebt, dass wir aus direktem seelischen Wissen Hinweise bekommen, die sich ganz leise und zart in uns melden, die aber meist von anderen lauteren Stimmen unserer mentalen und vitalen Kräfte gleich in den Wind geschlagen werden, weil ihre Befolgung vielleicht etwas unangenehm, beschwerlich, ungewohnt oder nicht gesellschaftskonform erscheint? Solch innerlich wahrgenommene Ratschläge werden vom vordergründigen Ich gerne überhört, die alten Völker aber kommunizierten mit ihren Seelenkräften. Auf zahlreichen ägyptischen Tempel- und Grabwänden sehen wir den Menschen begleitet von seinen ‚Schutzengeln', viele davon in Tiergestalt. Nicht das Tier als solches, sondern eine seiner herausragenden Seelenkräfte, eine Stärke und Fähigkeit, die man in ihm beobachtete und bewunderte, wurde damit dargestellt. Der Fuchs symbolisierte den Neter und Archetypus Anubis [3]. In diesem Namen steckt ‚nub', was Gold heißt, nicht irdisches, sondern seelisches Gold; hinter der dunklen Maske des Fuchses (oder Wolfes, Hundes, Schakals – die Unterscheidung dieser Tiere ist hier unwesentlich, denn sie alle verkörpern das gleiche seelische Prinzip) wirkt eine ‚goldene' Kraft: Wachsamkeit, Schutz, Führung – nicht nur im Leben, sondern auch beim Verlassen des Körpers und beim Durchgang von einem Leben zum anderen. Auch hier im Märchen zeigt uns dieser Schutzengel den Weg, der uns zur seelischen Transformation führt.

*Der Fuchs lädt ihn ein, auf seinem Schwanz zu reiten.*

Das ist ein schönes Bild für das Einswerden mit dem Schutzengel. Wenn wir uns vollständig seiner Führung anvertrauen, kommen wir blitzschnell voran auf unserem inneren Weg. In Ägypten trug der Pharao bei wichtigen zeremoniellen Handlungen einen Tierschwanz. Dieser sollte ihn an seine evolutionäre Vergangenheit erinnern, an den Ursprung des Seins, aus dem er gekommen ist und wohin er auch wieder zurückgehen wird. Als die Apostel Jesus einmal fragten, in welcher Weise ihr Ende sein werde, antwortete er (so berichtet das Thomasevangelium, Logion 18): „Da wo Euer Anfang ist, wird auch Euer Ende sein."

Es gibt eine Zen-Geschichte, in welcher der Schwanz einer Kuh als ein Symbol vorkommt. Es wird gesagt, dass eine Kuh (die buntgescheckte Kuh ist ein weit verbreitetes altes Symbol für Welt, ja für das ganze Universum, dort gibt es ja auch die ‚Milch'-straße), ihre zwei Hörner und ihre vier Füße durch die Fensteröffnung des Hauses hindurchstrecken kann, nicht aber ihren Schwanz. Verstehen wir Fenster und Haus als ein Bild für die Aufnahmefähigkeit unseres Bewusstseins, so gehen die Dualität (die zwei Hörner) und die Pluralität (die vier Füße) noch hindurch (diese können wir noch erfassen, verstehen). Der *eine* Schwanz aber – ein Symbol für die *Einheit des Seins* – geht bei den meisten Menschen nicht mehr hindurch. Ihre ‚Öffnung' ist zu klein, das Bewusstseinsfenster zu eng, um die allumfassende Ganzheit durchlassen zu können!

Als sie zu dem Dorfe kamen, stieg der Jüngling ab, befolgte den guten Rat und kehrte, ohne sich umzusehen, in das geringe Wirtshaus ein, wo er ruhig übernachtete. Am andern Morgen, wie er auf das Feld kam, saß da schon der Fuchs und sagte: „Ich will dir weiter sagen, was du zu tun hast. Geh du immer geradeaus …"

„Immer geradeaus", das ist symbolisch zu verstehen. Der ‚gerade Weg'
erscheint in vielen Märchen und Mythen. Parmenides, der griechische
Philosoph, schildert, wie er in seinem von wilden Stuten gezogenen
Wagen auf dem geraden Weg zur Göttin der Wahrheit gelangte, welche
ihn lobte, diesen Weg jenseits der ausgetretenen Menschenpfade gewählt
zu haben.

> „… endlich wirst du an ein Schloss kommen, vor dem eine ganze Schar
> Soldaten liegt, aber kümmre dich nicht darum, denn sie werden alle schlafen
> und schnarchen: geh mitten durch und geradewegs in das Schloss hinein,
> und geh durch alle Stuben, zuletzt wirst du in eine Kammer kommen, wo
> ein goldener Vogel in einem hölzernen Käfig hängt. Nebenan steht ein leerer
> Goldkäfig zum Prunk, aber hüte dich, dass du den Vogel nicht aus seinem
> schlechten Käfig herausnimmst und in den prächtigen tust, sonst möchte es
> dir schlimm ergehen." Nach diesen Worten streckte der Fuchs wieder seinen
> Schwanz aus, und der Königssohn setzte sich auf; da gings über Stock und
> Stein, dass die Haare im Winde pfiffen.

Wieder hilft ihm der Fuchs, voranzukommen auf dem Weg der Selbstfindung. Das Schloss mit den vielen Kammern ist unser eigenes Bewusstsein mit seinen verschiedenen ‚Räumen' und ‚Ebenen'. Ohne sich von den
Inhalten der Gedanken-, Gefühls- oder ‚Wunsch-Kammern' aufhalten
zu lassen, heißt es, geradewegs durch sie hindurchzugehen, bis man zur
letzten, hintersten Kammer gelangt, wo der goldene Vogel – unsere tiefere Wahrheit – leuchtet. So wie Buddha, dessen Name Tatà Gata, ‚Der
so Gegangene', ist, können wir in unserem Bewusstsein weiter, höher,
tiefer gehen.

> Als er bei dem Schloss angelangt war, fand er alles so, wie der Fuchs gesagt
> hatte. Der Königssohn kam in die Kammer, wo der goldene Vogel in einem
> hölzernen Käfig saß, und ein goldener stand daneben; die drei goldenen
> Äpfel aber lagen in der Stube umher. Da dachte er, es wäre lächerlich, wenn
> er den schönen Vogel in dem gemeinen und hässlichen Käfig lassen wollte,

öffnete die Türe, packte ihn und setzte ihn in den goldenen. In dem Augenblick aber tat der Vogel einen durchdringenden Schrei.

*Warum soll der Jüngling ihn nicht in den goldenen Käfig setzen?*

Unserem Verstand scheint das unbegreifbar zu sein. Doch die Wahrheit selbst ist ja schon von ‚Gold' und benötigt nicht noch einen goldenen Käfig. Wenn wir sie erfahren, gilt es, sie so zu nehmen, wie sie sich zeigt, auch wenn sie sich in einer unerwartet einfachen Art präsentiert.

„Alles Große und Edle ist einfacher Art", sagt Goethe. Wir brauchen der Wahrheit keine goldene Hülle zu geben; müssen kein großes Buch darüber schreiben, pompöse Predigten über sie verfassen, eine Yogaschule eröffnen, eine Wahrheitsorganisation gründen. Es genügt, sie zu SEIN. Wahrheit bedeutet *bewusst sein*. Bewusstsein ‚steckt an', wirkt in der Welt, ohne dass wir etwas *dazutun* müssen.

Die Soldaten erwachten, stürzten herein und führten ihn ins Gefängnis. Den andern Morgen wurde er vor ein Gericht gestellt und, da er alles bekannte, zum Tode verurteilt. Doch sagte der König, er wollte ihm unter einer Bedingung das Leben schenken, wenn er ihm nämlich das goldene Pferd brächte, welches noch schneller liefe als der Wind, und dann sollte er obendrein zur Belohnung den goldenen Vogel erhalten. Der Königssohn machte sich auf den Weg, seufzte aber und war traurig, denn wo sollte er das goldene Pferd finden?

So nah sind wir oft einer Realisation und fallen wieder zurück in ein beschränktes Bewusstsein, das uns gefangen hält. Auf dem langen Weg der Bewusstwerdung wechseln die seelischen Zustände in uns immer wieder; einmal sitzen wir im Himmel, einmal in der Hölle, einmal sind wir der Wahrheit ganz nah, dann wieder sitzen wir im eigenen Gefängnis. Es gibt mentale Kräfte in uns, die gerne richten und verurteilen, und die nicht nur andere sondern auch sich selbst unbarmherzig als Versager und Nichtskönner stempeln. Meist fällt es sogar leichter, anderen die Fehler zu verzeihen als sich selbst. Doch auch die sogenannten Umwege gehören zu unserem Weg und können schließlich fruchtbar sein (wie wir später noch erfahren werden).

Nun wartet also eine neue Herausforderung auf den Sucher der Wahrheit; eine neue Seelenkraft, das goldene Pferd, soll gefunden werden.

*Es heißt, es kann schneller laufen als der Wind.*

Diese Geschwindigkeit symbolisiert eine Dynamis, eine Energie, die große Kraft der Begeisterung, der Ausdauer, des Enthusiasmus, die uns hilft, schnelle Fortschritte zu machen.

> Da sah er auf einmal seinen alten Freund, den Fuchs, an dem Wege sitzen. „Siehst du", sprach der Fuchs, „so ist es gekommen, weil du mir nicht gehört hast. Doch sei guten Mutes, ich will mich deiner annehmen und dir sagen, wie du zu dem goldenen Pferd gelangst. Du musst geradewegs fortgehen ..."

Erneut meldet sich unser Schutzengel und gibt die Weisung, „geradewegs fortzugehen", also nicht stehen zu bleiben, nach einer Niederlage nicht aufzugeben.

> „... so wirst du zu einem Schloss kommen, wo das Pferd im Stalle steht. Vor dem Stall werden die Stallknechte liegen, aber sie werden schlafen und schnarchen, und du kannst geruhig das goldene Pferd herausführen. Aber eins musst du in acht nehmen, leg ihm den schlechten Sattel von Holz und Leder auf und ja nicht den goldenen, der dabei hängt, sonst wird es dir schlimm ergehen." Dann streckte der Fuchs seinen Schwanz aus, der Königssohn setzte sich auf, und es ging fort über Stock und Stein, dass die Haare im Winde pfiffen. Alles traf so ein, wie der Fuchs gesagt hatte, er kam in den Stall, wo das goldene Pferd stand; als er ihm aber den schlechten Sattel auflegen wollte, so dachte er: „Ein so schönes Tier wird verschändet, wenn ich ihm nicht den guten Sattel auflege, der ihm gebührt."

Obwohl der Jüngling die innere Weisung hört, lässt er sich erneut durch sein Verstandesdenken und die gesellschaftlichen Normen zu anderem

Handeln verleiten. *Seiner* Logik folgend, legt er dem goldenen Pferd einen goldenen Sattel auf.

Kaum aber berührte der goldene Sattel das Pferd, so fing es an laut zu wiehern. Die Stallknechte erwachten, ergriffen den Jüngling und warfen ihn ins Gefängnis. Am andern Morgen wurde er vom Gerichte zum Tode verurteilt, doch versprach ihm der König das Leben zu schenken und dazu das goldene Pferd, wenn er die schöne Königstochter vom goldenen Schlosse herbeischaffen könnte.

Wieder ist er gescheitert und sitzt im Gefängnis seiner mentalen Konzeptionen. Doch erneut wird ihm eine Chance geboten, sich an einer weiteren Aufgabe zu bewähren, zu wachsen und zu reifen.

*Nun soll er die schöne Königstochter vom goldenen Schlosse finden. Ist damit seine Seele, seine Anima gemeint?*

So kann man es sehen. Doch müssen wir aufpassen, dass wir ein Symbol nicht mit einem Wort gleichsetzen und es so einschränken. Was ‚Seele‘ ist, lässt sich nicht definieren. Sri Aurobindo wählte in seinen Werken, wenn er von Seele sprach, den Ausdruck *psychic being* (*being* als Verb!) Wir können Seele nicht *haben*, immer nur *sein*. Sowohl die goldenen Äpfel, der goldene Vogel, das goldene Pferd als auch die Prinzessin vom goldenen Schloss, all das *ist Seele*, all das sind Aspekte unseres *seelischen Seins*, und als solche lassen sie sich nicht strikt voneinander trennen. Sie sind schillernd, können ineinander übergehen – so wie Lichttönungen am Himmel.

Die Schwierigkeit ist, dass es zwei Arten von Psychologie gibt. Die eine sagt: der Mensch hat *eine* Seele, die andere, ältere Psychologie (aus der Epoche der Rishis, der ‚Seher‘, der alten Ägypter, der Indianer) sah im Menschen *viele* Seelen, viele Seelenkräfte. Im alten Ägypten wurde der Pharao oder der Schüler der Weisheit gelehrt, diese Seelenkräfte (Schilfrohren vergleichbar) zu einer starken Säule, dem Djed [4], zusammenzubinden, so dass sie von Dauer ist und in der Ewigkeit stehen kann. Diese psychologische Arbeit des Zusammenbindens erwähnt auch Jesus, wenn er sagt: „Was ihr auf Erden gebunden, bleibt auch im Himmel gebunden." Erst als Zusammengebundener sind wir wirklich *Einer* (Monachos), doch das ist ein langer Prozess. Diese differenzierte Psychologie einer alten Gnosis schimmert auch in diesem Märchen *Der goldene Vogel* durch; der Jüngling – auf der Suche nach sich selbst – erfährt seine Seelenkräfte zunehmend bewusster und intensiver (anfänglich vielleicht nur für kurze Augenblicke), verliert sie wieder, kann sie erneut ‚einsammeln' und an sich *binden* und schließlich dauerhaft eins mit ihnen sein.

> Mit schwerem Herzen machte sich der Jüngling auf den Weg, doch zu seinem Glücke fand er bald den treuen Fuchs. „Ich sollte dich nur deinem Unglück überlassen", sagte der Fuchs, „aber ich habe Mitleiden mit dir und will dir noch einmal aus deiner Not helfen. Dein Weg führt dich gerade zu dem goldenen Schlosse: abends wirst du anlangen, und nachts, wenn alles still ist, dann geht die schöne Königstochter ins Badehaus, um da zu baden ..."

*Es heißt „nachts, wenn alles still ist" badet die Königstochter. Hat das wiederum etwas mit dem Nachtbewusstsein zu tun?*

Jede Nacht, wenn wir schlafen, tauchen wir in ein anderes Bewusstsein und baden im Reich der Vibrationen, im Reich der Träume und des Tiefschlafs, wo wir ganz Welle sind. Unsere Vorfahren waren mit dem Mondwissen, dem Traumwissen viel tiefer verbunden als wir. In der Bibel gibt es eine Geschichte von einer Susanna im Bade [5], die – so wird dort erzählt – von den alten Weisen beobachtet wird. Diese Geschichte (wie so viele andere) wird meist dinglich verstanden, dahinter steht aber eine psychologische Lehrbotschaft, die ihre Wurzeln im alten Ägypten hat. *Susan* ist der ägyptische Name für Lotos. Es gibt Lotosarten, die in der Nacht vollständig ins Wasser eintauchen und am Morgen wieder hervorkommen und sich der Sonne öffnen. So kann man verstehen, dass in diesem Vorgang ein Symbol für Erneuerung, Bewusstwerdung, Wiedergeburt gesehen wurde. Jede Nacht soll der Weise beobachten, wie sein eigenes Bewusstsein im ‚Wellenreich badet', und er sich im vibratorischen Kraftfeld (im Tiefschlaf) regeneriert und am Morgen wie neu geboren aufwacht. Er soll sich dieses geheimnisvollen Vorgangs bewusst werden. Und das ist nun auch Aufgabe des Jünglings.

„Und wenn sie hineingeht, so spring auf sie zu und gib ihr einen Kuss, dann folgt sie dir, und du kannst sie mit dir fortführen: nur dulde nicht, dass sie vorher von ihren Eltern Abschied nimmt, sonst kann es dir schlimm ergehen." Dann streckte der Fuchs seinen Schwanz, der Königssohn setzte sich auf, und so ging es über Stock und Stein, dass die Haare im Winde pfiffen. Als er beim goldenen Schloss ankam, war es so, wie der Fuchs gesagt hatte. Er wartete bis um Mitternacht; als alles in tiefem Schlaf lag und die schöne Jungfrau ins Badehaus ging, da sprang er hervor und gab ihr einen Kuss.

*Kann man das Mondbewusstsein, das ‚Wellenreich' mit einem Kuss erobern?*

Der Kuss ist ein Symbol der Vereinigung. Im Französischen heißt ‚embrasser' sowohl küssen als auch umarmen. Der Königssohn findet – in der Nacht, im Wellenreich, in tieferem Bewusstseinszustand – sein seelisches Wesen, seine komplementäre Ergänzung, und wird eins damit, erlebt Vollständigkeit, Ganzheit, Seligkeit.

Sie sagte, sie wollte gerne mit ihm gehen, bat ihn aber flehentlich und mit Tränen, er möchte ihr erlauben, vorher von ihren Eltern Abschied zu nehmen. Er widerstand anfänglich ihren Bitten, als sie aber immer mehr weinte und ihm zu Fuß fiel, so gab er endlich nach. Kaum aber war die Jungfrau zu dem Bette ihres Vaters getreten, so wachte er und alle anderen, die im Schloss waren, auf, und der Jüngling ward festgehalten und ins Gefängnis gesetzt.

*Es scheint, als ob bei jeder Eroberung einer neuen Seelenkraft auch die Gefahr entsteht, alles wieder zu verlieren. Was bedeutet es wohl, dass die Prinzessin sich nicht von den Eltern verabschieden darf.*

Die innerlich wahrgenommenen Weisungen erscheinen dem normalen Denken oft unlogisch und sind manchmal nicht verständlich. Es braucht viel Stärke, um dem Rat des Schutzengels, dem inneren Programm, bedingungslos zu folgen. Der Jüngling wird hin- und hergerissen, gibt aber schließlich dem Verlangen der Prinzessin (die hier als Teil seiner selbst zu sehen ist) doch nach. Der Wunsch, sich von den Eltern zu verabschieden, kann als ein Zurückfallen in ein gewöhnliches Bewusstsein gedeutet werden, wo emotionale Bindungen oder familiäre Gewohnheiten und Traditionen wichtiger sind als die selige Erfahrung des Einsseins. Gesellschaftliche Regeln und Verpflichtungen jedoch können uns gefangen halten; so sitzt der Jüngling erneut im Gefängnis. Von diesem inneren Spannungsfeld der wechselnden Bewusstseinszustände in uns erzählt dieses Märchen immer wieder.

> Am andern Morgen sprach der König zu ihm „dein Leben ist verwirkt, und du kannst bloß Gnade finden, wenn du den Berg abträgst, der vor meinen Fenstern liegt, und über welchen ich nicht hinaussehen kann, und das musst du binnen acht Tagen zustande bringen. Gelingt dir das, so sollst du meine Tochter zur Belohnung haben."

*Was ist mit diesem Berg gemeint?*

Schon in der Steinzeit hat man über den Verstorbenen Erdhügel aufgeschüttet. Im alten Ägypten bedeutete das flache grüne Nilufer Leben; die angrenzende öde Berglandschaft hingegen war der Ort, wo man die Toten beerdigte, und so wurde der Berg [6] zu einem Symbol des Todes. Der König sieht vor seinem Fenster immer nur den Tod und kann nicht darüber hinweg sehen. Er sehnt sich nach einem Bewusstsein der ‚offenen Weite' [7]. Jesus, der ja in Ägypten aufgewachsen ist, sagt etwas Interessantes über den Berg: „Wenn zwei miteinander Frieden schließen im gleichen Haus, werden sie zum Berg sagen: Hebe dich hinweg! Und er wird sich hinwegheben." [8] Natürlich sprach Jesus nicht von Dingen, sondern von Bewusstseinsbewegungen. Wer sind nun die zwei, die im Streit miteinander leben, und deren Frieden so viel bewirken kann? Haben wir sie nicht soeben beim Jüngling angetroffen, der immer wieder hin und hergerissen wird zwischen den zwei Wesensseiten in ihm (im gleichen Haus), und so oft im eigenen Gefängnis sitzt. Wenn wir sowohl unsere Tages- als auch unsere Nachtseite (die dingliche und die vibratorische Welt) erkennen und beide in uns integrieren, so dass nicht nur eine dominiert, und der Streit aufhört, können wir den Berg wegschicken; der Tod verschwindet, weil wir erkennen, dass es ihn nicht gibt. Diese Bewusstseinsarbeit wird nun vom Jüngling gefordert.

> Der Königssohn fing an, grub und schaufelte, ohne abzulassen, als er aber nach sieben Tagen sah, wie wenig er ausgerichtet hatte, und alle seine Arbeit so gut wie nichts war, so fiel er in große Traurigkeit und gab alle Hoffnung auf. Am Abend des siebenten Tags aber erschien der Fuchs und sagte: „Du verdienst nicht, dass ich mich deiner annehme, aber geh nur hin und lege dich schlafen, ich will die Arbeit für dich tun." Am andern Morgen, als er erwachte und zum Fenster hinaussah, so war der Berg verschwunden.

Wer ihm erneut beisteht, ist Anubis, unser Schutzengel, der den Tod kennt. Er wird oft auf den Gräbern wachend dargestellt. Im Zodiakkreis im Tempel von Dendera steht Anubis im Zentrum – auf dem Symbol der Liebe – als Polarstern, als jener Stern, der nicht wie andere am Nachthimmel untergeht und deshalb ein Symbol für Unsterblichkeit darstellt [9]; er steht sozusagen über dem Tod. Wir selbst vermögen nicht, den Berg abzutragen, doch mit Hilfe von Anubis lässt sich der Tod überwinden. Er ist das Prinzip, das uns unser wahres Wesen erkennen lässt. Er ist das ‚Verklärungsprinzip', das uns hilft, uns selbst transparent zu werden.

*Das ist nicht leicht zu verstehen, denn der dritte Sohn wurde doch als unser Körper gedeutet.*

Mit Körper ist natürlich nicht die äußere Form gemeint, sondern die Energien und Kräfte, die ihn bewirken – und diese möchten verklärt werden. Die beiden anderen Söhne, das Mentale und Vitale, verlassen sich auf sich selbst, haben sich verselbständigt, gehen ihre eigenen Wege. Im Wirtshaus sinken sie auf eine niedrige Stufe hinunter. Der dritte Sohn jedoch ist offen für die Führung durch Anubis, der ihn mit seinen goldenen (doch zu Beginn noch unbewussten) Schätzen seines Wesens in Verbindung bringt.

Der Jüngling eilte vor Freude zum König und meldete ihm, dass die Bedingung erfüllt wäre, und der König mochte wollen oder nicht, er musste Wort halten und ihm seine Tochter geben. Nun zogen die beiden zusammen fort, und es währte nicht lange, so kam der treue Fuchs zu ihnen. „Das Beste hast du zwar", sagte er, „aber zu der Jungfrau aus dem goldenen Schloss gehört auch das goldene Pferd."

„Wie soll ich das bekommen?" fragte der Jüngling. „Das will ich dir sagen", antwortete der Fuchs, „zuerst bring dem Könige, der dich nach dem goldenen Schlosse geschickt hat, die schöne Jungfrau. Da wird unerhörte Freude sein, sie werden dir das goldene Pferd gerne geben und werden dir's vorführen. Setz dich alsbald auf und reiche allen zum Abschied die Hand herab, zuletzt der schönen Jungfrau, und, wenn du sie gefasst hast, so zieh sie mit einem Schwung hinauf und jage davon: und niemand ist imstande, dich einzuholen, denn das Pferd läuft schneller als der Wind." Alles wurde glücklich vollbracht und der Königssohn führte die schöne Jungfrau auf dem goldenen Pferde fort. Der Fuchs blieb nicht zurück und sprach zu dem Jüngling: „Jetzt will ich dir auch zu dem goldenen Vogel verhelfen. Wenn du nahe bei dem Schlosse bist, wo sich der Vogel befindet, so lass die Jungfrau absitzen, und ich will sie in meine Obhut nehmen. Dann reite mit dem goldenen Pferd in den Schlosshof: bei dem Anblick wird große Freude sein, und sie werden dir den goldenen Vogel herausbringen. Wie du den Käfig in der Hand hast, so jage zu uns zurück und hole dir die Jungfrau wieder ab."

*Zuerst muss er sozusagen den Weg nach oben gehen, dann von oben wieder den Weg nach unten.*

Auf seinem Weg erfährt er zuerst nur flüchtig die großen Kräfte des Seins und fällt dann wieder zurück in ein enges Bewusstsein. Er findet einerseits den goldenen Vogel, das goldene Pferd und die Jungfrau im Bade, verliert sie aber auch wieder, sie gehören ihm noch nicht. Erst nachdem der Berg abgetragen ist, die offene Weite des Bewusstseins da ist, fällt es leicht, die goldenen Seelenkräfte – stets mit Hilfe der Führung durch den Fuchs – erneut zu erlangen.

194

Als der Anschlag geglückt war und der Königssohn mit seinen Schätzen heimreiten wollte, so sagte der Fuchs: „Nun sollst du mich für meinen Beistand belohnen." „Was verlangst du dafür?", fragte der Jüngling. „Wenn wir dort in den Wald kommen, so schieß mich tot und hau mir Kopf und Pfoten ab." „Das wäre eine schöne Dankbarkeit", sagte der Königssohn, „das kann ich dir unmöglich gewähren."

Das Töten ist natürlich wieder symbolisch zu verstehen (so wie das Töten des Pferdes im Märchen *Die weiße Schlange* oder das Töten der Kinder im Märchen *Der Treue Johannes*).

*Was heißt jetzt, den Anubis köpfen?*

Er muss auch das Wesen dessen, was Anubis ist, erkennen. Doch dazu ist der Jüngling noch nicht fähig.

Sprach der Fuchs: „Wenn du es nicht tun willst, so muss ich dich verlassen; ehe ich aber fortgehe, will ich dir noch einen guten Rat geben. Vor zwei Stücken hüte dich, kauf kein Galgenfleisch und setze dich an keinen Brunnenrand." Damit lief er in den Wald. Der Jüngling dachte: „Das ist ein wunderliches Tier, das seltsame Grillen hat. Wer wird Galgenfleisch kaufen! und die Lust, mich an einen Brunnenrand zu setzen, ist mir noch niemals gekommen." Er ritt mit der schönen Jungfrau weiter, und sein Weg führte ihn wieder durch das Dorf, in welchem seine beiden Brüder geblieben waren. Da war großer Auflauf und Lärmen, und als er fragte, was da vor wäre, hieß es, es sollten zwei Leute aufgehängt werden. Als er näher hinzukam, sah er, dass es seine Brüder waren, die allerhand schlimme Streiche verübt und all ihr Gut vertan hatten. Er fragte, ob sie nicht könnten frei gemacht werden. „Wenn Ihr für sie bezahlen wollt", antworteten die Leute, „aber was wollt Ihr an die schlechten Menschen Euer Geld hängen und sie loskaufen." Er besann sich aber nicht, zahlte für sie, und als sie frei gegeben waren, so setzten sie die Reise gemeinschaftlich fort.

*Er kauft also Galgenfleisch, was bedeutet das?*

Er begibt sich in die Gesellschaft seiner Brüder, verbindet sich mit den niederen mentalen und vitalen Kräften, fällt zurück in alte Gewohnheiten. Im Grunde sind die Brüder ja Teile seiner selbst. Er muss sozusagen seine schlechten Verhaltensweisen meistern und sich im Alltag bewähren.

*Und in dieser Umgebung muss er aufpassen, dass ihm nicht alles gestohlen wird!*

Ja, das erfordert eine besondere Wachsamkeit.

> Sie kamen in den Wald, wo ihnen der Fuchs zuerst begegnet war, und da es darin kühl und lieblich war und die Sonne heiß brannte, so sagten die beiden Brüder: „Lasst uns hier an dem Brunnen ein wenig ausruhen, essen und trinken." Er willigte ein, und während des Gesprächs vergaß er sich, setzte sich an den Brunnenrand und versah sich nichts Arges. Aber die beiden Brüder warfen ihn rückwärts in den Brunnen …

„Während des Gesprächs vergaß er sich." Er vergaß, wachsam zu sein. Er vergaß den Rat, seinen Auftrag, sein Programm. Und so wird der Jüngling durch die niederen vitalen und mentalen Kräfte (seine Brüder) ‚hinuntergeworfen', er fällt bewusstseinsmäßig in die ‚Tiefe'.

> … nahmen die Jungfrau, das Pferd und den Vogel, und zogen heim zu ihrem Vater. „Da bringen wir nicht bloß den goldenen Vogel", sagten sie, „wir haben auch das goldene Pferd und die Jungfrau von dem goldenen Schlosse erbeutet." Da war große Freude, aber das Pferd, das fraß nicht, der Vogel, der pfiff nicht, und die Jungfrau, die saß und weinte.

*Könnte man sagen, die Brüder bringen quasi nur noch ein Buchwissen statt des lebendigen seelischen Wissens zurück; sie haben vielleicht eine Theorie über das, was Vogel, Pferd und Braut sind, jedoch nicht die Erfahrung selbst?*

Ja. Das Mentale und Vitale geben dem König vor, im Besitze großer, kostbarer Kräfte und Fähigkeiten zu sein, und dieser (unser Ich, unsere vordergründige Person) fällt darauf herein und glaubt es. Doch was sie bringen, strahlt nicht mehr, ist freudlos, ist keine wirkliche Kraft mehr. Im Philippus-Evangelium steht ein schöner Satz: In dieser Welt kann man ein Wissen über etwas erlangen, ohne es zu sein, doch in der Welt der Wahrheit kann man das nur durch Identifikation, durch Einssein. Was Seligkeit ist, kann ich nur wissen, wenn ich sie geworden bin.

> Der jüngste Bruder war aber nicht umgekommen. Der Brunnen war zum Glück trocken, und er fiel auf weiches Moos, ohne Schaden zu nehmen, konnte aber nicht wieder heraus.

Das war kein Brunnen mit lebendigem Wasser, von dem Jesus hätte sagen können: „Du hast aus der Quelle getrunken, die ich ausgemessen habe." Nein, er ist in einen ausgetrockneten Brunnenschacht gefallen und sitzt ganz unten auf der Bewusstseinsleiter, im dunklen Loch gefangen. Die wunderbaren Seelenkräfte sind ihm erneut verloren gegangen. Bis man dauerhaft eins mit ihnen sein kann, braucht es viel Geduld und Ausdauer. Doch seelische Kräfte und Fähigkeiten kann man rufen, ‚üben‘, man muss sie sich quasi ‚einverleiben‘. Einswerdung ist wie ‚essen‘: man absorbiert eine Energie. Deshalb spricht die alte Gnosis vom ‚Essen‘ des Horusauges oder vom ‚Trinken‘ des Dionysosblutes. Auch Jesus bedient sich dieser alten Symbolsprache, wenn er die Jünger einlädt, seinen Leib zu ‚essen‘ und sein Blut zu ‚trinken‘.

> Auch in dieser Not verließ ihn der treue Fuchs nicht, kam zu ihm herabge-sprungen und schalt ihn, dass er seinen Rat vergessen hätte. „Ich kann's aber doch nicht lassen", sagte er, „ich will dir wieder an das Tageslicht helfen." Er sagte ihm, er sollte seinen Schwanz anpacken und sich fest daran halten, und zog ihn dann in die Höhe.

Sein Schutzengel hilft ihm wieder; den Schwanz soll er anpacken und sich ‚fest daran halten‘; die Einheit des Seins wird ihm in Erinnerung gerufen; sich daran haltend kann er wieder in die Höhe (seines Bewusst-seins) gelangen.

„Noch bist du nicht aus aller Gefahr", sagte der Fuchs, „deine Brüder waren deines Todes nicht gewiss und haben den Wald mit Wächtern umstellt, die sollen dich töten, wenn du dich sehen ließest."

*Es scheint, als ob es Kräfte in uns gibt, die sich unserem Programm, unserer Bewusstwerdung entgegenstellen und andere, die sie fördern und unterstützen. Da ist ein ständiges Hin und Her im Menschen und diese innere Dichotomie, diese widerstrebenden Kräfte in uns, machen es uns so schwer.*

Die sogenannt hindernden Kräfte sind im Grunde auch hilfreich, denn sie prüfen immer wieder, ob unser Reich des Bewusstseins wirklich solide erobert worden ist. Wie sagt doch Goethe im Faust: „Ich bin ein Teil von jener Kraft, die stets das Böse will und doch das Gute schafft."

Da saß ein armer Mann am Weg, mit dem vertauschte der Jüngling die Kleider und gelangte auf diese Weise an des Königs Hof.

Er verändert sozusagen etwas in sich. Er kommt nicht mit der Absicht, die Prinzessin zu erobern, sondern ganz bescheiden, als einfacher Mensch (sozusagen ichfrei).

Niemand erkannte ihn, aber der Vogel fing an zu pfeifen, das Pferd fing an zu fressen, und die schöne Jungfrau hörte auf zu weinen.

Seine Gegenwart verändert alles.

Der König fragte verwundert: „Was hat das zu bedeuten?" Da sprach die Jungfrau: „Ich weiß es nicht, aber ich war so traurig, und nun bin ich so fröhlich. Es ist mir, als wäre mein rechter Bräutigam gekommen." Sie erzählte ihm alles, was geschehen war, obgleich die andern Brüder ihr den Tod angedroht hatten, wenn sie etwas verraten würde. Der König hieß alle Leute vor sich bringen, die in seinem Schloss waren, da kam auch der Jüngling als ein armer Mann in seinen Lumpenkleidern, aber die Jungfrau erkannte ihn gleich und fiel ihm um den Hals. Die gottlosen Brüder wurden ergriffen und hingerichtet ...

Die niederen Bewusstseinskräfte verschwinden, sie können uns nicht mehr schaden, uns nicht mehr herunterziehen, uns nicht mehr die goldenen Seelenkräfte rauben.

... er aber ward mit der schönen Jungfrau vermählt und zum Erben des Königs bestimmt.

Nun hat er sein Bewusstseinsreich wirklich erobert.

Aber wie ist es dem armen Fuchs ergangen? Lange danach ging der Königssohn einmal wieder in den Wald, da begegnete ihm der Fuchs und sagte: „Du hast nun alles, was du dir wünschen kannst, aber mit meinem Unglück will es kein Ende nehmen, und es steht doch in deiner Macht, mich zu erlösen", und abermals bat er flehentlich, er möchte ihn totschießen und ihm Kopf und Pfoten abhauen. Also tat ers, und kaum war es geschehen, so verwandelte sich der Fuchs in einen Menschen, und war niemand anders als der Bruder der schönen Königstochter, der endlich von dem Zauber, der auf ihm lag, erlöst war. Und nun fehlte nichts mehr zu ihrem Glück, solange sie lebten.

Durch das Einssein mit seiner Braut, wird ihm nun auch das Wesen des Fuchses transparent. Er sieht ihn nicht mehr als ein Gegenüber, als einen Anderen, sondern erfährt ihn nun als Wesensaspekt seiner Seele, als Bruder seiner Braut. Er erkennt ihn als die Kraft, die alles Getrennte wieder zusammenbringt und zu einer neuen Ganzheit werden lässt. Diese Ganzheit ist viel mehr als die Summe der Teile; er erfährt eine neue Dimension, erlebt jetzt alles in einer neuen transparenten Art und Qualität.

*Das Erlebnis der Einheit (die Vermählung von Braut und Bräutigam) kann also noch vieles entschleiern und andere neue Erfahrungen bewirken.*

Ja. Da gibt es keinen Stillstand. Bewusstwerdung ist ein ständiges

Voranschreiten. Da liegt noch ein großer Weg vor uns. Sri Aurobindo sagt: Der Mensch hat eben erst angefangen, Mensch zu werden.

*In diesem Märchen steckt also ein ganzer Yoga-Weg drin?*

Ja, so wie auch im Märchen vom *Hans im Glück* oder *Hänsel und Gretel* oder *Die drei Federn* und vielen anderen. Es tauchen vielleicht andere Motive und Symbole auf, doch wird in diesen Geschichten ein Transformationsweg des Bewusstseins gezeigt.

*Es gibt wohl viele verschiedene Wege der Bewusstwerdung?*

Ja, jeder Mensch verwirklicht seinen Weg.

## Anmerkungen

### [1] Pfeil

Siehe Medhanandas Interpretationen der Heraklessage in *Verborgene Weis-heit*, Kapitel „Die Lehrer" und „Die Rinder".

In der Kena Upanishad steht: „Mach dich zum Pfeil, und vom Bogen der Zeit kehre zurück in die elterliche Sonne." Diese Sammlung, Konzentriertheit, die-se auf nur ‚Eines' gerichtete Kraft wird heute immer noch in der japanischen Kunst des Bogenschießens geübt.

### [2] Feder / Wahrheit

ein ägyptisches Symbol für Wahrheit. Maat, die Göttin der Wahrheit, wird mit einer Feder auf dem Kopf dargestellt.

Sie ist jeweils anwesend, wenn das Herz eines Verstorbenen mit der Feder gewogen wird. Bleiben die Waagschalen im Gleichgewicht, wird der Verstorbene für würdig befunden, in die Ewigkeit einzugehen, denn sein Herz ist so leicht wie eine Feder. Während sich das Ego schwer und ernst nimmt, ist ein von seelischer Wahrheit erfüllter Mensch ganz ‚leicht', heiter, humorvoll… (Im ernsten Mit-telalter kehrten sich die Werte um: ‚Gewogen und zu leicht befunden' galt als sündhaft).

Siehe auch Medhanandas Interpretationen in *Die goldene Gans*.

### [3] Anubis (als Wolf, Hund, Fuchs oder auch Schakal dargestellt)

ist im alten Ägypten ein Symbol für die seelische Kraft der Wachsamkeit, den inneren ‚Wächter', den Schutzengel, den treu-en ‚Begleiter' im Leben und im Tod. Siehe auch Medhananda, *Archetypen der Befreiung* (Kapitel „Anubis, Seelenjäger und Krieger", S. 138, Ibid., S. 154)

### [4] Djed Säule

Siehe auch Medhanandas Interpretationen in *Die Bremer Stadtmusikanten*.

### [5] Susanna im Bade

In der Bibel wird die Geschichte im Buch Daniel 13,1-64 erzählt.

**6 Berg**

Im alten Ägypten wurde die Hieroglyphe für ‚Friedhof' mit drei Bergen dargestellt.

**7 ‚Offene Weite' des Bewusstseins**

Dieser von Medhananda oft verwendete Ausdruck stammt aus einer chinesischen Lehrgeschichte: Wu-di von Liang fragte den Großmeister Bodhidharma: „Welches ist der höchste Sinn der heiligen Wahrheit?" Bodhidharma antwortete: „Offene Weite – nichts von heilig."

(Aus dem Buch *Bi-Yän-Lu, Meister Yüan-wu's Niederschrift von der Smaragdenen Felswand*, deutsche Übersetzung von Wilhelm Gundert, 1960, Carl Hanser Verlag München, Band I, Seite 37)

**8** Thomasevangelium, Logion 48: „Wenn zwei miteinander Frieden schließen im gleichen Haus, werden sie zum Berg sagen: Hebe dich hinweg! Und er wird sich hinwegheben."

**9** Anubis auf dem Symbol der Liebe stehend (im Tempel von Dendera, den Polarstern darstellend).

# Verbale Kommunikation und Symbol-Kommunikation

Immer wieder weist Medhananda in seinen Symbol-Interpretationen auf Sri Aurobindo hin, der in seinen Werken ausführlich darlegt, dass Bewusstsein ein zusammenhängendes Ganzes umfasst, welches aber verschiedene Strukturen aufweist: In der heute vornehmlich mentalen Bewusstseinsstruktur drücken wir Wissen durch Gedanken, durch grammatikalisch differenzierte Sprache aus; in einer früheren Menschheitsphase wurde innerlich erfahrenes, geträumtes oder mystisches Wissen durch Bilder und Symbole mitgeteilt.

Neben der heute vorherrschenden verbalen Kommunikation gibt es also die viel ältere Symbol-Kommunikation, die in früheren Zeiten, in den alten Hochkulturen, voll entfaltet war.

Sri Aurobindo, der das große psychologische, in Symbole gehüllte Wissen der indischen Rishis entschlüsseln konnte, schreibt in *Das Geheimnis des Veda* (*The Secret of the Veda*), dass sie (die Rishis, die ‚Seher‘ der vedischen Epoche des alten Indien) in ihren Schriften nicht von Dingen sprechen, sondern dass sie sich der Naturbilder lediglich bedienten, um damit Seelenkräfte, Bewusstseinsvorgänge, mystische Erfahrungen mitzuteilen. Nicht materielle Dinge, sondern seelische Erfahrungen interessierten die damaligen Seher und Sucher der Wahrheit.

Inwieweit dies auch bei anderen alten Völkern – insbesondere bei den alten Ägyptern – der Fall ist, untersuchten nun Medhananda und Yvonne Artaud. Und sie entdeckten, dass die alten Bilder, wenn man sie nicht nur mythologisch oder religiös betrachtet, ebenfalls eine Fülle von psychologischem Wissen enthalten, dass da Mitteilungen im Sinne von Identitätswissen, von Gnosis auf symbolische Weise ausgedrückt

wurden: Seelenkräfte, Archetypen, innere Vorgänge, Transformationsprozesse, universale Prinzipien... Die Seele wurde als Vielheit gesehen,
als mit allem in Resonanz stehend.

Das von den ägyptischen Sehern und Weisen erfahrene, in Symbolen
dargestellte Wissen wurde wohl immer nur von wenigen anderen
Gnostikern wiedererkannt. Für die große Mehrheit waren es religiöse,
mythische Geschichten, die aber in der damaligen Zeit psychologisch
wirksam waren.

Im Laufe der Jahrhunderte degradierte vieles zu nur noch äußeren Riten,
Zeremonien, abergläubischen Götter-Diensten. Der Kulturphilosoph
Jean Gebser beschreibt in seinem Hauptwerk *Ursprung und Gegenwart,*
wie das einstmals effiziente mythische Bewusstsein um ca. 500 v. Chr.
defizient wurde. Übersetzer einer späteren Zeit haben den psychologischen Gehalt in der Symbolsprache alter Dokumente meist nicht mehr
erkannt und sie entsprechend ihres eigenen Bewusstseinsvermögens
vordergründig, dinglich aufgefasst und so überliefert. Weibliche Sym-
bolfiguren wurden im patriarchalen Zeitalter negativ gedeutet, Mythen-
und Märchenmotive ins Moralische verzerrt.

Medhananda hat versucht, den ursprünglichen Gehalt wieder ‚heraus-
zuschälen‘ und uns zu sensibilisieren für später dazugekommene Ausschmückungen, Verdrehungen, Ergänzungen, historische Einbettungen.

Wenn wir die alten Dokumente als ‚Spiegel‘ nehmen, der uns etwas über
uns selbst zeigen will, wenn wir sie als Identitäts-Übungen betrachten,
können die alten Lehrbilder wieder ihre dynamische Kraft entfalten.
In uns selbst liegen die Antworten. Unser psychologisches Verständnis – so Medhananda – soll in ein ‚quantenpsychologisches‘ Erkennen
intensiviert werden. (Genauso wie die Physik durch die Quantenphysik
an Dimension gewann.)

In der heutigen Zeit hat die analytisch orientierte, verbale Kommunikation die Tendenz, die Symbolkommunikation zu verdrängen, denn

jene wird oft als minderwertige Äußerungsform angesehen. Dadurch entsteht aber Disharmonie und Einseitigkeit im Menschen. Medhananda und Y. Artaud betonten immer wieder, dass Symbolkommunikation in der Erziehung ebenso sorgfältig unterstützt werden sollte wie die verbale Kommunikation, denn beide ergänzen einander. Ihre Kombination führt zu größerer Plastizität, Harmonie und integralem Wachstum des Menschen. Wir werden fähig, intensiver und bewusster aus unseren ‚Wurzeln' und ‚Quellen' zu leben. Da Symbole sich eher an unsere Tiefe, Höhe, Weite und Ganzheit wenden als an unseren Intellekt, wirken sie heilend – im Sinne von ganz-machend, integrierend – und sollten wesentlicher Bestandteil jeder wahren ‚Bild-ung' sein!

# Allgemeine Anmerkungen

Zum besseren Verständnis von Namen und Begriffen, die oft im Text vorkommen.

## Sri Aurobindo

1872 in Kalkutta geboren, verbrachte er auf Wunsch seines indischen Vaters seine Schul- und Studienzeit in England, kehrte 1893 nach Indien zurück und wurde Direktor des ersten national-indischen Colleges in Calcutta. Er kämpfte für ein unabhängiges Indien und wurde von der indischen Regierung als politischer Revolutionär verfolgt und 1908 verhaftet. Während der einjährigen harten Gefängniszeit in Alipur wurden ihm große spirituelle Erfahrungen zuteil, die in ihm eine tiefgreifende Wandlung bewirkten. Nach seiner Freilassung zog er sich nach Pondicherry zurück, um sich ganz auf die innere Arbeit, den integralen Yoga, zu konzentrieren und die Herabkunft des supramentalen Bewusstseins herbeizuführen.

## Yoga

Mit Yoga (im weitesten Sinne des Wortes) ist ein Arbeiten am Bewusstsein gemeint. Durch Aspiration strebt man danach, sein Wesen (mit all den verschiedenen Bewusstseinskräften) an das höchste Bewusstsein, das Göttliche ‚anzujochen‘ (das Wort Yoga ist verwandt mit Joch) und Eins-Sein zu realisieren. In Indien kennt man verschiedene Disziplinen und Wege, die dazu führen: im Karma-Yoga wird selbstlose aufopfernde Arbeit geübt, im Bakti-Yoga Liebe, Verehrung, und im Jnana-Yoga Erkenntnis, Wissen durch direktes Wahrnehmen. Im ältesten Yogabuch (von Patanjali) wird die Disziplin des Yoga in den ersten Sutren so beschrieben: „Yoga ist jener innere Zustand, in dem die mentalen-emotionalen Vorgänge (Sanskrit: vrtti) zur Ruhe kommen. Dann ruht der Sehende in seiner Wesensidentität."

**Der integrale Yoga Sri Aurobindos**

Im integralen Yoga Sri Aurobindos werden die verschiedenen klassischen Yoga-Wege integriert. Nicht ein Zurückziehen von der Welt wird angestrebt, sondern eine Vervollkommnung aller Wesensteile: Körper, Vital, Mental und Übermental (Overmind) sollen durch Aspiration und Hingabe, durch selbstloses, dem Göttlichen geweihtes Wirken in der Welt, durch ein Sich-Öffnen für das höchste Wahrheitsbewusstsein (das Supramentale) geläutert und transformiert werden. Sri Aurobindos zahlreiche Werke – unter anderem *Die Synthese des Yoga, Das göttliche Leben, Die Mutter, Das Ideal einer geeinten Menschheit, Essays über die Gita,* seine *Gedichte* und vor allem sein großes Epos *Savitri* – repräsentieren nicht nur eine Synthese der westlichen und östlichen Kultur, sondern sind unmittelbarer Ausdruck der fortschreitenden Höherentwicklung seines Bewusstseins. Die Evolution wird durch die höchste Bewusstseinskraft bewirkt (so Sri Aurobindo), weil sie in allem bereits involviert ist. Ohne Involution könnte keine Evolution stattfinden. Die Kraft, die „von unten ruft" und diejenige, die „von oben antwortet", sind zwei Pole derselben Wirklichkeit.

**Die Mutter**

In Indien wird die universale Bewusstseinskraft *Shakti* (Energie) oder *kreatives Prinzip* oder auch *Mutter* genannt. Ihre vielen Aspekte und Erscheinungsweisen zeigen sich vor allem in den vier göttlichen Kräften *Weisheit, Liebe, Vollkommenheit* und *Macht der Umformung* (in Sanskrit *Maheshwari, Mahalakshmi, Mahasaraswati* und *Mahakali*), die in allem immanent sind, aber auch alles transzendieren. Sri Aurobindo gab seiner spirituellen Gefährtin, der Französin Mirra Alfassa, den Namen *Mutter*, weil er erkannte, dass sie die universale Bewusstseinskraft in besonderer Weise manifestierte und verwirklichte (inkarnierte). Die Shakti-Kraft kann auch in uns wahrgenommen und durch unsere Aspiration intensiviert werden.

Mirra Alfassa 1878-1973, mit ägyptisch-türkischen Wurzeln, in Paris geboren, war seit ihrer Kindheit auf dem spirituellen Weg mit vielen Erfahrungen und Realisationen. Nach Aufenthalten in Algerien und Japan kam sie 1920 zu Sri Aurobindo nach Pondicherry (Indien), wurde seine spirituelle Gefährtin und erhielt von ihm den Auftrag, die sich um ihn scharenden Schüler als Ashram-Gemeinschaft auf dem spirituellen Weg zu leiten und zu führen. Später gründete die Mutter (Mirra Alfassa) das *Sri Aurobindo International Centre of Education* und die internationale Stadt *Auroville.*

**Auroville**
Ein Ort in Südindien (in der Nähe von Pondicherry), an dem Menschen aus aller Welt den integralen Yoga Sri Aurobindos zu verwirklichen suchen: Transformation aller Wesensteile durch selbstloses Wirken in der Welt, Bewusstwerdung, Öffnung für die höchste supramentale Wahrheitsebene. Die *Mutter* (des Sri Aurobindo Ashrams) sah diese spirituelle Stadt in einer Vision und gründete 1968 Auroville, um einen internationalen Platz zu schaffen, an dem Menschen aus aller Welt wirken können mit der Intention, sich über das heute vornehmlich dominierende mental-rationale Bewusstsein hinaus zu entwickeln, und ein integrales, über-mentales Bewusstsein in sich zu realisieren. Durch das Zusammenleben und Zusammenwirken all der unterschiedlichen Personen (aus allen Erdteilen) soll die Einheit in der Verschiedenheit realisiert werden (das, was Sri Aurobindo in seinem Werk *Das Ideal einer geeinten Menschheit* darstellt). Die Mutter drückte dieses Ideal für Auroville in folgenden Worten aus:
„Auroville gehört niemandem im Besonderen. Auroville gehört der ganzen Menschheit. Aber um in Auroville zu leben, muss man bereit sein, dem göttlichen Bewusstsein zu dienen. Auroville wird ein Ort ständiger Lernbereitschaft und ständigen Fortschritts sein und auf diese Weise der Schauplatz eines Lebens, das seine Jugend bewahrt. Auroville möchte eine Brücke sein zwischen Vergangenheit und Zukunft. Indem es sich alle äußeren wie inneren Entdeckungen zunutze macht, wird es sich mutig zu künftigen Verwirklichungen hin entwickeln. Auroville wird ein Platz spiritueller und materieller Forschung sein, damit eine wirkliche menschliche Einheit lebendige Gestalt annehmen kann."
Die Gründungsfeier am 28. Febr. 1968 wurde vom indischen Präsidenten und Vertretern aus 124 Nationen und 23 indischen Staaten begleitet, die alle aus ihren Heimatländern Erde mitbrachten und im Zentrum von

Auroville in eine Urne legten – als Symbolhandlung, denn Auroville steht für das Ideal eines neuen, integralen Bewusstseins der Menschen und ist ‚planetarisch‘ und ‚universell‘ ausgerichtet.

**Identity Research Institute**

Medhananda und Yvonne Artaud gründeten 1978 das *Identity Research Institute Science Infinity* (IRISI), eine Forschungsstätte für fundamentale Psychologie und Bewusstsein. Was ist mit *Identity Research* (Identitäts-Forschung) gemeint?

Medhananda erläuterte: Geht man davon aus, dass ‚Bewusstsein‘ ein zusammenhängendes Ganzes umfasst, das allen materiellen Erscheinungsformen zugrunde liegt und diese durchdringt und sie bewirkt – in unterschiedlichen Graden der Intensität und des Gewahrseins –, so gibt es nichts Fremdes oder Objektives, das erforscht wird (auch wenn es von uns als ein andersartiges Gegenüber empfunden wird), sondern im Spiel der Verschiedenheiten ist etwas Gleiches, ist eine darin enthaltene *Identität* impliziert.

Dieses neue Wahrnehmen war für Medhananda und Yvonne Artaud die Gundlage ihrer Forschungen über Bewusstsein und Psychologie in Symbolen, Märchen und Mythen, sowie auch ihren Bewusstseinsforschungen bei Vorschulkindern und Primaten Süd-Indiens (vor allem Makaken Affen). Siehe auch: www.medhananda.com

**Jean Gebser**

Der Kulturphilosoph Jean Gebser (1905–1973) erkennt (wie Sri Aurobindo) verschiedene Bewusstseinsstrukturen im Menschen, die er ausführlich in seinem Hauptwerk *Ursprung und Gegenwart* erläutert. Er nennt sie: das archaische, das magische, das mythische, das mental-rationale Bewusstsein und das heute sich herausbildende integrale Bewusstsein.

In *Der unsichtbare Ursprung* schreibt er: „Dass es (dieses neue Bewusstsein) heute weckbar ist, zeigt, dass es bereits in uns veranlagt ist, dass also die heute sich vollziehende Bewusstseins-Steigerung oder -Mutation – soweit sie als evolutives Geschehen gewertet wird – ein Nachvollzug ist, der dauernd aus der geistigen Kraft und der Transparenz des Unsichtbaren genährt wird. Hinzukommt, dass sich das wirklich Neue, wenn wir es zu ahnen beginnen, bereits ereignet hat...

Mein Konzept von der Herausbildung eines neuen Bewusstseins, das mir im Winter 1932/33 in einer blitzartigen Eingebung bewusst wurde und das ich seit 1939 darzustellen begann, ähnelt weitgehend dem mir damals dokumentarisch nicht bekannten Weltentwurf Sri Aurobindos...

Eine Erklärung für das hier auftauchende Phänomen sehe ich darin, dass ich in irgend einer Form in das geistige, ungemein starke und durch Sri Aurobindo ausstrahlende Kraftfeld einbezogen war...“

### Bewusstsein

Bewusstsein ist viel weiter und umfassender als das rationale Denken, mit dem sich unsere Epoche immer noch einseitig identifiziert. In der Evolutionsgeschichte der Menschheit, sowie in der Entwicklung eines jeden einzelnen Menschen lassen sich verschiedene Bewusstseinsstrukturen erkennen:

### Verschiedene Bewusstseinsstrukturen (-stufen oder -ebenen)

Sri Aurobindo erkennt verschiedene Bewusstseinsstrukturen im Menschen. Er spricht von einem physischen, einem vitalen, mentalen, übermentalen und supramentalen Bewusstsein.

### Das physische Bewusstsein

Dazu gehören Körperempfindungen wie Hunger, Schmerz, Müdigkeit etc.

### Das vitale Bewusstsein

Zu unserer Lebens-Natur gehören Sinneseindrücke, Emotionen, Gefühle, Wünsche, Leidenschaften, Anziehung und Abstoßung und der Drang, in der Welt zu handeln.

### Das mentale Bewusstsein

Sri Aurobindo erkennt verschiedene Stufen des Denkwesens, die er in seinen Werken *Die Synthese des Yoga* und *Das Göttliche Leben* ausführlich beschreibt.

Das gewöhnliche Denken kann in drei Funktionsarten eingeteilt

werden: das physische (mechanische), von Sinneseindrücken beein-
flusste Denken, das vitale (von Emotionen, Gefühlen und Wünschen
getriebene) Denken, und das intellektuelle Denken.

Darüber, uns meist noch verborgen im Überbewussten, gibt es höhere
Funktionen eines spiritualisierten Denkens. Sri Aurobindo nennt sie:
das ‚Höhere Denken‘, das ‚Erleuchtete Denken‘, die ‚Intuition‘ und
das ‚Übermentale Denken‘ (die Ebene des ‚Overmind‘).

### Das übermentale Bewusstsein (‚Overmind‘)

Der Overmind, das übermentale Denken, bildet eine Verbindung
zum supramentalen Bewusstsein. Von diesem höchsten Wahrheits-
bewusstsein vermag der Overmind einzelne Wahrheiten als separate
Identitäten herunterzubringen.

In *Die Synthese des Yoga* schreibt Sri Aurobindo: „Jedes intuitive
Wissen rührt mehr oder minder direkt von dem Licht des sich seines
Selbst bewussten Geistes her, das in das Mental eindringt. Der hinter
dem Mental verborgene Geist ist aller Dinge in sich selbst und in allen
seinen Selbsten bewusst. Er ist allwissend und fähig, das unwissende
oder seines Selbst vergessende Mental aus seiner Allwissenheit entwe-
der durch seltene oder durch ständige Lichtblitze oder durch ein stetig
einströmendes Licht zu erleuchten.“

### Das supramentale Bewusstsein (‚Supermind‘)

Über oder jenseits der verschiedenen mentalen Strukturen wirkt
– so Sri Aurobindo – ein supramentales Bewusstsein, ein Wahrheitsbewusstsein, eine göttliche Gnosis. Dieses höchste, universelle
Bewusstsein (es ist gleichzeitig auch der Urgrund von allem) existiert
und wirkt in der Wahrheit, in der Wesens-Einheit – und nicht, wie
das Mentale, in ihren vordergründigen Erscheinungen und Teilungen.
Das Supramentale ist Wissen durch Identität, kennt auf diese Weise
das Selbst, das Sat-Chit-Ananda (Sein-Bewusstsein-Seligkeit), die
Wahrheit in allen Manifestationen, den Ursprung allen Seins.

### Vielheit im Menschen

Die Ausführungen (oben) zu den verschiedenen Bewusstseinsstrukturen lassen uns verstehen, warum Medhananda so oft von der ‚Vielheit im Menschen' spricht und die Märchenfiguren als Symbole für die ganz unterschiedlichen (uns zum Teil noch nicht bewusst gewordenen) Bewussteins-Kräfte interpretiert.

**Eins/Einssein, das Eine, die Einheit des Seins**
Medhananda meint damit eine alles einschließende Ganzheit, eine Komplexität, keineswegs eine Reduktion, nicht eine monotone ‚Eins' (der Anfang einer Zahlenreihe), sondern einen polyphonen Zusammenklang. In *Die Königliche Elle,* S. 62 schreibt er: „Die Eins ist in sich vollständig, ist eine Ganzheit in sich selbst, und erwartet nicht, dass ihr eine Zwei folgt."

**Symbol**
‚Symbolon' von griechisch ‚symballein' zusammenwerfen, zusammenbringen, vereinigen: Eine innere seelische Realität (Energie, Seelenkraft) und ein entsprechendes im Außen gefundenes Ding, Bild, ein Vorgang (wie z.B. der Sonnenaufgang) werden ‚Symbolon' (eine seelische Aussage, Botschaft). Jede Manifestation in der äußeren Welt kann so Symbol, kann Spiegel sein für eine entsprechende psychische Energie, für innerlich erfahrene Vorgänge.

**Das psychische Wesen (psychic being), die Seele**
Mit diesem von Sri Aurobindo geprägten Ausdruck ist die göttliche Essenz oder Wesenheit im Menschen gemeint, die in die Manifestation herunter kommt und die Evolution des Individuums in seiner Entwicklung zu einem voll bewussten Wesen unterstützt. Die Präsenz und das Wirken des psychischen Wesens werden im Menschen durch vielfältige Erfahrungen von Leben zu Leben stärker. In dem einen Menschen ‚klingt' es bereits stark durch die äußere Person (wie Musik- oder Farbtöne oder Lichtschwingungen, personare heißt ja durch/hindurch tönen, hindurch klingen) – in dem anderen ist das Psychische erst wie ein schwacher Funke. Beim einen Menschen wirken Körper, Vital und Mental bereits unter dem Einfluss des psychischen Wesens, beim anderen noch nicht oder nur teilweise oder nur zeitweise – die verschiedenen

Körper-, Vital- oder Mental-Kräfte machen sich noch selbstständig, wirken zum Teil noch unbewusst, sind noch unter der Herrschaft des Egos.

**Gnosis**

Mit Gnosis ist ein tieferliegendes (allem Seienden innewohnendes, aber nicht allem Seienden bewusst gewordenes) Wissen, ein supramentales Wissen, gemeint. Sri Aurobindo schreibt in *The Life Divine* [*Das Göttliche Leben*]: „Alle supramentale Gnosis ist ein zweifaches Wahrheits-Bewusstsein: ein Bewusstsein der inneren Erkenntnis des Selbst und, infolge der Identität von Selbst und Welt, ein Bewusstsein gründlicher Welt-Erkenntnis. Diese Erkenntnis ist das Kriterium, die charakteristische Macht der Gnosis."

Das Wort ‚Gnosis' hängt zusammen mit den griechischen Wörtern *gignomai* und *gignoto*, dem altlateinischen *gnosco*, dem englischen *kenou*, *know* und den indischen Sanskritwörtern *Jnana, Genana, Jnani*; lauter Wörter, die ‚Wissen' heißen. Verwandt mit ‚Gnosis' sind auch die deutschen Wörter *Gen, Generation, Genus, Genesis, Genie, genial*. Alle diese Ausdrücke lassen sich auf das lateinische Wort *genu* (französisch *genou*, italienisch *ginocchio*, deutsch *Knie*) zurückführen. Wie kommt das? In den griechischen Mythen wird uns erzählt, dass Dionysos aus dem Knie des Zeus geboren wurde. Auf Vasenbildern sehen wir, wie die großen Muttergöttinnen und ‚Erzeugerinnen', die ‚Genetrices', das Knie des Zeus berühren. Zeus ist ein Symbol für höheres Bewusstsein, und die schöpferischen Kräfte, die großen Mütter (in der Bibel heißen sie Elohim, in Indien Shakti) holen sich da das ‚Wissen' und entwickeln, ‚gebären' damit wieder Neues; neue Formen, neue Generationen, neue ‚Genies', neue Programme, die sie hervorrufen.

**Anmerkung zu den Büchern von Medhananda:**

Obwohl seine Muttersprache Deutsch war, hat Medhananda seine Erkenntnisse, Erfahrungen, Geschichten, ägyptischen Bildinterpretationen etc. in englischer Sprache aufgezeichnet. Die Bücher wurden und werden zurzeit ins Deutsche, Französische und Spanische übersetzt.

# Biographie

**Medhananda** ist der spirituelle Name, den Mirra Alfassa (im Sri Aurobindo Ashram „Die Mutter" genannt) einem ihrer Schüler gegeben hat – dem in Deutschland geborenen Fritz Winkelstroeter (1908-1994), der seine Schulzeit in Pforzheim verbrachte und, neben Englisch und Französisch, schon früh Latein und Griechisch lernte. Trotz seines regen Interesses an den antiken Kulturen, ihren Symbolen und ihrer Spiritualität studierte er, wie sein Vater (ein wohlhabender Ingenieur und Industrieller) es  wünschte, in München, Heidelberg und Paris Rechtswissenschaft. Während dieser Jahre hatte er das Glück, von dem hervorragenden Gelehrten Richard Wilhelm – der das „I Ging", das „Tao Te Ging" und viele andere antike Texte aus dem klassischen Chinesisch übersetzte – unterrichtet und in die chinesische Kultur und Denkart eingeführt zu werden.

Medhananda hatte bereits eine vielversprechende Laufbahn als Jurist vor sich, nahm aber wahr, dass in Europa ein großer Krieg ausbrechen würde und verließ daher 1934 mit seiner französischen Frau Deutschland. Sie wanderten nach Tahiti in Französisch-Polynesien aus, siedelten sich auf der Nachbarinsel Moorea an, wo sie 200 Hektar Urwald kauften, ein kleines Haus bauten und sich zum Anbau von Vanille und Kaffee als Farmer niederließen. Ihre drei Kinder wuchsen in dieser paradiesischen Umgebung auf.

In der unberührten Stille des dortigen Urwalds begann Medhananda, die verschiedenen Bewusstseinsstrukturen, die seinem Selbstgewahrsein zugänglich waren, zu erkunden.

Es bot sich ihm auch reichlich Gelegenheit, die vorchristliche Kultur, die uralte Gnosis Polynesiens zu erforschen und mit deren magisch-mythischen Symbolen in Berührung zu kommen.

Während des Zweiten Weltkrieges wurde er (ein Deutscher) nahe Tahiti als potenziell feindlicher Ausländer von Französisch-Polynesien fünf

Jahre lang interniert.

Nach seiner Entlassung 1946 stieß er auf die Schriften des indischen Yogis, Dichters und Philosophen Sri Aurobindo. Tief beeindruckt, schrieb er Sri Aurobindo und wurde von ihm als Schüler angenommen. Während der oft wochenlangen Aufenthalte auf der einsamen polynesischen Insel Mehetia wurden ihm tiefe spirituelle Erfahrungen zuteil.

1952 ging er nach Indien in den Sri Aurobindo Ashram in Pondicherry, wo er von der ‚Mutter' (Mirra Alfassa) den Auftrag erhielt, die Sri Aurobindo Bibliothek zu betreuen und am *Sri Aurobindo International Centre of Education* mitzuwirken. Dort lehrte er während vieler Jahre vergleichende Religionsgeschichte, wozu er bestens qualifiziert war durch sein lebenslanges Erforschen der spirituellen Kulturen verschiedenster Kontinente und Zeitepochen – und auch durch seine eigenen spirituellen Erfahrungen.

1965 wurde er Herausgeber der Vierteljahreszeitschrift *Equals One*, für die er (auch unter verschiedenen Pseudonymen) zahlreiche Beiträge verfasste.

1977 lebte er ein Jahr lang in *Auroville* (nahe Pondicherry) mit seiner langjährigen Mitarbeiterin Yvonne Artaud und ihren Makaken-Affen.

1978 zogen sie von dort mit den Tieren nach Reddiarpalayam (einem Vorort von Pondicherry), wo sie in einem großen mit Kokospalmen und alten Mangobäumen bewachsenen Garten das Identity Research Institute gründeten, ein Forschungsinstitut für fundamentale Psychologie.

Das eigentliche Lebenswerk galt nach langjährigen Studien und einer Studienreise der Erforschung der Bilder, Hieroglyphen und Symbole des alten Ägypten. So wie sein Lehrer Sri Aurobindo in den Aussagen der Veden (der altindischen spirituellen Texte) eine psychologische Symbolsprache entdeckte, die tiefes inneres Wissen enthält (siehe dazu: Sri Aurobindo, *Das Geheimnis des Veda*), entdeckte Medhananda in den alten ägyptischen Hieroglyphentexten und Bildern – mit dem gleichen psychologischen Ansatz und Schlüssel – Botschaften der Selbsterkenntnis.

Medhananda – durch seine Herkunft und klassisch-humanistische Erziehung in der westlichen Kultur heimisch, durch seine in Polynesien verbrachten Jahre mit der dortigen zum Teil noch steinzeitlichen Kultur vertraut, durch seinen langen Aufenthalt in Indien mit der östlichen spirituellen Kultur verbunden und dazu durch seine Studien und Forschungen ein profunder Kenner der ägyptischen Kultur – fand nicht nur im alten Ägypten, sondern auch in den Bildern, Mythen und Märchen vieler anderer alten Kulturen Botschaften psychischer Erfahrungen, die in Symbolen ausgedrückt wurden. Uns diese alte Symbolsprache wieder verständlich und zugänglich zu machen, so dass wir dadurch uns selbst besser wahrnehmen und unsere vielen Seelenkräfte entfalten können, das war sein Anliegen.

**Yvonne Artaud,** 1924-2009, in Lyon (Frankreich) geboren und aufgewachsen, war Medhanandas langjährige Mitarbeiterin und spirituelle Gefährtin. Sie arbeitete als Zahnärztin für Kinder in Paris, bevor sie 1952 dem Sri Aurobindo Ashram in Südindien beitrat. Ihre Aspiration war es, durch den integralen Yoga Sri Aurobindos ihr Bewusstsein zu vertiefen, zu intensivieren.

Sie unterrichtete in der Ashram Schule (dem *Sri Aurobindo International Centre of Education*) und wirkte als vielfältige Künstlerin: Sie malte viele Bilder, schrieb Gedichte und Bühnenstücke, kreierte die Symbolbilder der 64 Karten für das Meditationsspiel *Der Goldene Ball*.

Von 1963 an befasste sie sich intensiv mit der Psychologie und der Bewusstseinsentwicklung von Vorschulkindern und auch derjenigen der Primaten Süd-Indiens, vor allem der Makaken-Affen, die sie in Pondicherry, dann in ihrem Garten in Auroville und später in Reddiarpalayam hielt. Zahlreiche Artikel und Studien zum Thema Tierpsychologie und Kinder-Früherziehung (auch vorgeburtliche Erziehung) wurden von ihr verfasst. Sie kreierte vielfältige Materialen, Erziehungs- und Bewusstseinsspiele – darunter auch die Aurograms, Symbolkarten zur Förderung der Ausdrucksmöglichkeiten des Kindes, das auf diese Weise sein Innerstes und seine Sicht der Welt spielerisch kommunizieren kann. Ihre weiteren Symbolspiele *Der Weg des Helden Herakles* und *Das große Haus* erwiesen sich in der Praxis als große Hilfe für die Förderung einer holistischen Entfaltung und Entwicklung des Kindes. Yvonne Artaud war Mitautorin von Medhanandas Zeitschrift *Equals One* und auch der fünf Bücher über altägyptische Symbolbilder.

*Deine vielen Seelenkräfte im Spiegel der Märchen erkennen*

Band 2

enthält folgende Märcheninterpretationen:

Die wahre Braut

Der Trommler

Hänsel und Gretel

Schneewittchen

Der treue Johannes

Rumpelstilzchen

Der Geist im Glas

Der Rattenfänger

Der Herr Gevatter

Der Teufel und seine Großmutter

Die drei Federn


Im Buch *Verborgene Weisheit*
finden sich zwei weitere Märcheninterpretationen
von Medhananda:

Dornröschen

Der Eisenhans

*Weitere Werke von Medhananda*

DER WEG DES HORUS
Bilder des inneren Weges im alten Ägypten

ARCHETYPEN DER BEFREIUNG
Psychodynamik im alten Ägypten

DIE PYRAMIDEN UND DIE SPHINX
Wie die alten Ägypter sie in ihren
Hieroglyphen-Inschriften sahen

DIE KÖNIGLICHE ELLE
Selbstfindung im alten Ägypten

DAS ALTÄGYPTISCHE SENET-SPIEL
Das Spiel der Archetypen

AN DEN UFERN DER UNENDLICHKEIT
Medhananda erzählt aus seinem Leben

AUF DER SCHWELLE
ZU EINEM NEUEN BEWUSSTSEIN

VERBORGENE WEISHEIT IN DER SYMBOLSPRACHE
alter Mythen, Märchen, ägyptischer Papyri
und im Thomasevangelium

DER GARTEN DES MENSCHEN
und andere Symbole zur Selbstentdeckung

FLAMMENWORTE
28 Gedichte von Sri Aurobindo in englischer Originalfassung
und deutscher Übersetzung von Medhananda und Agnidhan

DAS UNENDLICHKEITS-SPIEL
ein Meditationsspiel mit 64 Symbolkarten

Siehe auch: www.medhananda.com
www.liberating-symbols-publishing.com